UM MILHÃO DE ANOS EM UM DIA

Greg Jenner

UM MILHÃO DE ANOS EM UM DIA

UMA CURIOSA HISTÓRIA SOBRE O COTIDIANO DA VIDA DESDE A IDADE DA PEDRA ATÉ A ERA DO SMARTPHONE

TRADUÇÃO
Elisa Câmara

LeYa

Título original: *A million years in a day*

Este livro foi revisado segundo o Novo Acordo Ortográfico da Língua Portuguesa.

Preparação: Meggie Monauar
Diagramação e revisão: Crayon Editorial
Adaptação de capa: Fabio Oliveira

Dados Internacionais de Catalogação na Publicação (CIP)
Angélica Ilacqua CRB-8/7057

Jenner, Greg
Um milhão de anos em um dia: uma curiosa história sobre o cotidiano da vida desde a idade da pedra até a era do smartphone / Greg Jenner; tradução Elisa Câmara. – São Paulo: LeYa, 2015.
336 p.

Bibliografia
ISBN 978-85-441-0244-2
Título original: *A million years in a day*

1. História universal 2. Civilização – História 3. História social I. Título II. Câmara, Elisa

15-0421 CDD 909

Índices para catálogo sistemático:
1. História universal

LEYA EDITORA LTDA.
Rua Desembargador Paulo Passaláqua, 86
01248-010 – Pacaembu – São Paulo – SP
www.leya.com.br

SUMÁRIO

INTRODUÇÃO

Se eu tivesse que adivinhar, diria que, neste exato momento, você está sentado. Talvez em uma daquelas majestosas poltronas estofadas, que reúnem o máximo do conforto combinado a uma boa postura, segurando este livro sobre as palmas das mãos abertas e os braços levemente dobrados. Ou, quem sabe, você é um daqueles tipos que prefere se esparramar despreocupadamente em um sofá comum de três lugares. Bom, mas é claro que, se você for como eu, deve estar lendo este livro em pé em um metrô lotado a caminho do trabalho, com o rosto a apenas alguns centímetros da axila suada de um completo estranho. De qualquer forma, aposto que consigo adivinhar onde você não está lendo este livro.

Aposto que você não está em uma caverna...

Embora seja um pouco assustador se você realmente parar para pensar, nós não somos anatomicamente diferentes das pessoas que viveram há 30 mil anos. Ainda que seja divertido contemplar as caricaturas que representam os homens das cavernas, batendo com suas clavas nas cabeças uns dos outros e arrastando as mulheres como malas de rodinhas, a verdade é um pouco mais sutil do que isso. Para começar, eles não eram seres estúpidos que só emitiam grunhidos incompreensíveis. Na verdade, tinham total domínio da linguagem, inteligência para solucionar problemas e uma necessidade de proteger seus entes queridos, lamentar e enterrar seus mortos. Eles eram, em todos os sentidos, humanos modernos, como você e eu. E, no entanto, nossas vidas são extremamente diferentes das deles. Então, como acabamos vivendo como agora?

Bem, basta olhar ao redor. Cada aspecto da sua vida é um produto derivado da história, em desenvolvimento há milhares de anos. Dê uma volta em sua casa e verá que muitos objetos parecem indiscutivelmente recentes à primeira vista, embora todos tenham um legado extraordinário. Veja o relógio na parede – já parou para pensar quem foi a primeira pessoa que tentou medir o tempo, e como fez isso? Ou por que alguns países ajustam os relógios no verão?

Pense neste livro em suas mãos. Seu formato foi inventado há 2 mil anos, e seria um objeto reconhecido por São Paulo ou pelo imperador Nero. As letras das palavras que você está lendo agora estão registradas em um alfabeto que evoluiu ao longo dos milênios a partir de um protótipo criado pelos fenícios, seguindo uma tradição de comunicação que data dos hieróglifos e da escrita cuneiforme, gravados em tábuas de cera e remontando aos rabiscos pré-históricos. Os alimentos no armário da sua cozinha vêm de vários lugares do mundo e, talvez, em algum momento, foram conhecidos apenas pelos astecas. Suas roupas podem ter sido feitas com tecidos originalmente produzidos há 5 mil anos na Índia antiga, e é possível que seus lençóis tenham muito em comum com as cuecas de linho usadas pelo rei Tutancâmon, na longínqua Idade do Bronze.

Todos os dias, a maioria de nós passa pelos mesmos rituais que os humanos vêm repetindo há milênios: levantar-se, ir ao banheiro, tomar café da manhã, tomar banho, escolher roupas, consultar a hora, comunicar-se, comer na companhia de outras pessoas, tomar alguma bebida, escovar os dentes, ir para a cama e ajustar o alarme... Todos esses eventos diários trazem consigo uma história escrita por nossos antepassados, no decorrer de inúmeras gerações.

Escrevi este livro como se estivesse descrevendo a rotina de um sábado, com cada capítulo voltado para uma atividade diferente e que lhe possa parecer familiar, mas remetendo ao passado, para explorar de onde essas atividades surgiram. Embora seja espantoso pensarmos que temos qualquer coisa em comum com os homens que viveram na Idade da Pedra, o que fazemos cotidianamente é, basicamente, o que sempre foi feito. De modo geral, se os compararmos a nós, podemos considerar os "homens das cavernas" como meros idiotas que se arrastavam por aí. Será que eles conseguiriam mexer em um iPhone ou dirigir um carro? Surpreendentemente, sim, se alguém os tivesse ensinado. Infelizmente, condenados pelas circunstâncias, eles nunca puderam desfrutar de um agradável passeio em um Mercedes lindamente projetado, nem ouvir o CD *Greatest Hits* de Bon Jovi às escondidas no metrô enquanto fingiam ler *Madame Bovary*. Isso porque, enquanto nós vivemos no mais novo capítulo da epopeia humana, eles se arrastaram pela parte mais chata, a do começo.

Assim, esta obra, de certo modo, busca em parte recuperar a reputação de nossos ancestrais e, ao mesmo tempo, responder a antigas perguntas de por que nossa vida é do jeito que é. Isso não significa que não haverá momentos em que vamos arregalar os olhos, maravilhados com as "esquisitices" do passado – e, para isso, confesso que tentei dar um toque de humor às nossas diferenças. Mas espero que, acima de tudo, você se surpreenda com o quanto temos em comum com aqueles que viveram e morreram há séculos, ou, até mesmo, há milênios.

Por fim, este é um livro sobre você e eu. Só que a maior parte dele acontece no passado.

9h30

É HORA DE ACORDAR

O estridente som do alarme nos desperta de um sono profundo. Levantamos a cabeça do travesseiro quentinho, com uma poça de baba acumulada, e nos esforçamos para abrir os olhos e consultar a hora, em uma esperança louca de que o relógio tenha parado de funcionar e tenhamos, pelos menos, mais umas duas horas de sono. Infelizmente, um rápido olhar para o celular nos confirma que é, definitivamente, hora de levantar.

Por que a declaração do relógio é tão importante? Por que simplesmente não voltamos a dormir até que estejamos completamente descansados? Bom, porque o tempo é a arquitetura que governa o ritmo de nossa existência, e ignorá-lo seria um convite para o caos. Ainda assim, embora ele seja uma entidade estável que opera de forma confiável há milhões de anos, sua medição sempre foi um enigma complicado. Nossa rigorosa divisão de unidades padronizadas – segundos, minutos, horas, dias, semanas, meses, anos – não é uma lei universal que repercute pela eternidade, mas uma regra acordada e adotada ao longo de muitos séculos, em uma tentativa desesperada de evitar confusões e discussões. Na verdade, aprofundar-se na história da medição do tempo é algo semelhante a assistir a uma novela belga sem legendas: no começo é confuso, mas aos poucos vai se tornando estranhamente fascinante.

BOM DIA!

Hoje é sábado e sabemos disso porque ontem foi sexta-feira. Mas o que significa dizer "um dia"? A língua inglesa muitas vezes é considerada a mais profusa que existe, com um vocabulário em constante expansão, por isso, é até um pouco ridículo que nos países anglófonos tenhamos apenas uma palavra, "*day*", para significar duas coisas diferentes: I) uma rotação de 24 horas da Terra em seu próprio eixo, e II) o oposto da noite.* Embora esse seja um claro risco para a comunicação, persistimos nessa total falta de elegância porque somos teimosos e orgulhosos – e, obviamente, um pouco estúpidos. Muitos outros idiomas não têm esse tipo de bobagem. O holandês, por exemplo, resolve essa confusão com duas palavras: "*dag*" (o período do dia em que há luz solar) e "*etmaal*" (24 horas) e os búlgaros, dinamarqueses, italianos, finlandeses, russos e poloneses fazem algo parecido. Mas o mais perto que os anglófonos conseguem chegar de "*etmaal*" é com a curiosa palavra "*nychthemeron*" ("noite e dia", em grego) – uma palavra que seria mais adequada para batizar uma banda finlandesa de *heavy metal*. Na verdade, nunca ouvi essa palavra sendo usada em uma conversa, e até mesmo os cientistas a ignoram, por isso ela se tornou uma espécie de mascote desnutrido dos etimólogos, que a tiram da caixa apenas em ocasiões especiais, para admirar sua lógica absurda.

Mas os anglófonos conseguem se virar assim mesmo, ou, por vezes, mudam as regras e passam a medir a duração do tempo em noites, por exemplo, ao reservar quartos de hotel e usar com perspicácia a palavra anglo-saxã "*fortnight*" para indicar um bloco de 14 noites consecutivas. Mas isso nem sempre funciona perfeitamente, pois o agente de viagem inevitavelmente perguntará: "são 14 dias e 13 noites?", e teremos que contar nos dedos, tal como crianças aprendendo a tabuada. Mas não vamos julgar com muita severidade, pois isso é, em parte, uma falha de herança. A terminologia para o que constitui um dia sempre foi um problema estranho. No século III, o filósofo romano Censorino argumentou que o ciclo de 24 horas deveria ser chamado

* A palavra "dia" em português compartilha das mesmas acepções da palavra "*day*" em inglês, de forma que a explicação do autor também se aplica ao nosso idioma. (N.T.)

de "dia civil", ao passo que o período do dia com luz solar deveria constituir um "dia natural". Embora isso tenha parecido sensato, um bando de formalistas intrometidos do século VII disseminou uma confusão, trocando "dia natural" para significar o ciclo de rotação de 24 horas e introduzindo "dia artificial" para se referir ao período de luz solar.

Mas não se preocupe em guardar essas definições na memória na esperança de impressionar seus amigos, pois a astronomia moderna mais uma vez reverteu o uso de "dia civil" para descrever um ciclo de rotação da Terra. Consequentemente, "dia natural" passou de significar duas coisas diferentes para não significar absolutamente nada, ao passo que "dia artificial" agora é aquilo o que sai de uma lâmpada. Entendeu? Não, nem eu... E receio que quase nada neste capítulo seja simples, nem mesmo a definição de quando um dia começa e termina.

À MEIA-NOITE

Ao abrirmos bem nossos olhos cansados, vemos que a luz solar atravessa uma pequena abertura entre as cortinas, então, definitivamente, amanheceu. A não ser pelo fato de que a luz solar não é um pré-requisito para que a manhã seja realmente manhã, certo? Tanto no Ocidente como no Oriente modernos, um novo dia começa no escuro, às 00h00, o que explica os britânicos animados nas comemorações da véspera de Ano-Novo deturparem, bêbados, as primeiras duas linhas da canção *Auld Lang Syne** quando o relógio soa meia-noite. Mas imagine o caos se esses embriagados festeiros tivessem que esperar até o nascer do sol, ficando cada vez mais e mais bêbados. Não seria precisamente um coral, mas algo semelhante a um rebanho de gados se afogando no mar.

"Meia-noite", no entanto, é uma palavra confusa. Suas sílabas dizem "este é o meio da noite" e, no entanto, ela representa o início da manhã, o que nos leva a chamar incorretamente as programações de televisão da

---

* Poema de autoria do escocês Robert Burns, datado de 1788. Foi adaptado para o formato canção e é tradicionalmente entoado no réveillon dos EUA e do Reino Unido. (N.E.)

1h da manhã de "programação noturna"*, ou nos gabarmos para nossos amigos por termos ficado na balada "a noite toda" quando chegamos em casa às 4h da manhã. Essa obscuridade dos limites, fazendo com que o dia dure além de seu término oficial, mostra que a forma como vivemos tem algo surpreendente em comum com a civilização que chegou ao seu auge há cerca de 3.500 anos: o Antigo Egito.

Na cultura hiper-religiosa desse povo, a alvorada é o que começava um novo dia, e não a meia-noite. Consequentemente, o nascer do sol era anunciado como um evento sagrado, o início de um novo dia oferecido pelo deus do sol, Ra, que atravessava o céu em sua carruagem e depois travava uma batalha épica com o deus do caos, a serpente Apófis. Mas, para validar essa rotina eterna e trazer o nascer do sol, uma cerimônia da alvorada deveria acontecer para que o faraó semidivino realizasse os rituais de purificação nos templos sagrados de Karnak ou Heliópolis. Na prática, era provável que um representante ocupasse o lugar do rei, que muitas vezes estava em outro lugar do império. Ainda assim, é bastante tentador imaginarmos um sacerdote murmurando apressado palavras quase esquecidas, enquanto os servos, ansiosos, tentavam desesperadamente arrastar um irritado Tutancâmon para fora da cama.

Mas começar o dia na alvorada não era um costume antigo universal. Há 4 mil anos, os babilônios – o povo que ocupava as grandiosas cidades que hoje formam o Iraque – compartilhavam muitas coisas com seus vizinhos egípcios da Idade do Bronze, mas o novo dia para eles começava ao anoitecer, um pouco antes de irem para a cama. Posteriormente, isso foi imitado pelos gregos antigos, pelos celtas, pelas tribos germânicas e até mesmo pelos italianos medievais, que conheciam esse sistema de medição do tempo como "calendário florentino" – um bom título para um mistério de assassinato, caso você esteja pensando em escrever um... Esse costume também não é uma relíquia de antepassados há muito tempo mortos, pois um judeu ortodoxo ainda respeita o *Shabat* entre o pôr do sol de sexta-feira e o anoitecer de

* Em inglês, o termo usado é "*late night telly*", referindo-se aos programas que passam "tarde da noite". No Brasil, não temos um termo tão específico assim, pois "programação noturna" pode ser tanto das 8h da noite como da 1h da madrugada. Mas a ideia é que, assim como no inglês, com frequência nos referimos à madrugada como sendo "noite". (N.T.)

sábado. Então, como o mundo moderno acabou definindo a meia-noite como limite? A resposta provavelmente veio dos romanos, que dividiam o dia e a noite em blocos de 12 horas.

É claro que a grande pergunta é: quem foi a primeira pessoa a inventar a medição do tempo? Será que um sumério simplesmente acordou uma manhã, decidiu que eram 7h, e todos os demais concordaram, desconcertados com a situação? Parece pouco provável. Acho que precisamos voltar um pouco mais no tempo para encontrar uma resposta.

O RELÓGIO NO CÉU

O Vale de Makapansgat, na província de Limpopo, na África do Sul, é uma dessas paisagens incríveis que parece ter sido digitalizada por um profissional de efeitos visuais de Hollywood. Trata-se de um vale exuberante em forma de V, repleto de árvores verdejantes que ganham um tom avermelhado no outono. Você nem se surpreenderia tanto se visse um pterodáctilo sobrevoando por ali. Projetados para fora das florestas, os imponentes morros cobertos de pedra calcária abrigam um conjunto de cavernas antigas, formadas pouco a pouco pela erosão da água. Foi nesses abrigos isolados que arqueólogos encontraram alguns vestígios pré-históricos extraordinários, entre os quais estava o osso de um dos nossos mais antigos ancestrais: o *Homo Australopithecus*.

Lá, há 3 milhões de anos, uma dessas pequenas criaturas eretas deve ter observado o prolongamento das sombras na luz do entardecer e saiu cambaleando em direção à segurança das cavernas. Embora as paredes de pedra possam ter oferecido um abrigo temporário, ele não pôde impedir o inevitável. Assim, o *hominídeo* deu seu último suspiro naquela caverna de pedra calcária, sendo encontrado só no século XX por paleontólogos. O australopiteco não tinha nossas capacidades intelectuais e teria sido totalmente incompetente em palavras-cruzadas. No entanto, até mesmo essa criatura primitiva deve ter observado os ritmos cíclicos naturais da Terra: o aumento e a diminuição da lua, o som das ondas e o desfile das estações a cada trimestre. A Terra gira incessantemente em seu próprio eixo, inundando nossas vidas com a luz e a escuridão como um constante pulsar, e o australopiteco pode ter confiado no trajeto que o sol percorre no céu a cada dia, sabendo que ele voltaria após o período de escuridão. Resumindo, ele ou ela provavelmente tinha um entendimento básico do tempo.

Entretanto, essas são apenas suposições. Onde estão as evidências reais da medição do tempo na Idade da Pedra? Se avançarmos desse período para 30 mil anos atrás, quando os humanos modernos dividiam o planeta com neandertais, teremos um objeto obscuro bastante instigante que foi encontrado em Le Placard, na região de Dordogne, na França. Trata-se de um osso de águia com diversos entalhes ao longo de sua superfície, cravados horizontalmente em diferentes períodos, assemelhando-se a um gráfico das fases da lua ao longo de 14 dias, da lua nova à lua cheia. Dessa forma, é penosamente tentador nos referirmos a esse osso como sendo o calendário mais antigo que se tem notícia.

Ainda que não seja impossível que esse objeto tenha sido feito por um neandertal, muitos arqueólogos suspeitam que esse clã rival dos *Homo* estava bem atrás de nós em termos de adaptabilidade cognitiva. Em outras palavras, eles eram o Juiz Dredd de nosso Sherlock Holmes: mais fortes, mais robustos, melhores para socar um urso bem no meio daquela cara ursina... Mas também mais propensos a gritar de frustração se você lhes pedisse para ajustar o relógio do micro-ondas. Por esse motivo, provavelmente foi um humano como nós, um engenhoso *Homo sapiens* transbordando curiosidade, que olhou admirado para a lua e decidiu registrar suas fases em um pedaço de osso resgatado do jantar da noite anterior, desafiando sua mente refinada a buscar uma explicação elementar para o funcionamento do cosmos. Mas, por outro lado, talvez tenha sido apenas alguém rabiscando qualquer coisa enquanto fazia cocô.

Afinal, só porque nós usamos o relógio para medir o tempo de maneira uniforme não significa que nossos ancestrais faziam o mesmo. E, até há alguns poucos séculos, houve uma grande mudança temporal que descartou completamente o relógio de 24 horas de que tanto gostamos...

VIVE LA RÉVOLUTION!

O ano era 1793 e a França passava por uma violenta revolução. O rei Luís XVI já não tinha mais sua cabeça, vítima da guilhotina que em breve mancharia de vermelho o chão de pedras das ruas parisienses com o sangue de nobres e camponeses. Os políticos europeus pasmavam horrorizados com o tumulto que poderia infectar seus próprios povos a qualquer momento. O mundo estava em chamas com grandes ideias, e a sociedade francesa estava sendo reescrita numa folha de papel em branco por um grupo de intelectuais radicais motivados pela filosofia do Iluminismo. Nada poderia fugir dos olhos dos revolucionários, nem mesmo o tempo, que estava prestes a ser completamente redefinido...

Durante mais de 4 mil anos, a matemática duodecimal dos babilônios prevaleceu teimosamente, mas por que ela foi baseada no número 12, e não no 10? Bem, 10 é divisível apenas pelos números inteiros 2 e 5, enquanto 12 é divisível por 2, 3, 4 e 6, o que o torna muito mais versátil para os cálculos matemáticos. Além disso, o uso do calendário lunissolar, baseado em observações do sol e da lua, dependia da existência das 12 fases lunares por ano (com um 13º mês intercalado a cada dois ou três anos). Assim, o 12 é o pilar numérico do universo. Obviamente, dessa forma, o tempo deve funcionar com uma regra duodecimal, com 60 segundos em um minuto e 24 horas em um dia.

Mas esse era um conhecimento da Antiguidade, e aqui estamos em 1793! A Revolução Francesa não foi apenas para que aqueles aristocratas de perucas recebessem o castigo merecido da plebe faminta. Seus líderes também queriam abandonar as tradições de um passado corrupto em favor do racionalismo científico. Durante mais de dois séculos, filósofos europeus estiveram segredando uns aos outros sobre um possível sistema métrico, e agora o momento para testá-lo havia chegado. Assim, em 5 de outubro, uma proposta apresentada um ano antes por Jean-Charles de Borda foi aprovada como lei pela nova Assembleia Nacional. O dia de 24 horas foi subitamente dividido em 10 horas diferentes, cada qual composta por cem minutos, e cada minuto com duração de cem segundos.

Como você deve ter adivinhado, o restante do calendário também foi cuidadosamente reprojetado. Assim, as semanas tornaram-se *décades* de dez dias, acabando por imitar acidentalmente as semanas do Antigo Egito, e o ano foi reduzido para dez meses rebatizados com nomes esplendidamente prosaicos, como *Ventôse* (o mês ventoso), referindo-se ao tempestuoso mês de fevereiro (e não o período de Natal, quando com frequência nos encontramos um tanto "gasosos" por conta de alguns excessos). Essa medição do tempo decimalizada foi orgulhosamente anunciada como evidência da inovação francesa, mas, na verdade, os antigos chineses já haviam se interessado por ela há séculos até que, ironicamente, foram convencidos a descartá-la pelos mercadores europeus. Claramente, as autoridades francesas não chegaram a receber esse memorando. Pouco tempo depois, eles se arrependeriam amargamente de sua ignorância.

Sim, o tempo métrico foi tragicamente impopular e, a despeito das tentativas de apaziguamento ao criar relógios híbridos que mostrassem ambos os sistemas de 24 e de 10 horas, essa empreitada foi definitivamente uma total perda de tempo. As execuções em massa na guilhotina até dava para engolir, mas relógios de 10 horas? Isso era loucura! Vergonhosa para todos os envolvidos, a tão vangloriada revolução decimal perdurou por apenas 18 meses (ou seriam 14 meses decimais...?) antes de ser rapidamente substituída pelo bom e velho sistema duodecimal.

"Mas espere um pouco", posso ouvir os leitores exclamarem em uníssono. "E aquela história sobre os egípcios terem uma semana com dez dias? Isso não é duodecimal?!" Então, sobre isso... Agora provavelmente é um bom momento para falarmos do "como" da história horológica. Você talvez tenha que se concentrar bastante nesta parte, então pode ir se aconchegando. A coisa vai ficar bastante técnica.

AS ESTAÇÕES NO SOL

Se olharmos para o calendário em nossa parede, veremos que nosso sistema distribui sete dias para cada semana, imitando o sistema dos babilônios. Mas os egípcios misturaram esse costume com suas próprias inovações para produzir um novo sistema de medição de tempo. Diferente dos mesopotâmios, eles optaram por comprimir o calendário anual para 36 semanas de dez dias, deixando um bônus de cinco dias para serem adicionados arbitrariamente ao final. Além disso, ter dez dias na semana também significava que eles preferiam reconhecer apenas três estações de quatro meses, em vez de quatro estações de três meses. Isso era basicamente em função das mudanças de ânimo do inconstante rio Nilo, que tinha cheias anuais muito longas, o que resultava em um calendário dividido em ciclos agrícolas de cheia, cultivo/plantio e colheita, em vez de nossos conhecidos primavera, verão, outono e inverno.

Mas como o dia era dividido? Bom, um *nychthemeron* (desculpe, mas é muito divertido digitar essa palavra...) de 24 horas não era definido como nossas duas metades diárias de 12 horas, e sim em quatro fases: uma hora de meia-luz, seguida por dez horas de luz do dia, depois da qual vinha mais uma hora de meia-luz e depois 12 horas de escuridão. A grande questão é se os egípcios sabiam medir as horas e, se sim, como? As respostas são: "Sim!" e "É complicado, mas basicamente envolvia o céu". Para saber as horas na luz solar, os relógios de sol eram a tecnologia preferida, e falaremos deles em breve, mas são as horas noturnas as mais difíceis de controlar, e são elas que tornam a solução dos egípcios tão engenhosa.

ESCRITO NAS ESTRELAS

Você já olhou para as estrelas um pouco antes do nascer do sol? Meus amigos e eu, românticos aos 18 anos de idade, tivemos a ideia de fazer isso na primeira manhã do novo milênio. Nós literalmente festejamos como se fosse 1999 e, bêbados, subimos uma colina para assistir ao nascer do sol de uma nova era gloriosa. Infelizmente para nós, o céu estava nublado e o glorioso nascer do sol foi arruinado pelo brilho cor de laranja dos postes de luz das ruas de Sevenoaks. Então, decidimos voltar para casa e comer uns *donuts*. E pensar que era para ter sido uma ideia romântica... De qualquer forma, se tivéssemos escolhido um morro menos poluído pelas luzes, e um país com um clima melhor, talvez tivéssemos visto algo que é conhecido pelos astrônomos como "nascer helíaco".

Momentos antes do nascer do sol, algumas estrelas chamadas decanos fazem uma rápida aparição no horizonte leste. Esses grupos, formados por 36 constelações, se deslocam para o oeste a cada dia em um único grau, aparecendo um pouco mais adiante todas as manhãs, até que desaparecem de vista durante todo um ano. Curiosa como uma fuinha, uma nova estrela dá uma espiadela no horizonte leste a cada dez dias (o que explica o nome, pois *dekanoi* significa "décimos" em grego). Isso foi o que possivelmente influenciou os egípcios a optarem por uma semana de dez dias. Mas o que isso tem a ver com as horas? Bem, em rabiscos nos sarcófagos e inscrições nas paredes das tumbas, os sábios egípcios deixaram para trás seus mapas estelares e calendários, o que possibilitou aos arqueoastrônomos modernos decifrarem o engenhoso sistema de transformar o nascer helíaco em um relógio noturno. À primeira vista – e várias outras vistas confusas depois dessa –, o Mapa Estelar Diagonal se assemelhava a um cronograma de ônibus convertido em hieróglifos por um *software* com defeito. Na parte de cima da tabela, dispostas horizontalmente, estavam as 36 semanas do ano, cada uma contendo dez dias. Abaixo dessas 36 colunas estavam os símbolos que representavam quando cada decano poderia ser visto em determinada semana do ano. Explicando da forma mais simples possível, se você soubesse a data exata naquele momento, o Mapa Estelar Diagonal permitia que você relacionasse a posição de um decano específico no céu com os dados na tabela, revelando, assim, a hora aproximada.

Perto de 1500 a.C., esse sistema foi substituído por uma alternativa ainda mais complexa, chamada de Relógio Estelar Ramessida – que mais parece o nome de um disco de *rock* progressivo dos anos 1970. Sua novidade mais notável era que o ano precisava ser dividido em 24 meses de 15 dias, e ele era direcionado a um novo grupo de 47 "estrelas-horas". Além disso, olhar para o seu desenho, também representado em tumbas e sarcófagos, era como ver as instruções de um complexo jogo de tabuleiro. Na parte de baixo da imagem havia um sacerdote ajoelhado, vestindo um elegante saiote de linho, e, acima dele, uma grade quadriculada com sete linhas verticais atravessadas, como uma espécie de tabuleiro de xadrez no qual era possível mapear os movimentos estelares.

Até onde os estudiosos podem afirmar, uma espécie de astrônomo deveria imitar a posição do sacerdote, talvez segurando um prumo com o braço esticado, e usar seu próprio corpo como referência para comparar as posições das estrelas, alinhadas às linhas verticais. Quem sabe, enquanto fizesse isso, ele também precisasse se abaixar sobre uma poça d'água para refletir as estrelas acima dele? A discussão ainda rola solta.

AS HORAS OSCILANTES

Acompanhar o movimento das estrelas era uma resposta sagaz para o espinhoso problema de saber as horas durante a noite, mas uma hora egípcia não era uma unidade padronizada como os nossos 60 minutos. Em vez disso, ela era prolongada e reduzida, para corresponder às estações. Uma hora do dia poderia tanto ser de 45 minutos modernos no inverno quanto 75 minutos no verão escaldante. Os povos antigos explicavam isso teorizando que o Sol se movia ao redor da Terra seguindo um plano elíptico que começava abaixo do Equador (inverno), e ia subindo até que, no verão, estivesse bem no alto para, depois, descer novamente.

Se isso não faz muito sentido para você, imagine um *frisbee* em formato de anel colocado sobre um declive em diagonal bem no meio de uma bola de praia, ficando mais abaixo à esquerda e mais acima à direita. Isso, pelo menos aos olhos dos egípcios, explicava por que o sol ficava mais alto no céu durante o verão.

Consequentemente, havia sempre dez horas de luz solar (mais duas de meia-luz), mas cada uma delas era mais longa em julho do que em dezembro, um fenômeno que podemos chamar de "horas sazonais". Acontece que até mesmo uma hora sazonal era impossível de ser medida apenas pelas estrelas, no meio do dia, então, os povos antigos precisaram encontrar outra maneira de medir o tempo...

QUE VENHA O SOL

Quando as estrelas sumiam e o sol aparecia, os métodos mudavam de novo. Heródoto, o escritor da Grécia Antiga, muitas vezes chamado de "o pai da história", alegou que foram aqueles espertos babilônios os primeiros a imaginar o relógio de sol, mas a ideia provavelmente surgiu de forma independente em diversas culturas, dado que os requisitos tecnológicos básicos desse aparato exigiam pouco mais do que um pedaço de pau enfiado no chão.

De qualquer forma, se eu lhe pedisse para falar o nome de um relógio de sol antigo famoso, você não buscaria nada de origem babilônica. No entanto, se você morasse em Paris, Londres ou Nova York, talvez sugerisse um exemplo egípcio com o qual se depara constantemente. E não, não estou falando daqueles escondidos atrás das estantes de vidros nos museus, mas de um orgulhosamente elevado a céu aberto. Do que estou falando? Bem, eles são chamados popularmente de Agulhas de Cleópatra, embora não tenham nada a ver com a famosa rainha. Na verdade, eles têm cerca de 3.500 anos, e, quando Cleópatra estava no "rala e rola" com Júlio César, esses obeliscos já montavam guarda na cidade de Heliópolis, adoradora do sol, há 1.400 anos.

Bem, mas a verdade é que os arqueólogos não descobriram ainda se a finalidade desses obeliscos era deliberadamente temporal ou se eram apenas adornos gigantescos que, por acaso, faziam uma sombra. E ainda que eles tenham sido criados para marcar as horas, seu tamanho os tornava pouco práticos para o uso no dia a dia; portanto, foram buscadas alternativas com aparelhos menores. A mais simples delas era o relógio de sombra, que basicamente consistia de uma tábua comprida em formato de T, que ficava em posição vertical preso em uma das extremidades (semelhante a um *spoiler* traseiro de um carro de corrida), e elevava a barra transversal do chão, fazendo uma sombra diagonal na tábua. Quando o sol estava baixo no céu, a sombra se alongava e chegava até a outra extremidade da tábua – como um gato preto se espreguiçando para tomar um banho de sol. Mais perto do fim da manhã, o sol estaria no auge, quase que diretamente sobre a barra transversal, deixando a sombra menor.

Ao meio-dia, o relógio de sombra tornava-se subitamente inútil. Até para os padrões dos celulares atuais, essa é uma velocidade de obsolescência rápida demais. Mas não era preciso fazer nenhum tipo de *upgrade*, bastava virar o relógio de frente para o oeste, em vez do leste, e então ele mediria a descida do sol, em vez da subida. Ou, pelo menos, essa é a teoria atual. O problema é que nenhum exemplo egípcio, seja escrito, arqueológico ou ilustrado, mostra de fato alguma evidência de jamais ter havido uma barra transversal. Basicamente, não sabemos ao certo como os relógios de sombra funcionavam ou se tinham sequer a tal da barra transversal.

No entanto, podemos ser um pouco mais confiantes em relação aos relógios de sol. No século VIII a.C., os egípcios já tinham desenvolvido blocos de pedra elegantemente inclinados para capturar melhor a posição do sol no céu e convertê-la em medidas detalhadas, acompanhando o deslocamento da sombra ao longo da face exposta da pedra. Do Egito, esses relógios foram levados para a Grécia pelo filósofo Anaximandro de Mileto, em algum momento próximo ao ano 546 a.C., e logo se juntariam à filosofia e ao azeite de oliva como parte integrante da cultura egeia antiga. No início do século III a.C., Beroso de Caldeia já tinha recriado o relógio de sol como um hemiciclo, que, embora possa soar como um tipo esquisito de bicicleta antiga, na verdade era um bloco de pedra em forma de uma bacia côncava semelhante a uma pia de banheiro inacabada. A principal funcionalidade desse aparato era o gnômon, um ponteiro central que fazia sombra no bloco.

Os sabichões gregos com suas barbas lustrosas eram conhecidos como os gênios criativos daquela época, mas o mercado tecnológico da

Antiguidade estava para ficar bastante cruel com o aparecimento de alguns italianos insolentes tentando forçar sua entrada. Em 264 a.C., esses romanos agressivos invadiram a colônia grega da Sicília e, depois de matar "acidentalmente" o mais famoso residente do local, o brilhante e excêntrico Arquimedes (aquele do grito de "Eureca!"), fizeram um estrago ainda maior, fugindo com o relógio de sol oficial da cidade. Mas, em um belo exemplo de castigo pelo carma, os larápios romanos não conseguiram entender que ele estava regulado para a latitude local e, quando voltaram a Roma, o alinhamento estava com um desvio de quatro graus, o que o tornava completamente impreciso. Ainda assim, os teimosos saqueadores não se conformaram em fazer todo aquele trabalho para nada, então o instalaram de qualquer jeito e, supostamente, passaram um século murmurando para os visitantes: "Não, era para ser desse jeito mesmo. Sério". Até que, em 164 a.C., ele finalmente foi atualizado.

Conforme o poder romano se expandia pela Europa e para o Oriente Médio, passando de república para império, a comunicação entre as diferentes cidades fez com que relógios de sol começassem a surgir por todo o Mundo Antigo. Na época em que o brilhante arquiteto romano Vitrúvio rabiscava seus estudos sobre como criar coisas complexas, como aquedutos, já era possível listar 13 *designs* diferentes para o tal aparato de medição do tempo. Até mesmo o grande Imperador Augusto levantou um enorme obelisco egípcio, como um gnômon, no Campo de Marte, enquanto seu general e amigo, Marco Vipsânio Agripa, fez um buraco supostamente proposital no teto do grande templo de Panteão, para que o sol entrasse em horário específico.

Dessa forma, considerando-se todos os relógios de sol expostos, poderíamos supor que o mundo romano era governado pelo ritmo estável das horas solares. Entretanto, esse não parece ser o caso. Há uma fala muito citada de uma peça de Plauto, na qual um personagem lamenta, irritado, o fato de que o relógio de sol tem um controle rigoroso sobre seu dia, e o impede de almoçar na hora que bem desejar. Mas, ao que parece, a maioria dos romanos não dava a mínima para a precisão das horas. Nossa obsessão moderna por essa batida incessante talvez parecesse a eles algo estranhamente perverso. De onde veio, então, nossa terrível necessidade de consultar as horas o tempo todo? Bom, provavelmente você pode culpar a Deus por isso. Ou, no mínimo, seus representantes mortais...

AS HORAS DIVINAS

Imagine a seguinte cena: está amanhecendo e o alarme toca. Você já está acordado há algum tempo, então o barulho acaba não sendo uma surpresa tão cruel. Na verdade, é o que acontece sempre, faça chuva ou faça sol, e você continuará a fazer isso até o fim dos seus dias. O que você está ouvindo é a chamada para a oração, a primeira do dia (Laudes), que será seguida por uma série de outras, começando com a Prima e seguindo com a Terça, Sexta, Noa, Vésperas e Completas, ao pôr do sol. Depois os três ofícios da vigília da noite (Matinas), que o tiram da cama às nove da noite, à meia-noite e às três da manhã. E depois começa tudo de novo, ao nascer do sol com as Laudes. Parece difícil? Ninguém disse que ser monge era um mar de rosas...

Se você fosse um monge ou uma freira na Idade Média, sua vida teria um ritmo metronômico ditado pelos rituais diários de oração, isto é, os Ofícios Divinos, também conhecidos como "horas canônicas". Seguindo um decreto extremamente influente do papa Sabiniano, no século VII, cada uma dessas orações era proclamada ao tocar dos sinos e, ainda que esse chamado fosse direcionado apenas aos servos de Deus, ele não passava despercebido aos demais. Como poderia? Ora, a badalada de um sino não é nada sutil. Naquele mundo elevado da santidade medieval, os europeus nunca estavam muito longe de uma igreja, monastério ou catedral. Portanto, eram raros aqueles que ficavam fora do alcance do ensurdecedor alarme de Deus. Por esse motivo, inevitavelmente as horas canônicas passaram a ditar o ritmo da vida cotidiana de milhões de pessoas comuns – de forma muito parecida, aliás, caso eu ajustasse meu alarme para tocar o som das crianças barulhentas correndo loucamente no pátio da escola em frente à minha casa.

A divisão religiosa do dia também não era uma inovação exclusiva dos cristãos ocidentais. No mundo islâmico, os cinco períodos de oração diária, Salá, eram dirigidos a todos, e não apenas àqueles que faziam os votos sagrados. Assim, um sistema de notificação em massa foi estabelecido, com relógios de sol públicos e anunciadores, montados nas paredes e nos telhados das construções, chamando as pessoas para orar. Mas, embora o mundo islâmico estivesse confortavelmente adaptado às horas sazonais de durações variáveis, ele também atuou como uma incubadora de gênios científicos. Um homem em particular tinha fascinação pela relação entre o tempo e os céus. Ibn al-Shātir foi provavelmente o maior astrônomo do século XIV, o que acabou sendo bastante útil, já que ele também era o guardião oficial do tempo na Mesquita dos Omíadas, em Damasco; sua grande contribuição para a história mundial foi a criação de um relógio solar que marcava igualmente as horas.

Seu invento, um relógio de sol horizontal de dois metros por um, foi colocado no minarete da mesquita em 1371, e contava com três ponteiros criados para dar as horas desde o pôr do sol até o entardecer e a hora exata propriamente dita. Com perfeição, ele alinhou a latitude de seu aparato, de modo que ficasse paralela ao eixo polar da Terra. Assim, com alguns mapas detalhados para ajudá-lo, derrotou o antigo adversário das horas sazonais, criando horas iguais com 60 minutos de duração, independentemente da estação do ano. Isso assinalava o início da modernidade temporal. Na verdade, esqueça a parte temporal. O mundo estava à beira de uma enorme mudança, e a medição do tempo teria um papel crucial nisso...

TEMPO É DINHEIRO

Conforme nos sentamos lentamente na cama, com as cobertas quentinhas puxadas até o queixo, olhamos mais uma vez para o relógio na mesa de cabeceira. É uma tranquila manhã de sábado e não precisamos fazer nada durante várias horas. No entanto, não podemos evitar a obsessão com o tempo. Podemos até sentir nossos dias como uma corrida constante contra o relógio – e estou usando essa expressão propositalmente.

Não é nenhuma coincidência que no século XIII, com o nascimento do mercantilismo, que transformou muitas cidades europeias em potências econômicas, tenha surgido o relógio mecânico. Esses artefatos enormes eram colocados no alto de campanários municipais, assim, em vez dos silenciosos relógios de sol aparentemente ignorados pela maioria dos romanos, eles serviam como um constante lembrete ruidoso do aqui e agora, do recurso evasivo das horas comerciais durante as quais você poderia ficar nas ruas ganhando dinheiro – como um Donald Trump medieval, mas sem aquele cabelo esquisito. Sob o olhar atento da torre do relógio, o feudalismo se rendeu ao capitalismo. De repente, tempo era dinheiro.

Sendo assim, a facilidade para medir o tempo aparentemente gerou uma nova obsessão com lucro e eficiência. No entanto, dentro de alguns séculos, o lucro e a eficiência dariam lugar a uma nova obsessão, com uma medição do tempo ainda melhor...

CANHÕES NA ALVORADA

Certa manhã, em 1784, o emissário diplomático da América para a França foi acordado com brutalidade. Benjamin Franklin havia se esquecido de fechar as venezianas de sua janela e viu-se banhado pela calorosa luz da manhã parisiense. Ao olhar perplexo para seu relógio de bolso, o eminente cientista observou algo um tanto estranho. Eram seis horas da manhã. Por que diabos o sol havia surgido tão cedo? Estaria sonhando? Estaria bêbado? Apressadamente, folheou o almanaque solar em busca do dia e confirmou que seu relógio não havia parado. Então, repetiu o experimento mais três vezes naquela semana até que suas suspeitas fossem cientificamente corroboradas. Sim, era inquestionável: o sol surge na alvorada!

Isso, espero que você tenha percebido, era Franklin usando seu chapéu metafórico de sarcasmo em vez de seu verdadeiro chapéu de pele de castor, que havia iniciado uma tendência bem excêntrica na moda europeia. Embora fosse um homem de grandes responsabilidades políticas, ele não havia perdido o espírito jovial e malandro com o qual, na adolescência, enganou os ingênuos leitores de um jornal, fazendo-os pensar que ele era uma rabugenta senhora chamada Silence Dogood. Agora, já um senhor de idade, Franklin estava confinado nessa casa em Paris, onde, por vezes, usava sua incrível inteligência para solucionar os pequenos problemas apresentados por seu amigo, que atendia pelo fabuloso nome de Antoine-Alexis-François Cadet de Vaux. Grato por aquela distração, Franklin elaborou esta satírica carta de descoberta para divertir seu patrono, que por acaso era o editor do *Le Journal de Paris*.

> **Vocês, leitores, que, assim como eu, nunca viram qualquer sinal do sol antes do meio-dia, e raramente apreciam a parte astronômica do almanaque, ficarão assombrados como eu fiquei ao saber de seu nascer tão cedo, especialmente quando eu lhes disser que ele traz luz logo que aparece no céu.**

A razão de sua comicidade estava clara. Apenas recentemente Franklin havia testemunhado a fascinante descoberta de uma nova forma de lâmpada a óleo – o equivalente do século XVIII a um lançamento da Apple hoje –, mas tinha preocupações quanto ao gasto de combustível – da mesma forma que me preocupo constantemente com a curta duração da bateria do meu celular. Ele também tinha total consciência de que as velas eram um produto doméstico caro, assim, o famoso "primeiro americano" incluiu em sua sátira uma característica análise de custo *frankliniana*. Ao fazer piada com o fato de que um típico parisiense acorda ao meio-dia (que audácia!), ele deduziu que 128.100.000 horas de uso de velas estavam sendo gastas nas noites entre março e setembro, o que resultava na queima de quase 30 mil toneladas extras de cera de vela. Para economizar dinheiro, Franklin recomendou ironicamente que o governo francês desencorajasse a preguiça matutina com altos impostos sobre venezianas e uma ensurdecedora salva de tiros de canhão ao amanhecer "para acordar os preguiçosos". Essa piada científica era para ter sido uma brincadeira inofensiva com seus amigos, mas acabou sendo uma observação bastante interessante sobre a economia de luz.

De forma sarcástica, sugeriu que as pessoas fossem acordadas mais cedo. Mas, pensando bem, por que coagir uma mudança de hábito se, em vez disso, você pode manipular o tempo? Em 1895, um neozelandês de origem inglesa chamado George Vernon Hudson enviou um artigo para a Sociedade Filosófica de Wellington, sugerindo exatamente isso. Hudson foi um dos colecionadores de insetos mais notáveis da Nova Zelândia, porém, mais importante que isso, ele também era um carteiro e, portanto, acordava mais cedo do que as outras pessoas. Ao observar que o mundo permanecia roncando durante todo o amanhecer, o artigo de Hudson sugeria que, com um simples ato como adiantar o relógio, era possível economizar uma hora inteira a mais de luz do dia para ser usada quando a maioria das pessoas estivesse acordada. A ideia era boa, mas a voz de Hudson não triunfaria. Em vez disso, o mundo continuou girando inalterado por mais uma década, até que outro camarada surgiu com a mesma conclusão.

William Willett era um empresário inglês esplendorosamente bigodudo que dirigia uma respeitável construtora de casas, famosa por sua clientela sofisticada. Todos os dias, às sete da manhã, ele saia para passear a cavalo pelo bosque próximo de sua casa, em Kent. Porém, em um desses passeios, percebeu que as casas da região estavam com as cortinas fechadas. O sol já havia surgido, o dia já havia começado, mas ninguém havia saído para aproveitá-lo. Willett podia até parecer um irritadiço capitão eduardiano da indústria, mas por trás de sua camisa engomada, havia um coração que transbordava uma paixão desenfreada, mas não do tipo escandaloso apreciado pelo vigoroso rei Eduardo VII. Não, sua obsessão era com o aproveitamento da luz natural e, orgulhosamente, ele anunciou que uma "casa Willett" maximizava a iluminação natural como nenhuma outra.

Ansioso para que os dorminhocos moradores de Chislehurst fossem alertados sobre o que estavam perdendo, ele trotou de volta e refletiu. Não haveria necessidade para os tiros de canhão de Franklin ao nascer do sol: ele estava pensando de forma mais conceitual. Então, em 1907, Willett publicou um panfleto intitulado "O desperdício da luz do dia", no qual defendia um novo conceito, chamado *Daylight Saving Time (DST),** segundo o qual os relógios seriam adiantados em 20 minutos em cada um dos quatro domingos de abril, o que, assim, economizaria uma parte considerável da luz solar no entardecer do verão.

NÃO VÁ PERDER O TREM!

Embora esperar acordado até a meia-noite para acertar os relógios oito vezes por ano pareça um tanto desnecessário, em defesa de Willett, muita gente já estava acostumada a fazer isso. Durante séculos, as pessoas mediram as horas do dia localmente, através dos mapeamentos das sombras do sol, e isso significava que, a cada viagem mais para leste ou oeste em longitude, era preciso ajustar o relógio. Bristol, por exemplo, fica cerca de 190 quilômetros a leste de Londres, então, lá o sol aparece nove minutos depois, de forma que os bristolianos provavelmente ainda estavam em suas camas quando a maioria dos *cockneys* já arrastava os chinelos pela casa – praticando suas imitações de Dick Van Dyke.

Cada cidade tinha sua própria relação com o nascer e o pôr do sol, até que a chegada dos trens de passageiros, nos anos 1840, fez com que aquelas afastadas por longas distâncias fossem ligadas por uma rede de transporte de alta velocidade. Isso obviamente era uma excelente notícia – especialmente para os *nerds* fanáticos por trens, que agora tinham algo

* Nosso conhecido "horário de verão". (N.T.)

para fazer aos domingos. Porém, também trouxe um episódio imprevisto de caos temporal. Por exemplo, se um trem entre Londres e Bristol saísse da capital ao meio-dia, no horário local de Londres, chegaria quatro horas depois, às 15h51, e não às 16h. Em algum momento, no meio do caminho, os nove minutos desapareceriam. Naturalmente, isso instaurou uma onda de perplexidade entre os viajantes, que imediatamente começaram a perder muitos trens.

Reconhecendo o problema, as empresas ferroviárias entraram em ação e adotaram o Horário de Greenwich para todas as suas rotas. Isso possibilitou o surgimento de cronogramas de trens lógicos e consistentes em todo o país, mas não resolveu totalmente o problema dos viajantes. Afinal, a menos que o passageiro já estivesse na estação e pudesse consultar o relógio ajustado de lá, seus dias ainda eram controlados pela hora local de seu relógio de bolso e do relógio da catedral de sua cidade, fazendo-o caminhar tranquilamente até a estação, para só então ver o trem passar rapidamente em meio às nuvens de vapor.

Era preciso padronizar o tempo, não apenas para os trens, mas para toda a nação. No entanto, nem todos sentiam essa necessidade de, digamos, modernização. Relutantes em sacrificar seu próprio ritmo solar local – com tradições regionais que datavam de milênios –, lugares como Exelter e Oxford imitaram a adoção do desastre métrico francês, com curiosos relógios híbridos que traziam um ponteiro extra de minutos para mostrar, ao mesmo tempo, o horário local e o "horário do trem". Mas essa medida ineficiente não duraria muito, especialmente com a chegada da comunicação telegráfica, nos anos 1860, comprovando que uma medição do tempo precisa unilateralmente era fundamental para uma cultura cada vez mais globalizada. Assim, na década de 1880, os tradicionalistas aceitaram a derrota, e o Horário de Greenwich finalmente firmou sua autoridade em toda a nação britânica. Essa notícia foi ótima para quase todos – exceto para os dorminhocos crônicos, que agora precisavam inventar novas desculpas por terem perdido o trem.

ADIANTA RELÓGIO, ATRASA RELÓGIO

Quando William Willett sugeriu ajustar os relógios em 20 minutos em dias específicos, não estava dando uma ideia de jerico, afinal, muitas pessoas já costumavam ajustar seus relógios de bolso quando chegavam em um local mais distante. Apoiado por um jovem Winston Churchill e um nem tão jovem David Lloyd George, Willett se apresentou com confiança diante de uma Comissão Parlamentar Especial e usou seu argumento triunfal: uma criança nascida após a implementação de tal medida chegaria ao seu 28º aniversário tendo desfrutado de um ano inteiro a mais de luz do dia. Quem seria capaz de discordar de uma lógica tão magnífica?! Infelizmente, ele não havia levado em conta a possível força da oposição. Após três décadas de padronização temporal em todo o país, não havia muitos nostálgicos lamentando os dias em que era preciso ficar mexendo no relógio, principalmente oito vezes por ano.

Willett iniciou o processo como um honrado cavalheiro, mas terminou a batalha como uma piada e foi amplamente ridicularizado como um maluco irrealista. Com a credibilidade arruinada, sua aplicação parlamentar foi rejeitada durante seis anos consecutivos. Por fim, como era de se esperar para um homem que gostava de fazer as coisas antes do tempo, faleceu com apenas 58 anos. Foi em 1915, enquanto a Primeira Guerra Mundial assolava o planeta, e o rei britânico George V se desesperava tentando acobertar seu nome assustadoramente germânico. Era absolutamente impossível que a Grã-Bretanha adotasse o horário de verão naquele momento. E então, de repente, em abril de 1916, a Alemanha acabou adotando-o.

Bastante espertos, os conselheiros do *kaiser* observaram que, ao aumentar a disponibilidade da luz natural, a necessidade de luz artificial seria reduzida, possibilitando que todo o combustível economizado fosse redirecionado para os esforços de guerra. Era um argumento persuasivo. Tão persuasivo, na verdade, que até cruzou o Canal. Subitamente, boa parte daqueles que eram contra e que tanto haviam zombado de William Willett começaram a murmurar que talvez esse tal horário de verão não fosse uma ideia tão imbecil. Apenas um mês depois de a Alemanha ter dado o primeiro passo, a Grã-Bretanha fez o mesmo. O plano gradual dos 20 minutos foi sabiamente substituído por um simples ajuste de uma hora e, finalmente, o tal horário de verão havia se tornado realidade. Assim como o *rapper* norte-americano MC Hammer, conhecido pelo fenômeno *Hammertime*, o recém-falecido William Willett recebeu publicamente sua própria unidade de tempo diferenciada – embora, infelizmente, ninguém jamais tenha vestido uma calça *baggy* e gritado: "*Stop! Willett time!*".

Ao fim da Primeira Guerra Mundial, muitas nações já haviam adotado o sistema, inclusive a Austrália e boa parte da Europa. Porém, as desavenças estavam apenas começando. A adoção nos Estados Unidos, em especial, foi um esplêndido fracasso e, como um gatinho nervoso lutando com uma bola de lã, o país se enroscou durante meio século em uma crise causada por ele mesmo.

OS ESTADOS DESUNIDOS DA AMÉRICA

A padronização do tempo por todo o extenso território dos Estados Unidos não estava sendo aceita, caso contrário, a música de Dolly Parton sobre trabalhar das nove às cinco teria tido uma letra bastante estranha sobre tentar trabalhar no escuro. Inicialmente, um engenheiro ferroviário canadense chamado Sandford Fleming insistiu em um único horário padronizado para o mundo inteiro, que fosse baseado no relógio de 24 horas. A chamada "hora cósmica" era a grande ideia de Fleming, e ele esperava que todas as nações tivessem relógios que mostrassem o horário local e o horário cósmico. Quando isso não deu certo, Fleming mudou seu plano e começou a defender um novo sistema de 24 fusos horários regionais, cada qual traçado perfeitamente a cada 15 graus de longitude, de forma que cada um tivesse uma hora. Essa era uma resposta pragmática para o caos do sistema ferroviário e, em 1883, foram criados cinco fusos horários na América do Norte: Oriental, Central, Montanha, Pacífico e Intercolonial, batizado em homenagem ao triunfo de Fleming na engenharia, a Ferrovia Intercolonial do Canadá.

No ano seguinte, para dar mais estabilidade ao sistema, uma conferência internacional recomendou que o Horário de Greenwich fosse o meridiano de origem para a medição global da longitude. Entretanto, os franceses ofendidos, fazendo jus à sua reputação petulante, se recusaram a tirar Paris do centro de seus mapas. A despeito do descontentamento gálico, na América os fusos horários funcionaram muito bem, embora algumas cidades, como Detroit e Cleveland, tenham mudado de fuso para ganhar mais tempo de luz ao entardecer. Mas essa foi uma decisão local, tomada pelas pessoas daqueles locais, por preocupações também locais. Por outro lado, a mudança para o horário de verão no país, em 1918, novamente para economizar energia elétrica em tempos de guerra, foi um completo desastre.

Como agora é tão óbvio nas eleições americanas, há poucas questões unânimes em todos os 50 estados, mas a aversão ao horário de verão chegou muito perto disso. Depois de apenas oito meses, ele foi chutado para fora da lei nacional sem qualquer cerimônia. O tolo governo, no entanto, ainda permitiu que alguns estados e cidades tivessem a liberdade de decidir usá-lo ou não, assim como havia acontecido antes da guerra, mas agora as novas tecnologias haviam mudado a cara da nação. Depois de 1945, novos setores sofisticados surgiram por todo o país, como aviões de passageiros e transmissoras de televisão, tentando se integrar ao estilo de vida americano. Acontece que seus horários detalhados eram impossíveis de serem controlados, em função dos diferentes fusos horários. Até mesmo os cronogramas dos ônibus locais tinham sorte se conseguissem sobreviver uma noite sem precisar ser totalmente reescritos, já que as cidades e os estados adotavam e abandonavam o horário de verão – como crianças caprichosas que, no mesmo instante, enjoam de seus tão desejados presentes de Natal.

Considerando que a América do Norte tinha apenas cinco fusos horários, era quase impressionante que um ônibus que percorria 55 quilômetros entre Moundsville, no estado da Virgínia Ocidental, e Steubenville, no estado de Ohio, tivesse sete fusos horários diferentes, fazendo com que os passageiros mais assíduos ajustassem seus relógios a cada oito minutos. A situação também não era muito melhor para aqueles que viajavam de carro. Há diversos relatos de pessoas que enfrentavam a hora do *rush* e, quando finalmente atravessavam a fronteira, antes de poder comemorar, se viam presas em um trânsito ainda mais caótico, porque o estado vizinho estava uma hora atrás.

Nos anos 1950 e começo dos anos 1960, uma ida até o banco ou um compromisso oficial no tribunal podia às vezes resultar em um embaraçoso atraso, ou fazer com que a pessoa desse com a cara na porta. No estado de Idaho, os consumidores precisavam se virar para lidar com lojas e estabelecimentos, muitas vezes na mesma rua e dentro do mesmo prédio, funcionando em horários diferentes. Com frequência, o transtorno causado por isso tudo se transformava em risco real, quando os motoristas atravessavam despreocupadamente as passagens de nível e se deparavam com trens de carga que supostamente só chegariam dali a uma hora, vindo em direção a eles e soltando aquele apito alarmante.

Para os cidadãos comuns, a vida era controlada por um sistema temporal tão misterioso que poderia ter saído direto das páginas de *As viagens de Gulliver*. O doutor William Markowitz, do Observatório Naval dos Estados Unidos, não estava brincando quando nomeou a América do Norte como "o pior guardião do tempo do mundo".

A HORA PARA MUDAR

Enquanto os Estados Unidos lutavam com a falta de sincronia, abriu-se uma brecha para a entrada do heroicamente intitulado Comitê de Uniformidade do Tempo, um grupo de interesse formado por representantes dos setores afetados, que finalmente colocaram o governo em ação. Em 1966, o Ato de Uniformização do Tempo padronizou um período de seis meses de horário de verão para toda a América do Norte, entre o último domingo de abril e o último domingo de outubro (embora quatro estados tenham rejeitado a solução). Apesar das grandes expectativas, esse não foi o desfecho milagroso que todos esperavam, e uma nova turbulência se anunciava quando, em 1973, o Presidente Nixon foi forçado a reintroduzir, por um curto período de tempo, o Horário de Guerra de emergência, após a escassez de óleo resultante da Guerra do Yom Kippur.

Diante de tamanha confusão, a América do Norte finalmente foi forçada a admitir que tinha um problema, e entrou na reabilitação temporal. Um tempo depois, ela reapareceu limpa e sóbria, com uma solução muito mais prática de sete meses de horário de verão, uma história de sucesso que, no entanto, resultou em uma vergonhosa recaída. Como você pode perceber, ainda não era o fim da polêmica...

O ÚLTIMO "HURRA" DA GRÃ-BRETANHA (DE NOVO)

Se você estivesse morando na Escócia ou na Irlanda do Norte em 1968, talvez achasse o inverno um tanto depressivo. A Grã-Bretanha, uma ilha que flutua audaciosamente a uma pena distância do continente europeu, foi repentinamente dominada por uma noção inebriante de harmonia internacional e se lançou para um experimento de três anos chamado de

Hora Padrão Britânica, que fez com que o relógio do Reino Unido entrasse em sincronia com a maior parte da Europa. Isso era ótimo se você quisesse vender um carro britânico para um belga, mas se estivesse morando na parte norte das Ilhas Britânicas, suas manhãs de inverno seriam subitamente transformadas em surtos pós-apocalípticos de escuridão prolongada, durante os quais o sol às vezes se recusava a surgir até as 9h45. O experimento foi abandonado em 1971, por conta da ferocidade da resposta do público no norte da fronteira, muito embora as noites mais claras tenham reduzido as mortes nas estradas. Assim, até hoje, como um tosco vilão de terror hollywoodiano, a Hora Padrão Britânica por vezes ressurge dos mortos para assombrar algum debate político.

O que isso revela é como, mesmo em um país pequeno, o mundo natural e os caprichos de padronização da política nem sempre se encaixam com perfeição. Vivemos uma era em que o tempo é um metrônomo onipresente e não precisamos mais ajustar nossos relógios quando viajamos apenas 150 quilômetros. Mas, analisando os detalhes, fica claro que a forma como regulamos o tempo nasceu principalmente do consenso, da viabilidade e das melhores iniciativas. É surpreendente que, mesmo em um mundo onde relógios atômicos podem ser precisos em nanossegundos, muito da forma como dividimos o dia ainda é influenciado pelo pragmatismo racional. O controle do tempo não é apenas uma área de investigação científica, mas também faz parte de nossa herança cultural. Nós definimos o tempo tanto quanto ele nos define.

Mas, agora, chega disso! É hora de nos levantarmos e, após uma longa noite de sono, a primeira coisa que precisamos fazer é atender ao chamado da natureza. Considerando que os afazeres domésticos podem ser ignorados com alegria, o mesmo não se aplica à nossa bexiga. Então, vamos começar o dia enfiando os pés nos chinelos e nos apressando em direção ao banheiro...

9h45

ATENDENDO AO CHAMADO DA NATUREZA

Depois de nos arrastarmos para fora da cama, sentimos uma súbita pontada no estômago ao passarmos pela cozinha. Na atual conjuntura, cafeína e cereal seriam deliciosos e estimulantes, mas as exigências da bexiga sempre superam as do estômago, e agora ela nos domina como um terrorista irritado.

Assim, corremos em direção ao... Bom, como você o chama?

O "VOCÊ SABE ONDE"

No inglês britânico, há diversos sinônimos adoráveis para o humilde toalete: *john, loo, can, bog, lav, commode, potty, shitter, urinal, latrine, privy, porcelain, head* etc.* Esses são termos informais, alguns até mesmo vulgares, e em locais públicos você provavelmente encontrará placas para *toilet, gents, ladies* ou, por vezes, WC (*water closet*). Os americanos, por outro lado, tendem a visitar *bathrooms* e *restrooms*, onde, na verdade, não tomam banho (*bathe*), nem descansam (*rest*) – a menos que sofram de narcolepsia e adormeçam acidentalmente sobre a pia.

Parece que gostamos de ser vulgares entre nossos amigos, mas, como sociedade, recorremos a eufemismos mais charmosos. Uma grande casa

* Alguns sinônimos em português, dos mais formais aos mais casuais, a título de exemplo: toalete, lavatório, sanitário, WC, mictório, lavabo, troninho etc. (N.T.)

britânica pode ter vários *commodes* (vasos sanitários), o que significa que pelo menos um deles estará em um pequeno cômodo mais exclusivo, ao lado de uma pia; sendo muitas vezes chamado de *loo*, *toilet* ou *lavatory.** Há algumas discussões a respeito, mas parece plausível que essas palavras sejam todas de origem francesa. "*Loo*" é a mais difícil de definir, possivelmente deriva do termo formal "*lieu*", que significa "lugar". Os aristocratas do século XVIII referiam-se ao banheiro como *le lieu anglais* (o lugar inglês), mas o uso de "*loo*" na língua inglesa, na verdade, não foi registrado até os anos 1920, portanto, há mais chances de que tenha sido uma abreviação de Waterloo Cisterns, uma marca que aparecia frequentemente gravada nos banheiros externos no início do século XX.

A palavra "*toilet*" deriva de "*toilette*", que inicialmente se referia a um tecido medieval. Posteriormente, passou a nomear um pano de limpeza, depois um cômodo que continha uma pia e, só ao final do século XIX, passou a significar um cômodo com um vaso sanitário. De forma semelhante, "*lavatory*" surgiu de "*laver*", verbo francês para "lavar". É estranho que um lugar que abriga exclusivamente o vaso sanitário seja nomeado dessa forma. Na verdade, em uma casa com um único banheiro, provavelmente o vaso sanitário estará ao lado do chuveiro ou da banheira, e isso faz com que deixemos de lado os nomes "*toilet*", "*lavatory*" e "*loo*", e usemos "*bathroom*", porque, de alguma forma, o banho triunfa sobre o vaso na hierarquia dos nomes. Mas certamente "*lavatory*" seria um nome mais adequado, já que se trata de um cômodo onde as pessoas se lavam e que, ao mesmo tempo, contém um vaso sanitário! Estranho, não é?

Estou falando tudo isso porque a língua é um portal para o nosso passado, mesmo que isso nem sempre esteja claro. No ocidente anglófono, as pessoas sempre lançam mão de diversas palavras para coisas do dia a dia sem perceber que esses termos, em algum momento, foram específicos em seus sentidos e estavam intimamente ligados a associações de classe e costumes. Hoje, as instalações sanitárias ocidentais são padronizadas, não importa qual seja o seu poder aquisitivo, mas, há não muito tempo, ter um vaso sanitário instalado com encanamento era sinal de riqueza, e a forma como você o chamava revelava o nível de sua criação.

Na verdade, ainda que nossas instalações sanitárias estejam cada vez mais homogêneas e os nomes que usamos para elas sejam intercambiáveis,

---

* No Brasil, usamos os termos "lavabo" ou "lavatório". (N.T.)

no passado havia uma grande variação na forma como as pessoas lidavam com suas necessidades de evacuação. É fato que essa questão desagradável é instintivamente biológica e as formas de despejo são um tema recorrente na história, mas o tema principal sempre foi: a que distância devemos "soltar o barro" para que ele fique fora de nossa vista? Acontece que as diferentes eras foram surgindo com suas respostas próprias e, se fizéssemos uma viagem de volta no tempo, em termos de banheiro, seria melhor que fôssemos enviados para 4 mil anos atrás, em vez de apenas trezentos. Os georgianos do século XVIII podem até ter tido hábitos adoráveis, mas não eram exatamente contra atirar a urina pela janela...

Assim, ao entrarmos no banheiro e abaixarmos as calças para sentar a bunda naquele vaso gelado, começamos com a pergunta óbvia: quantos anos tem a privada?

SANEAMENTO NA IDADE DA PEDRA

Çatalhöyük é um dos sítios arqueológicos mais importantes do mundo, o que é extremamente irritante, porque nunca consigo pronunciar esse nome direito. Um vilarejo fundado há talvez 9.500 anos no que hoje é a Turquia é uma incrível cápsula do tempo de uma época em que nossos ancestrais estavam apenas começando a se estabilizar em números consideráveis. Enquanto as primeiras comunidades de humanos provavelmente não tinham mais do que 150 pessoas, Çatalhöyük pode ter abrigado até dez mil habitantes. Isso não parece muito para quem já assistiu a uma partida de futebol em um estádio lotado, então, tente imaginar cada uma dessas pessoas fazendo suas necessidades em um único dia... Uma bela pilha de excremento para eliminar, não é? Certo, agora multiplique isso por 365 dias e... *voilà*! Aí está o primeiro grande problema da civilização: onde colocar essa merda toda?

Na verdade, em Çatalhöyük, a resposta do Período Neolítico (que significa a nova Idade da Pedra) para isso não era particularmente sofisticada. Até onde as escavações arqueológicas podem provar, a política de saneamento parecia ser a de empilhar todo o material indesejado, inclusive esterco, em aterros localizados em áreas próximas das casas. Ao que parece, esses amontoados eram nivelados de tempos em tempos – tarefa não muito agradável para quem recebesse essa missão – supostamente para impedir que se transformassem em montanhas de cocô. É claro que, para nós, a noção de ter várias casas aglomeradas perto de uma montanha pútrida de lixo exposta ao sol pode não parecer lá muito higiênico e, bem, na verdade, não era mesmo.

Por vários motivos (entre os quais as mudanças alimentares, criações repletas de parasitas, saneamento impróprio e a proximidade das pessoas), a Revolução Neolítica, muitas vezes considerada uma das maiores transições na história humana, paradoxalmente também resultou em uma piora considerável à saúde das pessoas. Como os vitorianos do século XIX viriam provar, a vida urbana muitas vezes apresentava maiores riscos do que a migração dos nômades. Sim, havia menos ursos nas cavernas ameaçando arrancar nossas tripas, mas as bactérias e os vírus eram bem mais devastadores.

A despeito disso, o experimento neolítico persistiu e, após embarcar em uma grande saga europeia que seguiu para o oeste durante vários milênios, a revolução agrícola, por fim, se fixou nas Hébridas Escocesas, cerca de 3100 a.C. É aí que veremos um comportamento familiar em relação ao banheiro, mas em uma escala bem menor. Trata-se de um vilarejo do Período Neolítico magnificamente preservado, composto por apenas oito casas de pedras. Skara Brae, na ilha de Orkney, se assemelha ao rústico condado dos pequenos *hobbits* de J. R. R. Tolkien, mas os montes cobertos de grama que protegem as casas do intenso vento escocês nem sempre foram tão belos assim.

Nesse vilarejo de, provavelmente, menos de cem pessoas, os primeiros moradores foram negligentes com relação ao despejo de seus resíduos, acumulando enormes pilhas de esterco. Mas, em vez de ir para o mais longe possível daquele lixo fedorento, eles o reciclavam, usando os montes como abrigos orgânicos para isolar suas novas casas. Embora hoje, ao visitar o lugar, sejamos confrontados por uma espécie de terra pré-histórica dos *Teletubbies* aparentemente afundada abaixo do nível do solo, sabe-se que, na verdade, as casas foram construídas em um terreno plano, propositalmente localizadas entre os grandes montes de resíduos que se elevaram ao lado delas.

Mas não vamos censurar o primitivismo da higiene neolítica com muita severidade, pois Skara Brae parece abrigar evidências da existência de banheiros fechados, que eram esvaziados em sistemas de esgoto rudimentares. Células do tamanho de cubículos nos cantos das casas, construídas sobre canais de drenagem, sugerem que havia áreas reservadas para que as pessoas tratassem de seus assuntos particulares, o que também é em uma interessante descoberta sobre as noções de privacidade na Idade da Pedra. Talvez eles fossem como nós, preferindo fazer suas coisas sem um público cativo, ou talvez fosse apenas mais fácil ficar longe do mau cheiro tendo o banheiro isolado da sala. O que fica mais evidente, no entanto, é que a falta de água corrente sugere que, para a higienização de seus traseiros sujos, os habitantes do local não eram tão "lavadores", mas sim, "limpadores", e muitos arqueólogos teorizam que musgo, algas marinhas e folhas eram, na Idade da Pedra, o equivalente para o nosso amigo papel-higiênico.

Assim, o Período Neolítico foi o programa piloto de uma vida urbana; um anteprojeto cheio de falhas a ser remodelado pelas futuras gerações. E, de fato, a Idade do Bronze executou essa tarefa muito bem - com a melhorada versão 2.0.

OS CAGÕES DA CIDADE

Imagine a cena: uma pessoa está ocupada com seu trabalho quando, de repente, seu estômago se contrai e seu intestino começa a "relaxar". Ela deve ter comido alguma coisa estragada! Desesperada, essa pessoa larga tudo e corre para o banheiro, já abaixando as calças para se sentar. Já relaxado, o intestino se esvazia, e a pessoa suspira de alívio ao perceber que a ameaça de um acidente desastroso já não existe mais. Agora que o assunto já foi tratado, ela pega o material de limpeza, se limpa e o joga no buraco do assento para ir embora com a pequena torrente de água. Ao lavar as mãos, essa pessoa está tranquila, sabendo que seu "assunto" será levado para longe dali pela rede de esgoto.

Quanto disso lhe parece familiar? Um banheiro com um assento, material para se limpar, água para levar tudo embora e uma rede de esgoto? Você poderia supor com segurança que estamos falando de uma situação do século XX, mas talvez decidisse chutar século XIX, só para garantir. Bom, você teria errado por uma margem de uns 4.500 anos. O que eu descrevi aqui era o sistema de saneamento da Idade do Bronze no Paquistão.

Localizadas no Vale do Rio Indo, e se espalhando por todo o noroeste da Índia, as cidades da avançada civilização harappiana foram fundadas em cerca de 2600 a.C. Batizados posteriormente em homenagem à primeira dessas cidades a ser escavada por arqueólogos, os harappianos eram obcecados por limpeza e baniam seus efluentes indesejados por uma rede de tubos que ligava as casas a fossas construídas especialmente para isso. As casas mais abastadas tinham até mesmo lavabos separados das áreas de banho, os quais eram simples, mas eficazes. Um assento era posicionado sobre um tubo que seguia diretamente para o esgoto, e a água suja do banho era descarregada através desse tubo após cada visita, como uma espécie de descarga manual. Embora nem todos pudessem se dar ao luxo de ter um banheiro tão elaborado, e as pessoas da classe mais baixa provavelmente tivessem que se agachar sobre um recipiente afundado na terra e depois esvaziá-lo com certa regularidade, pelo menos, o conteúdo desses recipientes podia ser despejado tranquilamente na fossa, em vez de serem empilhados no jardim como uma espécie de obra de arte fecal.

Talvez você tenha observado que mencionei a palavra "assento". Sim, foi graças aos harappianos que as pessoas começaram a parar de se agachar para fazer suas necessidades, embora se acredite que, mais ou menos na mesma época, as classes mais altas do Antigo Egito também sentassem em assentos em formato de U esculpidos em pedra. Os fãs das pilhas de esterco do Período Neolítico, no entanto, ficarão felizes ao saber que, a despeito de tanta inventividade, a Idade do Bronze não deu exatamente um fim às pilhas de cocô, pelo menos não nas áreas mais pobres do Egito, onde o lixo doméstico era simplesmente jogado do lado de fora das casas para assar no calor escaldante do Saara. Ainda que isso pareça incrivelmente anti-higiênico, a coisa era um pouco mais pragmática. O esterco era um bom fertilizante que, por vezes, podia ser adicionado aos ingredientes dos tijolos de barro, e, com frequência, era misturado com palha para ser transformado em combustível de inverno, para aquecer e cozinhar. Provavelmente isso dava certo toque indesejado ao jantar, mas vamos tentar não pensar muito sobre isso...

É claro, nesta manhã de sábado do mundo moderno, nós simplesmente entramos no banheiro e decidimos se vamos ficar em pé ou sentados enquanto esvaziamos nossas bexigas. Normalmente, isso depende de ser o "número um" ou "dois", mas também podemos ser influenciados por nosso sexo. Na Grã-Bretanha, pelo menos, os rapazes tendem a fazer xixi de pé. No entanto, o historiador Heródoto, da Grécia Antiga, que possivelmente visitou o Egito no século V a.C., sugeriu que as mulheres egípcias urinavam de pé, e que eram os homens que se sentavam. Na verdade, esse é um exemplo tirado de um parágrafo que detalha diferenças estranhas entre os egípcios e os gregos, então é possível que tenha sido apenas um palpite para fins de ilustração. Ainda assim, as observações de Heródoto sobre a privacidade são interessantes: "Eles defecam dentro de suas casas, mas comem nas ruas. Isso é feito sob o princípio de que qualquer coisa embaraçosa e inevitável deve ser feita entre quatro paredes, enquanto qualquer coisa que não seja motivo de vergonha deve ser feita em público".

Se for verdade, esse pudor soa familiar aos nossos sentimentos, e a timidez em torno do "abaixar as calças" também era compartilhada pelos antigos judeus, que davam grande ênfase à limpeza espiritual através da higiene física. Ainda hoje, por exemplo, é proibido para judeus ortodoxos refletir sobre os ensinamentos da Torá ou proferir a oração sagrada de Shema enquanto estão no banheiro, ou até mesmo *olhando* para o banheiro. Prestativamente, a *Encyclopaedia Talmudica* sugere que, em vez disso, eles pensem em suas finanças, exceto no *Shabat*, quando isso também é proibido. Nesse caso, devem pensar em uma bela obra de arte.

Mais fundamentalmente, o tratamento das fezes e da urina é abordado com meticulosidade em Deuteronômio 23:12-14, que declara: "Determinem um local fora do acampamento onde se possa evacuar. Como parte do seu equipamento, tenham algo com o que cavar, e, quando evacuarem, façam um buraco e cubram as fezes". Seria essa uma resposta higiênica para a ameaça de doenças? Na verdade, era mais uma questão de cortesia religiosa: "Pois o Senhor, seu Deus, anda pelo seu acampamento para protegê-los e entregar-lhes os seus inimigos. O acampamento terá que ser santo, para que ele não veja no meio de vocês alguma coisa desagradável e se afaste". Ou seja, Deus pode até ser onividente, mas isso não significa que ele *quer* ver tudo.

Esse meticuloso controle de dejetos era impressionante na teoria, mas nem sempre funcionava tão bem na prática. Na Idade Média, a Velha Jerusalém tinha um ponto de entrada/saída com um nome nada romântico: o Portão do Estrume, ou *Sha'ar Ha'ashpot*, através do qual o lixo era retirado da cidade para ser queimado ou empilhado. Mas não eram somente os judeus que se esforçavam para manter o alto padrão. Quando pensamos na Antiga Atenas, com seus templos de mármore e filósofos vestidos com mantos, é fácil cairmos no mito da sofisticação clássica. Mas talvez essa seja apenas uma visão romantizada do passado.

PENICOS, DRAMATURGOS E FILÓSOFOS

Blepyrus acorda no meio da noite precisando fazer cocô. Depois de dar uma olhada no quarto, ele percebe que sua mulher não está lá. As roupas dele também não estão. Aquela atrevida as roubou para se passar por um homem. O velho Blepyrus então se vê forçado a vestir as roupas e os chinelos da mulher, e sai aos tropeços pela rua para tratar dos seus assuntos. Após dar uma rápida olhadela para verificar se não há ninguém por perto, ele se agacha do lado de fora da casa e, quando está prestes a se aliviar, um vizinho bisbilhoteiro o vê e exige saber o que ele está tramando. Blepyrus, envergonhado, é obrigado a explicar suas roupas e sua defecação ao ar livre: "Eu estava apertado para cagar, então coloquei esses chinelos para não sujar meu cobertor novo". Pobre camarada. Não é a melhor forma de começar o dia, não é mesmo?

Calma, não precisa fazer essa cara. Blepyrus era apenas um personagem de *As mulheres na Assembleia*, uma comédia do grande Aristófanes, para quem os banheiros eram uma piada sem fim. Mas a existência fictícia de Blepyrus não quer dizer que ele não representasse a realidade da sociedade ateniense. Embora os gregos antigos sejam quase sempre vistos como os gloriosos heróis da civilização, eles não chegam aos pés dos harappianos em termos de infraestrutura de saneamento público. A menção mais próxima que existe de um espaço designado para defecação talvez seja com a descrição do filósofo Teofrasto sobre o idiota que vai fazer cocô à meia-noite na casinha que fica no jardim, e acaba tropeçando no cachorro bravo do vizinho.

Mas, para a maioria das pessoas, os penicos pareciam ser a solução ideal. Enquanto os homens faziam xixi no *amis*, as mulheres tinham um recipiente próprio em formato de tigela, chamado *skaphion*. Curiosamente, *skaphion* também era uma palavra grega para nomear um estilo de corte de cabelo "tigelinha", semelhante ao dos Beatles – o que sugere que os penicos eram virados sobre a cabeça das pessoas por barbeiros perfeccionistas que não dispunham de equipamentos (só podemos torcer para que eles fossem lavados antes). Muitos de nós só chegamos a usar um penico quando éramos criancinhas choronas; os gregos, de modo semelhante, tinham um *kit* engenhoso para lidar com os pequenos. Eles colocavam os bebês em cadeirões com buracos frontais, para passar as perninhas gorduchas, e outro no assento, para que qualquer dejeto inevitável caísse dentro do *skaphion* colocado logo abaixo. Toda essa sujeira doméstica, de bebês e de adultos, era normalmente jogada na fossa, ou *kopron*, esvaziada por um eliminador de lixo profissional chamado *koprologoi*, que, por sua vez, o vendia para fazendeiros como fertilizante.

Esse esquema parece perfeitamente sensato, mas o que acontecia se um grego fosse pego desprevenido quando estivesse longe de casa? Você e eu provavelmente entraríamos em um banheiro público, talvez dentro de uma loja ou em um parque. Mas isso não existia na Grécia Antiga. O poeta Hesíodo, do século VII a.C., escreveu que era falta de educação urinar ao ar livre, um desrespeito aos irritadiços deuses. Para ele, urinar na rua, ou perto da rua, olhando para o sol ou durante a noite, era o equivalente a olhar com arrogância para os deuses todo-poderosos e se aliviar sobre os seus sapatos. Parece, então, que muitos gregos tentavam simplesmente segurar. Na verdade, esse estoicismo foi comum o suficiente para que se tornasse questão de curiosidade médica. Uma reflexão escrita no verso de um papiro médico pelo *Anonymous Londonensis* pondera: "Para aqueles que forem pegos desprevenidos... Se segurarem por algum tempo, ou não poderão mais defecar (quando chegarem a um lugar apropriado) ou evacuarão fezes pequenas e secas. Por que isso acontece?".

Mas, se alguém estivesse explodindo e precisasse evacuar ao ar livre, a alvorada e o anoitecer eram os melhores períodos, já que os deuses ficavam particularmente afeiçoados à noite. Mas era preciso tomar cuidado para não mostrar muita pele. O fato de que Hesíodo tenha se sentido compelido a escrever tais conselhos sugere que era um tanto comum se deparar com pênis expostos e nádegas peladas em espaços públicos. Segundo dizem, o deslumbrante e babaca Alcibíades, famoso por sua ostentação arrogante, chegou a lançar moda ao fazer xixi abertamente diante de outras pessoas. Também os poetas Êupolis e Epícrates de Ambrácia mencionam garotos escravos com penicos nas mãos correndo para o meio de grupos de aristocratas embriagados.

Mas xixi e cocô eram vistos como coisas distintas? Seguramente, nos *pubs* modernos, os britânicos se sentem suficientemente à vontade para urinar lado a lado, mas entram em cubículos secretos para fazer um "número dois". Com os gregos era a mesma coisa? Não temos certeza. Mas, ao que parece, os romanos eram muito menos acanhados com suas funções fisiológicas. Na verdade, para eles, uma visita ao banheiro podia ser algo como um evento social...

QUANDO EM ROMA...

Os banheiros públicos (*forica*) de Roma eram cômodos abertos onde as pessoas, possivelmente de ambos os sexos, sentavam-se lado a lado em bancos compridos e fofocavam sociavelmente, enquanto se aliviavam e mandavam seus "assuntos" esgoto afora. Como um bretão, para quem até mesmo um contato visual no metrô é insuportavelmente invasivo, isso me enche de terror e vergonha, mas os romanos claramente não se incomodavam. Só a capital abrigava 144 desses estabelecimentos, todos os quais recebiam com frequência um desfile de nádegas. E havia muitos outros espalhados por todo o Império.

Em Apameia, na Síria, uma superlatrina recebia cerca de 80 pessoas por vez, embora em outros lugares, ao que parece, o limite fosse algo em torno de uma dúzia. É provável que houvesse pias e pequenas fontes instaladas no canto da *forica,* além de um canal de água interno que fluía pelo chão, o que garantia uma higiene básica. Também é difícil saber se esses ambientes eram bem iluminados, especialmente porque alguns deles não tinham janelas. Assim, é possível que a meia-luz contribuísse para deixar as coisas um pouco mais anônimas.

Por outro lado, as paredes eram adornadas com arte, talvez como forma de distrair os cagões constrangidos dos inevitáveis ruídos ou, quem sabe, apenas para embelezar esse nobre local público. De qualquer forma, ninguém pinta uma parede de um ambiente se não for para que outras pessoas a vejam, portanto, a visibilidade certamente não era nula. Em Óstia Antica, um banheiro comunal localizado no Quarto dos Sete Sábios ostentava um belíssimo mural com filósofos gregos sentados discutindo seus momentos de evacuação. Complementando a obra, diversas legendas cômicas foram adicionadas, como: "O sagaz Quilão ensinou a como peidar sem que ninguém percebesse".

Seria essa uma maneira divertida de reconhecer a orquestra de uma dúzia de ânus ressonantes? Ou seria uma mensagem codificada, exigindo sutilmente que houvesse recato e consideração pelos outros? De fato, parece que colocar para fora, em vez de segurar tudo dentro, era o costume geral, e, se as coisas não estivessem correndo bem, a solução era cerrar os dentes e redobrar os esforços. Em Óstia, outra legenda dizia: "Tales recomendava que aqueles com dificuldade para defecar fizessem força". Com muitas pessoas possivelmente aceitando o conselho, parece que a tagarelice e o som de pancadas na água teriam sido suficientes como distração aos ruídos guturais de esforço dos constipados crônicos, mas não havia nada que ninguém pudesse fazer sobre o fedor que subia dos esgotos abertos abaixo deles.

Talvez o aspecto mais perturbador da tradição do banheiro público fosse o da higiene, pois não apenas os banheiros, mas também o material de limpeza era compartilhado. Embora as explorações arqueológicas dos esgotos da Antiguidade tenham encontrado muitos trapos sujos, os escritos da época relatam a existência de uma esponja colocada na ponta de um pedaço de pau (*xylospongion*), a qual era passada de mão em mão. Provavelmente, ela era lavada no canal de água que fluía pelo chão, e mantida em um recipiente com vinagre de vinho para reduzir o odor, mas, ainda assim, não era nada higiênico. Em um relato especialmente preocupante, o filósofo Sêneca comenta sobre um gladiador germânico que, ao ser forçado a lutar na arena, fugiu para o banheiro e se suicidou asfixiado com a esponja de limpar a bunda.

E ele não foi a única vítima trágica do sistema de saneamento romano. Havia também um alto índice de suicídio entre os trabalhadores que eram forçados a construir a enorme rede de esgoto de Roma, a Cloaca Máxima, durante o império do jovem rei Tarquínio, o Soberbo, em cerca de 500 a.C. O trabalho era tão terrivelmente árduo que as pessoas acabavam fugindo ou até mesmo se matando, ao que o rei respondia com ameaças de crucificação àqueles que fossem capturados. Afinal, a única coisa pior do que uma morte rápida é uma morte lenta. Naturalmente, o tirânico Tarquínio logo foi derrubado e então substituído pela famosa República Romana, que posteriormente foi trocada pelo Império, durante o reinado de Augusto.

Nesse império predominantemente pacífico, César Augusto – ou melhor dizendo, seu braço direito, Agripa – realizou uma grande expansão da Cloaca Máxima, criando sete ramificações afluentes que levavam a uma tubulação central. A rede toda tinha uma escala tão magnífica que Agripa podia usar um barco durante suas inspeções – como um gondoleiro subterrâneo flutuando sobre um rio de merda. Embora os esgotos possam ter sido um exemplo glorioso da engenharia romana, não estavam disponíveis para o uso de todos. O acesso só era livre para aqueles que pagassem uma taxa, o que significa que a maior parte dos pobres só poderia contribuir com o fluxo de excremento subterrâneo através dos banheiros públicos, e não do conforto de suas próprias casas.

Efetivamente, assim como para os gregos, as necessidades de evacuação doméstica dos romanos eram, em grande parte, tratadas com o uso de penicos. Aqueles "cheios da grana" podiam até ter uma latrina particular em casa, mas ainda assim seriam os orgulhosos donos de um belo penico condizente com seu *status*. Segundo difamadores, o penico de Marco Antônio era de ouro maciço, enquanto outros eram incrustados com joias, o que nos mostra que mesmo as necessidades fisiológicas mais básicas podiam ser uma desculpa para ostentar. Já para a humilde massa da população, o conteúdo dos penicos normalmente era despejado na rua, às vezes até mesmo pela janela, sobre os desafortunados transeuntes. Além disso, assim como o *koprologoi* dos gregos, uma classe profissional de negociantes de urina e fezes fazia um bom dinheiro coletando o conteúdo dos penicos e o vendendo para fazendeiros e pisoeiros, para fertilizar plantações e tingir tecidos. Na verdade, o lucro dessa atividade era tamanho que o Imperador Vespasiano, um notável sovina, se vangloriava alegremente por produzir um bom dinheiro limpo vendendo excreção humana. Isso é o que eu chamo de "mijar fora do penico"...

PARA LIMPAR A BUNDA

E, agora, uma autêntica piada medieval:

> **P: Qual é a folha mais limpa da floresta?**
> **R: O azevinho, porque ninguém tem coragem de limpar a bunda com ele!**

Considerando-se a história do banheiro, a humanidade chegou ao auge cedo demais. Basicamente, depois dos harappianos do Indo, foi um declínio só, embora um padrão de higiene decente ainda fosse mantido no âmbito do Mediterrâneo. Ainda assim, quando o excessivamente extenso Império Romano do Ocidente sofreu uma queda drástica, ao final do século V, a qualidade da rede de esgoto praticamente caiu junto com ele. Esse início do período medieval normalmente é caracterizado como um mundo cruel e transtornado, com assassinatos, estupros e uma estupidez impressionante, o que não é uma afirmação muito justa, mas, também, não é tão fácil defender aqueles padrões de higiene. Não havia mais as fontes de água corrente, os banheiros públicos nem as esponjas em pedaços de pau. Os *vikings* basicamente defecavam em seus quintais e eram muito mais propensos a se limpar com pedaços de algodão, folhas, musgo e algas marinhas.

Curiosamente, embora o islamismo levasse a higiene muito a sério, recomendando que os fiéis se lavassem para garantir que não houvesse nenhum resquício de sujeira após uma visita ao banheiro, uma citação atribuída ao profeta Maomé afirma que, se o ânus fosse limpo com seixos, era preciso usar um número ímpar, o que indica que os primeiros árabes devem ter usado lascas de pedra como papel higiênico. Levando em conta o desconforto que isso deve causar, eu, pessoalmente, teria optado por usar um seixo, em vez de três. De qualquer modo, enquanto nos sentamos em nossas privadas para nos aliviarmos de nossas necessidades matinais, há sempre um rolo de papel higiênico ao lado aguardando pelo grande momento. Sabendo que os egípcios escreviam em rolos de papiro e os romanos tinham seus pergaminhos, é justificável que você se questione se os povos medievais teriam acesso a algum papel de baixa qualidade para se limpar. Bem, na Europa, não. Mas, e na China? Possivelmente.

É provável que o papel estivesse sendo usado desde o século II a.C., mas a lenda clássica conta que, em 105 d.C., apenas 25 anos depois de o Coliseu de Roma ter aberto suas portas, um eunuco da corte chinesa chamado Ts'ai Lun embarcou em uma jornada para produzir um material de escrita de qualidade. Seus experimentos eram bastante estranhos, visto que ele despolpava tudo o que cruzasse seu caminho. Basicamente, a curiosidade incessante de Ts'ai Lun era o equivalente da Antiguidade a quando compramos um novo processador de alimentos e passamos vários minutos maravilhados fazendo testes com tudo o que encontramos na cozinha: "Será que ele corta nabos? Corta! E abacaxi? Opa, quebrou...". Depois de alguns experimentos obstinados, ele finalmente conseguiu uma combinação estranha, porém confiável: era possível produzir papel misturando cascas de amoreira, redes de pesca e alguns trapos.

Então o papel higiênico tem quase 2 mil anos? Não exatamente. O objetivo de Ts'ai Lun era criar um papel para escrita, não para limpar a bunda. Dessa forma, as referências mais antigas comprováveis de tal uso só foram registradas por viajantes, no século IX. O papel, aparentemente, era levado da China para o Japão no início do século VII, mas parece que os japoneses não tinham qualquer intenção de usá-los em seus traseiros. Para isso, preferiam algas marinhas ou um graveto de raspagem chamado *chugi*, os quais foram encontrados aos montes por arqueólogos em castelos medievais. Além disso, ainda que a maioria dos japoneses se agachasse sobre uma fossa, os arqueólogos encontraram também um vaso sanitário do século IX no Castelo de Akita, em Tohoku, que, diferente da privada em formato de U da Idade do Bronze, era possivelmente formado por duas placas de madeira, e posicionado sobre um canal de saída que levava até o fosso do castelo. Embora não seja totalmente comprovado, se considerarmos que a palavra japonesa para banheiro é "*kawa-ya*", que pode significar "casa do rio", é possível acreditar que, às vezes, os banheiros de fato eram posicionados perto da água.

INDEPENDENTE DO QUE VOCÊ FAÇA, NÃO CAIA NA FOSSA

Os japoneses não estavam sozinhos nessa de jogar seus excrementos na água. Na Inglaterra do fim da Era Medieval, a Ponte de Londres tinha conhecidos banheiros públicos ao longo de toda a sua extensão. Assim, sempre que alguém decidia cagar, o escandaloso troço despencava graciosamente direto no Rio Tâmisa ou – o que era igualmente comum – sobre a cabeça de algum inocente barqueiro que estivesse percorrendo o rio. Isso pode parecer desagradável, mas a ponte permanecia relativamente livre de maus odores, já que não havia fossas, nem esgotos. Além disso, o Tâmisa levava os excrementos para longe da cidade.

Despejar o esgoto em um rio corrente era uma opção sensata, já que isso não poluía o abastecimento de água, nem gerava piscinas paradas e fedidas. Mas essa prática também tinha suas desvantagens. Os mosteiros, por exemplo, muitas vezes construíam seus banheiros sobre rios e córregos próximos, mas as inundações sazonais tinham o terrível costume de forçar o esgoto de volta para cima. Os cidadãos urbanos, por outro lado, pareciam gostar bastante de um "faça você mesmo", pois há diversas referências de pessoas que tentaram criar suas próprias soluções de encanamento, fosse ligando suas privadas às calhas ou direcionando descaradamente o esgoto para os terrenos vizinhos. As autoridades civis eram sempre rápidas para punir essas pessoas; a história de que o saneamento urbano medieval era caótico e não regulamentado é um mito. E, ainda que esses trapaceiros levassem uma multa, também recebiam o castigo merecido quando os canos entupiam e os excrementos malcheirosos voltavam direto para suas casas.

Agora, se ficar afundado em fezes até os tornozelos não lhe parece muito agradável, pense naqueles poucos que, por vezes, eram encontrados completamente cobertos por dejetos humanos. Entre eles, soldados sitiados, como os que entraram às escondidas no *Chateau Gaillard*, em 1203, escalando as tubulações sanitárias, ou a fuga em estilo *Um Sonho de Liberdade*, de Giraldus Cambrensis, um aristocrata do século XI que, forçado a fugir do Castelo de Cilgerran em busca da segurança, desceu pela tubulação sanitária e rastejou pelo esgoto até a fossa do lado de fora. Bom, pelo menos esses caras "desceram pelo cano" de livre e espontânea vontade – e vivos.

Aqueles que limpavam as fossas eram conhecidos como *gongfermers*, e seu trabalho era tão repugnante que só podiam fazê-lo enquanto as outras pessoas estivessem dormindo. Por razões óbvias, eles eram generosamente pagos pelo sacrifício, mas isso não significava que eram respeitados. Os *gongfermers* eram, para o mundo medieval, o que os gestores de fundos de investimento são para nós hoje. Outro motivo que explica o salário decente dessas pessoas era o risco, já que os gases podiam ser insuportavelmente nocivos, podendo até causar desmaios e fazer com que se afogassem no esgoto. Mas uma morte ainda mais cruel aconteceu para um tal de Ricardo, o Varredor: as velhas tábuas do assoalho de sua própria fossa cederam, afogando-o no charco borbulhante de seus próprios dejetos. Agora, um *gongfermer* morrer afogado em casa, na própria merda, no dia de folga, é basicamente a melhor definição de ironia que vamos ter.

PENICOS, LATRINAS E O "NÚMERO DOIS" EM ESPAÇOS PÚBLICOS

Bom, depois de tudo isso, saiba ainda que, em alguns casos muito raros, limpar o conteúdo do penico de outra pessoa podia ser uma posição privilegiada. Henrique VIII nomeou seu limpador de bunda real como

"O Camareiro do Penico". Tal homem era responsável por inspecionar os excrementos reais e inalar os majestosos peidos do rei em busca de pistas sutis sobre qualquer problema de saúde. Sim, o trabalho era um verdadeiro "cu", mas extremamente bem pago e prestigioso, afinal de contas, quantas pessoas na Inglaterra podiam desfrutar do privilégio de ficar *tão* perto assim do homem mais poderoso da nação?

É claro que, hoje, apenas crianças pequenas e pessoas doentes tendem a usar penicos e "troninhos". A privada que usamos é com descarga, uma tecnologia relativamente recente, mas seu protótipo tem mais de quatro séculos de existência, além de uma boa história para contar. A filha do rei Henrique VIII, Elizabeth I, tinha um afilhado talentoso, mas um tanto polêmico, chamado Sir John Harington, que, tendo ofendido sua madrinha com a tradução de um poema impróprio, acabou sendo exilado da corte. Em vez de ficar emburrado, o rapaz dedicou parte de seu exílio para inventar um aparato bastante sagaz, que o fez cair novamente nas graças de Elizabeth I: um vaso sanitário com descarga. Novamente encantada com seu atrevido afilhado, ela mandou instalar a privada real no Palácio de Richmond.

Mas, ao que parece, Elizabeth logo se arrependeu de sua indulgência quando, em 1596, o insolente Harington publicou *A Metamorfose de Ajax*, uma sátira política com tema de banheiro voltada diretamente para os conselheiros mais próximos de sua madrinha ("*Ajax*" era um jogo de palavras com "*a jakes*", sendo "*jakes*" outra palavra inglesa arcaica para designar "banheiro"). E não se tratava apenas de um panfleto escatológico contra o reinado de sua ilustre madrinha, pois Harington tinha um interesse genuíno no que causava doenças urbanas e defendia um padrão mais elevado de saneamento público. Sua sátira acusatória pode tê-lo mandado de volta para o exílio, mas provavelmente ele merece uma salva de palmas por sua visão científica. E isso não é tudo... Não apenas ele inventou o vaso sanitário com descarga, mas, enquanto nos sentamos em nossas privadas e folheamos uma revista em quadrinhos ou a revista de moda do último mês, na verdade estamos seguindo os passos de Harington, que vislumbrou cópias de sua *Metamorfose* penduradas em uma corrente em cada banheiro do palácio.

Ler no banheiro é um costume perfeitamente civilizado, mas escrever sobre suas fezes certamente não. Por incrível que pareça, isso foi exatamente o que decidiu fazer Martinho Lutero, o monge germânico cujas ideias deram início ao protestantismo. Por sofrer de uma constipação intratável que o fazia passar horas tentando expelir suas fezes infernais, Lutero tinha um vaso sanitário fixo instalado no canto de seu gabinete, onde refletia sobre boa parte de sua ideologia religiosa. Mas suas reflexões no vaso não se limitavam a isso. Ele também começou a escrever cartas espantosamente francas para seus amigos, fornecendo detalhes íntimos das batalhas hercúleas travadas contra seu intestino e dirigindo insultos escatológicos a Satã em seus escritos teológicos, incluindo o esplêndido: "Mas se isso não for o suficiente para ti, Demônio, já caguei e mijei; agora limpe tua boca nisso e dê uma boa mordida". Qualquer aspirante a comediante faria bem em se lembrar desse trecho para quando for interrompido por um chato...

Mas a franqueza de Lutero com seus confidentes não era nada se comparada à falta de pudor da corte real francesa do século XVII, na qual até mesmo a decência básica em relação ao banheiro era algo extremamente raro.

LUÍS XIV E OS BANHEIROS

Imagine o seguinte: você é um novo cortesão chegando ao dourado Palácio de Versalhes do rei Luís XIV. Ao se aproximar de carruagem, admira a impressionante arquitetura e se estica para observar a vasta perfeição botânica dos gramados cuidadosamente aparados e fontes jorrando. Você desembarca, nervoso e entusiasmado, e é conduzido pelo palácio, onde, na mesma hora, é completamente dominado pela luxuosidade do ambiente. Com os olhos arregalados, segue cambaleante e incrédulo pela Galeria dos Espelhos repleta de ouro, onde espera ansiosamente até que seja chamado. Depois de ter se passado o que pareceu uma eternidade, você finalmente é guiado até o complexo dos aposentos do próprio rei; um desfile de sete belíssimos quartos. Então, vira em um corredor e se depara com uma última porta. Em vez de bater, você segue o costume de arranhar suavemente a madeira com a unha de seu mindinho esquerdo. Uma voz o chama para entrar, você atravessa a porta e lá está: o homem mais poderoso de toda a Europa... cagando.

Até 1684, quando o rei Luís XIV optou por se fechar dentro de uma cortina vermelha para fazer suas necessidades, era possível encontrá-lo com frequência batendo um papo enquanto estava sentado com as calças abaixadas na altura dos calcanhares e a bunda pressionada firmemente em seu penico fechado (uma caixa de madeira que alojava um penico removível). A despeito das sugestões de seus arquitetos, o rei achou a ideia de ter um cômodo separado para o banheiro um desperdício de dinheiro e esforços; portanto, sua evacuação diária acontecia onde quer que ele estivesse. Sua postura relaxada em relação à privacidade não se aplicava aos súditos, e aqueles que o acompanhavam na carruagem durante suas viagens eram forçados a segurar suas necessidades, mesmo que estivessem desesperados.

Mas não era apenas Luís que fazia o "número dois" animadamente na presença de seus nobres. A Duquesa de Borgonha dizia que "era impossível falar mais abertamente" do que se estivesse sentada em seu penico fechado, e o Duque de Vendôme horrorizou o Bispo de Parma ao cumprimentá-lo estando agachado em seu penico, e piorou a situação ainda mais ao se levantar para limpar o traseiro no meio da discussão que seguiu. No entanto, aqueles que o conheciam não teriam se chocado, dado que Vendôme também fazia algumas de suas refeições enquanto estava no "troninho".

Mais surpreendente ainda é que o chão das áreas públicas dos gloriosos palácios franceses, como o de Versalhes, era absurdamente sujo – com uma película repugnante de excremento. Próximo da morte de Luís XIV, um decreto instituiu que as fezes seriam limpas dos corredores de Versalhes uma vez por semana, o que dá margem a duas perguntas: I) havia mesmo cocô espalhado pelo chão do palácio real? e II) as fezes eram deixadas para apodrecer no chão durante *uma semana inteira*? Incrivelmente, não eram apenas os empregados e os visitantes de outras cidades que deixavam esses "presentinhos" indesejados para trás. A própria mãe do rei Luís certa vez foi vista fazendo xixi atrás de uma tapeçaria. Além disso, era tão comum que as pessoas usassem as escadas como banheiros públicos que o rei anterior, Henrique IV, foi forçado a cobrar multas daqueles que fossem pegos em flagrante. O mais repulsivo de tudo é que o Conde de Guiche foi pego de surpresa por uma vontade súbita durante um baile da corte, e decidiu urinar no regalo de sua parceira de dança, o que seria o equivalente hoje a um rapaz mijar na bolsa de uma mulher.

Enquanto isso, aqueles que viajavam com o rei para o Palácio de Fontainebleau descobriram que o único lugar para defecar era a céu aberto, de forma que os lordes e as damas eram frequentemente vistos agachados em jardins e ruas, fazendo cocôs clandestinos em arbustos – como raposas vestidas em veludo. Mas isso também não acontecia só com os franceses. Quando a Grande Praga chegou a Londres, em 1665, o rei Carlos II levou sua corte para Oxford, onde um indignado residente local relatou que o cortejo "deixava excrementos em cada esquina, chaminés, estúdios, barracões de carvão e celeiros". Limpar aquela casa deve ter sido uma espécie de terrível caça ao tesouro em grande escala.

Nas casas que não dispunham de um penico fechado real, a tradição romana do urinol ao lado da cama permaneceu como um pilar ao longo dos séculos XVI ao XVIII, por vezes desempenhando um papel secundário no diário de Samuel Pepys, o famoso redator inglês dos anos 1660. O urinol era, sem dúvida, fácil de usar, mas apresentava alguns problemas. Para começar, era preciso encontrá-lo. Quando estamos muito apertados, normalmente, não queremos entrar em uma brincadeira indesejada de esconde-esconde com a privada; simplesmente corremos para o banheiro e abaixamos as calças. Em comparação, veja o exemplo de Pepys que, em 1665, estava em uma casa desconhecida e acordou no meio da noite com dor de barriga. Desesperadamente, procurou pelo penico no escuro, mas a empregada havia se esquecido de colocá-lo debaixo da cama. Assim, ele teve que tomar uma medida drástica: "Nessa casa estranha, fui forçado a subir e cagar na chaminé duas vezes". E essa nem foi a pior anedota relacionada ao banheiro. Em 1663, a esposa e a empregada de Pepys estavam carregando o urinol entre elas e acabaram por derrubá-lo, derramando merda e urina por todo o chão.

O fato de o urinol ser portátil implicava que, mesmo nas refinadas salas de jantar do século XVIII, era perfeitamente comum que fosse levado pelos empregados para que um convidado bem-educado deixasse a mesa e urinasse no corredor, enquanto todos os demais continuavam a conversar sobre o que quer que fosse o tópico comum nos jantares daquela época. Ou seja, não era você que ia até o banheiro; ele vinha até você... Mas as coisas estavam mudando aos poucos.

UM CÔMODO PARA O COCÔ

Os hóspedes da Michie Tavern, a famosa estalagem de William Michie, podiam desfrutar de boa comida, bebida e do emocionante conhecimento de que estavam a apenas alguns poucos quilômetros da casa de Monticello de Thomas Jefferson, no estado da Virgínia. E, caso tivessem aproveitado um pouco além da conta, também podiam aproveitar para se aliviar com uma visita à casinha externa: um cômodo com uma privada, que ficava fora da taberna. O problema era que a clientela era composta por grandes beberrões, cuja visão dupla e má coordenação inevitáveis frequentemente os levavam a ficar presos no buraco da privada. Após muitas missões de resgate desagradáveis, como podemos supor, Michie decidiu instalar uma solução improvisada: uma corda de emergência pendurada no buraco, para que os clientes inebriados conseguissem se arrastar para fora dessa embaraçosa situação.

O rei Luís XIV pode não ter gostado da ideia, mas, no século XVIII, a noção de um cômodo separado para o banheiro estava ficando cada vez mais comum, bem como a noção de instalá-lo do lado de fora da casa, como Michie havia feito. Sendo assim, era possível ter em sua própria casa um anexo para o banheiro, para despejar o conteúdo em uma fossa logo abaixo. Em Londres, no século XVIII, esses cômodos ganharam diversos nomes, como "*necessary house*", "*house of office*" e "*bog house*", e eram normalmente projetados para fora da construção ou instalados no porão. Obviamente, essas casinhas eram bastante úteis, mas tinham várias falhas de *design*. A mais básica era como fazer com que o buraco da privada fosse grande o suficiente para adultos, mas não grande ao ponto de que as crianças fossem engolidas pela fossa. E esse não era o fim dos problemas. Se o poço fosse revestido por tijolos, ele precisaria ser esvaziado com certa regularidade, o que era caro e produzia um fedor tão repugnante que humilharia até mesmo o mais poderoso dos gambás. Ainda assim, esse cenário era muito mais vantajoso do que simplesmente cavar um buraco no chão sem revestimento para armazenar todo o cocô, visto que o esgoto *in natura* poderia infiltrar no abastecimento de água ou até mesmo voltar pela cozinha, o que significava que a comida e a bebida seriam preparadas essencialmente com água de esgoto.

Nos anos 1850, Henry Mayhew, um inglês ativista de saneamento, assistiu ao esvaziamento de uma fossa durante a noite, em Londres, e disse que o fedor era "literalmente nauseante", mas pelo menos ela havia sido construída de forma a manter o conteúdo em sua parte interna. De fato parece chocante que, há apenas 150 anos, na cidade em que eu trabalho, um banheiro externo pode ter sido compartilhado por 15 famílias, o que podia ser cerca de cem pessoas.

Mas, então, como aconteceu a transição para os banheiros particulares?

O LUGAR INGLÊS

O pioneirismo de Sir John Harington com seu vaso sanitário com descarga nos anos 1590 resultou na construção de apenas dois modelos operacionais que, de alguma forma, prejudicaram a disseminação global de sua excelente inovação. Parte de ser um grande inventor normalmente envolve ir adiante e vender seu projeto para os endinheirados, mas Harington preferiu usar seu tempo escrevendo trocadilhos obscenos para irritar sua madrinha. Assim, sobrou para os franceses, mais precisamente três arquitetos, no final do século XVII, reinventarem a privada com descarga de Harington.

Em 1691, Augustin-Charles d'Aviler já desenhava plantas baixas de luxuosas mansões com encanamento para um banheiro exclusivo. O rei Luís XIV pode até ter insistido em seu penico acolchoado vermelho, mas os cortesãos mais jovens vibraram com a chegada desses banheiros mais respeitáveis. Em 1728, Charles-Etienne Briseux declarou o penico fechado como "um objeto do passado", insistindo para que as pessoas agora usassem os novos "assentos com encanamento". Uma década depois, a privada com descarga foi aprimorada por Jean-François Blondel, e logo passou a ser frequentemente instalada em casas elegantes, para pessoas elegantes. Desse modo, contrariando os famosos estereótipos, foi a aristocracia francesa quem tomou a dianteira na liga da higiene europeia. E, no entanto, tais banheiros receberam inexplicavelmente o apelido eufemístico de "*lieu à l'anglaise*" (o lugar inglês).

A aristocracia francesa patrocinou o banheiro com encanamento, mas parece que ninguém explicou aos demais franceses como usá-lo. Quando o escritor escocês Tobias Smollett visitou Nîmes, em 1763, se deparou com uma criada cuja vida fora dificultada pela instalação de um lavabo com descarga na casa de sua patroa. Aparentemente, esse aparato higiênico estava lá para o benefício dos viajantes britânicos, mas todos os hóspedes franceses que ficavam na casa, sem exceção, optavam por entrar no banheiro, abaixar as calças e cagar no chão. É difícil entendermos como eles chegaram a essa conclusão. Será que ficavam perplexos com a bacia de porcelana? Ou será que Smollett estava apenas difamando os velhos inimigos franceses para ridicularizá-los?

Deixando de lado nossas caretas de nojo, o que essa história nos conta é que as classes britânicas mais esclarecidas estavam familiarizadas com os banheiros com descarga já em meados do século XVIII. Lorde Chesterfield, famoso por sua sagacidade e por adorar escrever cartas com conselhos mundanos para seu filho, mencionou um conhecido que era tão "multitarefa" que levava consigo para o banheiro poesias em latim. O estimado cavalheiro arrancava algumas páginas das odes de Horácio e se deleitava com elas enquanto tratava de seus "assuntos". Depois, usava as folhas para se limpar e as atirava na privada como "um sacrifício para Cloacina", a antiga deusa do esgoto. Provavelmente, Sir John Harington teria ficado contentíssimo em ver sua ideia de leitura no banheiro dando certo – mas talvez nem tanto se as páginas do seu *Metamorfose de Ajax* fossem arrancadas da corrente, usadas para limpar a bunda e atiradas pela descarga.

UMA BOA DESCARGA

A despeito dos avanços franceses, as origens do vaso sanitário com descarga no qual nos sentamos atualmente são, na verdade, britânicas. A primeira grande inovação veio em 1775, com o "deslizador" mecânico de Alexander Cumming. Tratava-se de uma válvula operada por alavanca na parte de baixo da bacia sanitária que, quando acionada, deslizava para permitir que as fezes caíssem e fossem levadas para longe com uma generosa torrente de água. Mas a invenção mais esperta de Cumming foi o re*design* dos canos: curvados em forma de S, criavam uma espécie de "armadilha" para o fedor; uma torcedura cheia de água que vedava o sistema e impedia que o cheiro pútrido dos gases subisse. É graças a Cumming que você pode eliminar seu almoço por uma extremidade do corpo sem se sentir tão enjoado a ponto de expelir parte dele pela outra.

Na realidade, o deslizador de Cumming tendia a ficar sujo, pois, quando a água entrava, ele já havia deslizado para abrir caminho e, portanto, nunca recebia um bom jato. Para consertar isso, em 1778, outro camarada, Joseph Bramah, se apoderou da ideia de outra pessoa, a patenteou e substituiu o deslizador por uma válvula de mola que era lavada a cada descarga. Os donos das casas não mais tinham que encarar seus resíduos diários em penicos e baldes, nem se preocupar em derramar fezes pelo chão, como a família de Pepys, já que esses novos banheiros eram silenciosos, limpos e cada vez mais perfumados. Na verdade, não demorou muito até que os vasos sanitários fossem ficando cada vez mais aprimorados, com belíssimas ilustrações no interior da bacia de porcelana – o único exemplo de situação em que se espera que as pessoas urinem em cima da obra de arte.

Não devemos ignorar que a chegada do encanamento coincidiu com o fortalecimento da moralidade vitoriana. A obscenidade grosseira do século XVIII, quando reis e rainhas eram vistos cagando em baldes publicamente, deu lugar a um mundo mais rígido, onde as necessidades fisiológicas das pessoas não deviam sequer ser mencionadas. Em termos de evacuação humana, o banheiro fechado resumia perfeitamente a frase "o que os olhos não veem, o coração não sente". Mas a revolução do banheiro ainda não havia chegado ao fim. Os ricos já tinham conseguido instalar banheiros em suas casas, mas, e as massas?

O BANHEIRO DO POVO

Em 1851, Londres promoveu a Grande Exposição. Tecnicamente, era uma apresentação internacional de invenções e maravilhas da engenharia de todo o mundo, mas, de modo geral, todos aceitaram que aquilo na verdade era uma campanha de publicidade para promover a excelência do império britânico. Realizada no recém-construído Palácio de Cristal, erguido no *Hyde Park*, a exposição recebeu cerca de 50 mil pessoas por dia, chegando a um total de 6 milhões de pagantes. Com tantas pessoas perambulando, consumindo comida e bebida, o problema do esvaziamento das bexigas e dos intestinos não foi esquecido pelos organizadores.

O encanador Josiah George Jennings foi chamado para o serviço e fechou um contrato para instalar os vasos sanitários no local. Eram os primeiros banheiros públicos desde a Era Medieval e ainda vinham em diversas opções. Para os homens comuns, Jennings instalou os inovadores e gratuitos mictórios, dispostos circularmente ao redor de uma coluna central. Mas as verdadeiras obras-primas eram seus banheiros com descarga, usados por 827 mil pessoas e custando um *penny* por visita, o que inspirou a expressão "*to spend a penny*" (gastar um *penny*), outro eufemismo inglês para ir ao banheiro. Como se tratava da Grã-Bretanha vitoriana, obcecada com o *status* social, Jennings ofereceu dois tipos de banheiro, dependendo de quantos *pennies* você estivesse disposto a gastar.

Os visitantes da primeira classe puderam desfrutar dos agora tradicionais vasos sanitários com válvula de mola para descarga, mas, nos banheiros da segunda classe, Jennings instalou privadas simplificadas com um *design* próprio: vasos que dependiam exclusivamente da armadilha de fedor em forma de S para impedir o mau cheiro e que se viravam com as válvulas de fechamento na parte debaixo da bacia. Sua inovação simplificada foi um verdadeiro sucesso, e essa opção mais barata e ergonômica rapidamente conquistou o mercado de artefatos domésticos lá pelos anos 1870. Mas a próxima mudança no *design* dos vasos sanitários não viria do custo, e sim do progresso científico.

Durante dois milênios, seguindo as filosofias dos médicos Hipócrates e Galeno, da Grécia Antiga, as pessoas acreditaram que o mau cheiro causava doenças. Então, em meados de 1850, a cavalaria triunfal da Teoria Germinal entrou na batalha, patrocinada pela equipe empírica de Ignaz Semmelweiss, John Snow, Joseph Lister, Louis Pasteur e Robert Koch. Eles perceberam que as bactérias, e não o miasma, eram o que causava aquela terrível cólera e, graças à disseminação das ideias desses homens, as privadas de porcelana logo se viram livres de suportes, puderam finalmente ser limpas e não eram mais envoltas naquelas imundas caixas de madeira que abrigavam germes.

O grande avanço veio em 1884, quando a empresa de Jennings lançou o vaso sanitário sobre um pedestal, que não apenas era livre de suportes, mas também tinha uma tira em S presa na porcelana e uma cisterna acima dele, chumbada diretamente na parede. O melhor de tudo, especialmente para os homens, era que esses modelos também tinham um assento articulado para serem usados como mictórios. E, sim, antes que você pergunte, é reconfortante e ao mesmo tempo irritante descobrir que, mesmo no elegante século XIX, as mulheres reclamavam de seus parceiros sujarem todo o chão do banheiro de xixi. Não importa o período em que você vive, o pênis humano parece ter a péssima mira de um Robin Hood com conjuntivite.

Embora Jennings tenha sido definitivamente a estrela da década de 1850, foi Thomas Crapper quem conseguiu, nos anos 1880, uma comissão real como instalador de privadas oficial da monarquia britânica. Um mito urbano americano conta que foi ele quem inventou a privada com descarga, ou então, que seu sobrenome originou o escatológico sinônimo "*crap*" ("cagar" em inglês). Ambas as histórias são falsas, embora haja, no entanto, certa plausibilidade de que a expressão americana "ir ao Crapper" existe porque esse nome estava gravado nas privadas britânicas quando as tropas americanas se instalaram na Inglaterra, durante as duas Guerras Mundiais. O fato de que os americanos não dizem "estou indo ao Shanks" só prova que Crapper é um nome divinamente destinado ao banheiro. O pobre camarada parece ter sido vítima do determinismo nominativo, mas não precisamos nos compadecer dele, já que acabou ganhando uma boa bolada com essa história.

Sua maior contribuição tecnológica foi a válvula de sifão, que melhorou a armadilha de fedor ao impedir que o gás metano subisse pelo vaso. Mas ela não servia apenas para isolar o mau cheiro, pois o metano é altamente combustível e uma faísca errante do cachimbo de alguém sentado na privada poderia produzir uma verdadeira diarreia explosiva. Agora, os vasos não eram mais apenas funcionais. Quando Crapper chegou ao auge de sua disputa sanitária, algumas das privadas haviam se tornado surpreendentemente elegantes, transformando os volumosos "barros" em esplêndidos monstros marinhos, golfinhos ou conchas. Muito antes de Marcel Duchamp tentar convencer o mundo de que um mictório podia ser considerado uma obra de arte, os vitorianos já haviam traçado esse caminho.

Mas nem todos se encantaram com a popularidade da tubulação sanitária. Na verdade, durante décadas, essa corrida em busca da higiene em massa, inspirada pela revolução da Teoria Germinal, ironicamente colocou milhares de pessoas em risco...

O RETROCESSO ANTIDESCARGA

Em 1858, Londres foi acometida pelo fedor lacrimejante de um Rio Tâmisa aquecido pelo sol. As Casas do Parlamento foram tão afetadas que as cortinas tiveram que ser mergulhadas em hipoclorito de cálcio, só para fazer com que os políticos parassem de vomitar. A cidade inteira cheirava a esgoto, mas esse era só o desastre superficial. A ameaça real foi o aumento dos casos fatais de cólera e tifoide. Apenas quatro anos antes, um médico, doutor John Snow, havia reunido evidências estatísticas para mostrar que a epidemia de cólera em Soho fora disseminada por uma bomba da qual as pessoas estavam tirando água para beber, mas as autoridades o haviam ignorado. E agora estavam arrependidas da própria negligência.

O que havia acontecido para que Londres tivesse se transformado em uma fossa sufocante que abrigava bactérias letais? A resposta, contra as expectativas, foi a melhoria na higiene pessoal. Muitas casas de classe média agora tinham suas privadas com descarga, de forma que todo esse resíduo fedorento estava sendo canalizado para o abastecimento de água da cidade. Apesar dos avisos do doutor Snow, o governo decidiu ignorá-lo, sob o pretexto de que uma grande reforma no sistema de saneamento seria excessivamente cara. Mas quando o chamado Grande Fedor atingiu a cidade, e os políticos se viram com dificuldades para respirar, uma grande pilha de dinheiro se materializou milagrosamente. Engraçado, não é? Esse dinheiro foi imediatamente entregue ao ilustre engenheiro Joseph Bazalgette, que logo começou a trabalhar em seu famoso sistema de esgoto cruzado, usado até hoje como ponto central da infraestrutura de saneamento subterrânea de Londres.

Mas as questões de saúde não eram as únicas preocupações levantadas por aqueles que eram contra os vasos sanitários com descarga. Para alguns, os dejetos humanos também eram uma importante fonte de fertilizante, e jogá-los descarga afora seria desperdiçar um recurso importante. Um dos principais defensores dessa ecológica e antiga forma de reciclagem era o Reverendo Henry Moule, um vigário de Dorset, cuja resposta ao Grande Fedor de 1858 foi adaptar o antigo penico fechado dos reis medievais e transformá-lo em uma privada com terra.* Ele descobriu que a terra, quando espalhada sobre um balde de esterco, tinha um efeito neutralizante sobre o cheiro, e sua simples invenção foi amplamente adotada por toda a Grã-Bretanha, em especial, nas colônias do além-mar.

Essas privadas ecológicas existiam em dois tipos. A com cinzas era uma adaptação do antigo sistema de derramar esterco em uma fossa subterrânea. Esse esterco era coberto por cinzas, mas a fossa precisava ser esvaziada quatro vezes por ano. Como opção, a privada de balde era

* O termo em inglês é "*earth closet*", uma espécie de vaso sanitário no qual os excrementos são cobertos com terra. (N.T.)

menor, essencialmente composta por um balde sob um assento de madeira, com um filtro instalado na lateral do aparato, de forma que era possível jogar fuligem ou cinzas sobre o esterco após cada visita ao banheiro. Em vez de deixar os dejetos parados por meses, esse balde era recolhido com frequência pelo homem da limpeza, que, por sua vez, percorria as cidades equipado com um carrinho de lixo especialmente adaptado, levando, de uma só vez, diversos tonéis vedados. Assim como o leiteiro, que lhe entrega o leite e leva embora as garrafas vazias, as pessoas entregavam a ele os tonéis cheios de fezes e, em troca, recebiam recipientes desinfetados e vazios.

Era uma boa ideia, mas muito mais fedida do que uma privada com descarga. Por isso, apenas os mais comprometidos com o meio-ambiente, ou então aqueles que não podiam pagar pela instalação do encanamento, continuaram a usar esse esquema até o século XX. Até mesmo os inovadores banheiros químicos dos anos 1920, os banheiros Elsan, produziam um odor desagradável de formaldeído e excremento que impregnava o ambiente. Assim, apesar dos muitos esforços, o vaso sanitário com descarga estava seguindo um caminho inevitável em direção à vitória. Por meio de pequenas modificações, ele acabaria por economizar água e proporcionar melhor higiene. Ao final de tudo, foi o conceito simples e sem válvula de Josiah George Jennings que acabou dominando o Ocidente, durante o século XX.

UM VERDADEIRO "ROLO"

Sentados no banheiro, sabemos que logo precisaremos limpar nosso traseiro com aquele papel higiênico perfurado que compramos em rolos nas lojas. Mas de onde eles vêm? (E deixo claro que não estou me referindo ao Carrefour.) Embora já saibamos que os chineses usavam papel para se limpar no século IX, e o amigo de lorde Chesterfield usava poemas em latim nos anos 1730, foi só depois de 1857 que o nova-iorquino Joseph Gayetty começou a produção em massa do atual rolo de papel higiênico impregnado com extrato de *Aloe vera* para uma lubrificação higiênica. Os adorados picotes para facilitar o corte vieram logo depois, na década de 1870, e a opção de folha dupla apareceu nos anos 1940. Ainda que a maciez não fosse grande coisa, uma propaganda da Northern Tissue

Company afirmava orgulhosamente que seu produto era "livre de lascas", o que, a meu ver, é nada menos do que o básico para algo que serve para limpar a bunda...

Mas o futuro não parece tão bom para o papel higiênico. Após milênios limpando o traseiro com os pauzinhos *chugi* e se agachando sobre riachos e filetes de água, na década de 1980, os japoneses foram apresentados à Washlet, uma privada eletrônica inteligente que lança jatos d'água para limpar o ânus da pessoa, e depois, para secar, sopra uma suave rajada de ar quente. Esse aparato de alta tecnologia – um verdadeiro robô ajudante para o momento de defecar – literalmente arrancou das mãos do usuário a tarefa de se limpar, tornando o papel higiênico um item obsoleto. Dada a enorme extensão das florestas cujas árvores foram derrubadas para fabricá-lo, um futuro mais ecológico parece nos levar pelo mesmo caminho dos japoneses.

Mas agora chega de falar sobre o banheiro, é hora de continuarmos o nosso dia. Depois de limpar o traseiro, dar descarga e lavar as mãos, precisamos fazer algo com essa pontada no estômago. É hora de tomarmos café da manhã...

10h

ALGO PARA O CAFÉ DA MANHÃ

Caminhamos vagarosamente até a cozinha, com as pernas e os braços cansados e pesados, pensando em como podemos acalmar nosso estômago murmurante. O problema é que vamos oferecer um jantar esta noite – portanto, não queremos estragar nosso apetite. Será que é suficiente comermos um pouco de cereal agora cedo e beliscarmos um sanduíche às 2h da tarde? Mas, pensando bem, essas porções são bastante miseráveis, e este era para ser um agradável dia de descanso. Então, mudança de planos! Vamos desfrutar de um grande café da manhã carregado de calorias e depois pulamos o almoço. Afinal de contas, o hábito de fazer três refeições diárias só se tornou comum na Grã-Bretanha lá pelo final do século XVIII, quando a luz artificial começou a prolongar a duração do nosso dia.

Os romanos, por exemplo, basicamente faziam uma refeição formal (*cena*) e depois, quando tinham fome, só beliscavam alguns lanchinhos (*prandium*). Mesmo na Idade Média, a maioria dos ingleses comia apenas duas vezes por dia: durante o café da manhã (ou "*breakfast*" em inglês, uma palavra do século XV que significa "o fim do jejum"), após a oração matinal; e o jantar (*dinner*), que era servido ao meio-dia. É claro, agora o termo "*dinner*" significa a refeição da noite, e "*lunch*" refere-se ao almoço. Mas essa palavra é um conceito muito moderno, adotado no início do século XIX, e suas origens linguísticas são tão fervorosamente debatidas que, mesmo que eu tente discuti-las, provavelmente algum etimólogo irritado acabaria me dando um soco na cara.

Então, vamos abrir a porta da geladeira e decidir qual será nosso banquete.

O QUE TEM NA GELADEIRA?

A geladeira elétrica foi inventada por volta de 1870, um aparato desajeitado que precisava ser movido a manivela por algum infeliz auxiliar de cozinha. Mas, na verdade, ela não foi muito disseminada até a chegada da moderna cozinha eletrificada, durante a década de 1950. Hoje, é claro, essa é uma tecnologia indispensável, sem a qual a maioria de nós não consegue viver, mas, em aproximadamente 99% da história da humanidade, as pessoas, de alguma forma, conseguiram fazer exatamente isso. Elas comiam apenas alimentos frescos ou encontravam formas engenhosas de preservar a comida com sal, vinagre e manteiga. Ou, ainda, armazenavam suas provisões em despensas escuras, as enterravam no subsolo ou a abarrotavam em abrigos cheios de gelo, para retardar o processo de decomposição.

No entanto, apesar de todas essas opções, a conservação no longo prazo era um problema constante. Uma safra pobre, um tempo ruim ou talvez uma infestação de besouros era tudo o que bastava para que nossos ancestrais caíssem nas terríveis garras da fome. As pessoas da Idade Média eram cruelmente ameaçadas pelo chamado "Período de Fome", durante o qual os armazéns ficavam vazios, e a nova safra ainda não estava pronta para a colheita. Então, elas podiam morrer de desnutrição em um belíssimo dia de primavera, distante somente alguns passos de diversos campos férteis repletos de alimentos tentadores e quase maduros, que poderiam salvá-las dentro de poucas semanas.

Não é de se estranhar que referências sobre a Idade Média mencionem fazendeiros desesperados, que vendiam seus filhos em troca de comida, lançavam-se à mercê de seus senhores feudais, rendiam-se à escravidão ou simplesmente buscavam alimento como porcos no meio da floresta. Uma história horrível recontada pelo monge anglo-saxão conhecido como o "Venerável Bede" descreve como uma onda de fome em Sussex resultou em uma cena desesperadora: "40 ou 50 homens, completamente famintos, foram juntos a algum precipício ou costa, onde, juntos no sofrimento, deram as mãos e saltaram para o mar, falecendo desgraçadamente pela queda ou pelo afogamento".

Até muito recentemente, a possibilidade de passar fome quando uma plantação de alimento básico era perdida assombrava boa parte de nossos antepassados. Quando os campos de milho se recusavam a prosperar, os habitantes do México no século XVI eram vistos comendo aranhas, ovos de formiga, esterco de cervo e terra. Já a praga que causou a Grande Fome da Batata Irlandesa, entre 1844 e 1849, acabou com um milhão de vidas e forçou outro milhão a emigrar para os Estados Unidos em imundos "navios-caixão",* dando origem à infame diáspora celta que, pelo menos em termos de autoidentificação nos formulários oficiais, indica que há sete vezes mais irlandeses-americanos nos Estados Unidos do que irlandeses-irlandeses vivendo na Irlanda.

Na China medieval, havia pelo menos quatrocentos dos chamados "alimentos para as ondas de fome", os quais incluíam cascas de árvore e gramíneas. Mas nos anos 1950, o país enfrentou possivelmente a maior onda de fome da história da humanidade, resultante do cataclísmico Grande Salto Adiante do presidente Mao. Essa política promovia um sistema agrícola coletivo baseado na ideologia comunista extrema, retirando toda a comida dos fazendeiros e levando-a para as cidades, o que provocou a morte de 35 milhões de pessoas. Tragicamente, a era das ondas de fome está longe de acabar, visto que regiões da África ainda sofrem com a seca, e a maluca Coreia do Norte, liderada pelo nada carismático Kim Jong-un, está lentamente caminhando em direção ao mesmo destino da China, oferecendo demonstrações de sua estúpida política de isolamento durante todo o percurso.

Sendo assim, nessa manhã de sábado, devemos agradecer por termos comida dentro da geladeira. Ao analisarmos as opções, vemos que há uma caixa de leite semidesnatado implorando para ser aberta e derramada goela abaixo. De repente, a inspiração toma conta de nossa mente sonolenta e um plano sagaz começa a tomar forma... E se, enquanto decidimos o que tomar no café da manhã, aproveitarmos para comer uma boa tigela de cereal, apenas como medida de emergência para acalmar nosso estômago ressonante? Essa pode ser nossa melhor ideia do dia, embora eu esteja disposto a concordar que é esse tipo de lógica que está tornando o planeta obeso.

---

* O termo "*coffin ships*" é usado para designar especificamente os navios que levaram os emigrantes irlandeses fugidos da onda de fome. Eles eram o meio mais barato para cruzar o Atlântico. (N.T.)

UMA DELICIOSA TIGELA DE CEREAL

Comer cereal no café da manhã e a prática da masturbação em geral são consideradas atividades excludentes, a menos que você tenha desenvolvido algum fetiche estranho por Corn Flakes. Mas, de um jeito bizarro, a história dessas atividades está intimamente entrelaçada. O doutor John Harvey Kellogg, médico do Michigan – um cognome adorável, digno de um personagem do doutor Seuss – era um homem genuinamente preocupado com a saúde, não apenas de seus pacientes, e tinha uma visão de mundo moralista combinada ao conceito de pecado. E um pecado em particular o irritava profundamente.

Para Kellogg, a masturbação era mais do que apenas mostrar o dedo do meio para o Todo-Poderoso. Para ele, quando a pessoa colocava as mãos na própria genitália, estava também colocando a vida nas mãos, já que, em sua visão, o autoprazer era a provável causa de 39 problemas de saúde, incluindo câncer. Como o doutor Kellogg era o chefe do hospital Battle Creek Sanitarium, ele se sentia responsável pelo bem-estar de seus colegas e, sendo vegetariano, acreditava que uma dieta cuidadosamente controlada podia ajudar a reduzir as paixões animalescas que levavam a esse perigoso ato de autoprazer. Ele recomendava alimentos insípidos, desprovidos de sabor e de temperos, muitos cereais e 200 ml de iogurte injetado no ânus para manter o corpo e a mente dignos das boas intenções de Deus.

Ao mesmo tempo, o irmão mais novo de Kellogg, Will Keith Kellogg, conseguiu um emprego no mesmo hospital como contador, mas logo começou a se interessar pelas teorias alimentares de John e passou a ajudá-lo na cozinha. Certo dia, em 1894, Will estava fervendo trigo para tentar obter um substituto para o pão que fosse facilmente digerível e acabou se distraindo. Quando voltou às suas panelas, percebeu o desastre: o trigo havia amolecido e se transformado em um grude intragável. Como contador ultraminucioso que era, Will decidiu tentar salvar o alimento estragado, querendo economizar alguns dólares no processo. Ele espremeu o grude usando grandes rolos para retirar todo o líquido e, ainda que as chances não fossem muito favoráveis, surpreendentemente, acabou conseguindo produzir flocos de trigo perfeitamente comestíveis. Com esperanças de se saírem bem dessa situação, os irmãos decidiram servir essa estranha novidade para os pacientes e receberam uma resposta bastante entusiasmada. Buscando melhorar a receita, Will passou a testar outros cereais, na tentativa de tirar proveito do afortunado acidente. Após diversos experimentos, ele descobriu que os flocos de milho eram a melhor opção.

Em pouco tempo, os irmãos estavam produzindo os flocos não apenas para seus pacientes, mas também para os fanáticos saudáveis da classe média que já haviam recebido alta do hospital, ido para casa e ainda ansiavam por aquele alimento. Para John, isso era o suficiente, mas Will vislumbrava grandes lucros com o produto. Na verdade, os irmãos não eram os únicos pioneiros da alimentação saudável, pois já existiam outras pessoas ganhando dinheiro com isso. O doutor James Caleb Jackson já havia introduzido no mercado o cereal em grãos para o café da manhã, forçando os Kelloggs, através de ameaças legais, a renomearem sua criação como "granola". Mas isso não deteve os irmãos por muito tempo – muito menos Will.

Em 1906, ele fundou a Battle Creek Toasted Corn Flake Company e, três anos depois, tomou a decisão crucial de incluir açúcar na receita, visando atrair mais consumidores. Essa foi uma traição à moral idealista de John contra a masturbação, visto que ele acreditava que o açúcar induzia pensamentos libidinosos. Na verdade, essa foi uma controvérsia que acabou por desunir os irmãos. Para John, aquele alimento poderia muito bem ter sido chamado de "*pornflakes*".* Por mais triste que essa desavença familiar possa ter sido, Will foi devidamente recompensado pelo rápido crescimento do império dos cereais Kellogg's, que acabou dominando o mercado americano e, pouco tempo depois, colonizaria também as mesas de café da manhã de toda a Europa.

ADICIONANDO O LEITE

Ao abrirmos a caixa de cereal, enfiamos o braço lá dentro em busca do brinquedo de plástico que vem de brinde, tal como um chimpanzé caçando cupins dentro do ninho. Triunfantes, colocamos nosso brinde sobre a mesa e despejamos os flocos nutritivos dentro da tigela. Em seguida, pegamos o leite, tiramos o lacre e derramamos aquele líquido frio

---

* Trocadilho do termo "*cornflakes*" ("flocos de milho") com "*porn*" ("pornografia"). (N.T.)

e cremoso sobre os cereais. Que delícia! Quero dizer, a menos que você seja intolerante à lactose, uma condição genética presente em boa parte da população mundial.

Eu cresci acreditando que tomar leite de vaca era normal, e que aqueles que não podiam (por conta de uma terrível flatulência) eram os estranhos. Mas acontece que os bebedores de leite é que são os "diferentes". Nossos ancestrais pré-históricos praticavam a caça há milhões de anos, mas só no Período Neolítico é que se passou, de fato, a consumir o leite dos animais. Será que antes disso eles simplesmente não haviam pensado nessa possibilidade? Ou estavam muito ocupados se escondendo dos leões-das-cavernas? Talvez. Mas, na realidade, foi a biologia quem determinou o sucesso dessa mudança, e não a falta de esforço. Até cerca de 7.500 anos atrás, nossos antepassados adultos simplesmente não eram capazes de processar a lactose açucarada do leite, assim como hoje 70% das pessoas também não. As mutações aleatórias no gene MCM6 produziram uma enzima chamada lactase, que impede o acúmulo desagradável de gases no estômago.

Essa conveniente melhoria genética indica que, em algum momento, um fazendeiro europeu mandou para dentro uma jarra de leite fresco e saiu para dar uma volta sem se transformar em uma fábrica de metano. Encantado com o sabor e revigorado pela proteína, pela gordura e pelo cálcio, essa pessoa criou seus filhos também tomando leite animal e, gradualmente, os genes mutantes foram passados adiante pelas gerações e se tornaram o "padrão" nas populações da Europa, Índia e África, onde os leites de vaca, cabra, ovelha e cavalo começaram a fazer parte da dieta regular. Se fôssemos colorir um mapa-múndi para indicar o consumo diário de laticínio na era pré-colombiana, as Américas do Norte e do Sul ficariam totalmente em branco até a imigração em massa da Europa e a introdução dos escravos africanos, o que mudou rapidamente sua constituição genética.

Notoriamente, os estados do Illinois, Minnesota e Wisconsin se estabeleceram como produtores de manteiga e queijo, ambos os quais podiam ser transportados com segurança por todo o país. Mas o leite era um problema maior. A grande expansão de Nova York, em meados do século XIX, presenciou uma grande disparada da demanda por leite. Porém, o produto não podia vir de tão longe como Minnesota, pois, quando chegasse, já teria virado iogurte. Assim, na Costa Leste dos Estados Unidos, surgiram fazendas especializadas em laticínios para enviar leite via trem para as metrópoles. Mesmo assim, todo tipo de técnica repulsiva era usada para conservar o produto durante o trajeto e melhorar sua aparência, inclusive a adição de água, amêndoas, cérebro de animal e até mesmo formaldeído – um terrível desinfetante comumente encontrado em casas funerárias. Além disso, o padrão de higiene nessas fazendas era um escândalo, e até a chegada da reforma sanitária, no início do século XX, o leite infestado de bactérias foi uma das principais causas de doenças urbanas. Aquele famoso *slogan* nos *outdoors* norte-americanos de "*Got Milk?*"* ("Tem leite?") nessa época podia muito bem mostrar as celebridades com bigode de leite e a frase "Tem leite? Então você também deve ter tuberculose!".

DE CAÇADORES A FAZENDEIROS

Então, além do cereal, o que vamos comer em nossa primeira refeição matinal? Muitas sociedades modernas têm seus próprios cafés da manhã tradicionais. Os australianos espalham Vegemite** em suas torradas, os franceses comem seus *croissants*, os israelenses se deliciam com queijos e azeite, já os alasquianos optam por carne de rena e panquecas. Para mim, há apenas um verdadeiro desjejum dos campeões: o tradicional café da manhã inglês completo, também conhecido como "o ataque cardíaco no prato". Os médicos garantem que ele reduz sua expectativa de vida em uma década. Delicioso!

Transbordando animação culinária, seguimos até a geladeira e pegamos algumas fatias de *bacon* e linguiças com ervas, que encherão nossa cozinha do aroma salgado da carne de porco fritando. Com isso, estamos dando continuidade a uma tradição que remonta à Idade da Pedra. A humanidade consome carne há milhões de anos e, em algum momento entre 400 mil e 1,9 milhão de anos atrás (as discussões ainda não entraram

* A campanha publicitária norte-americana "*Got Milk?*" visava promover o aumento da compra de leite de vaca no país e ganhou visibilidade no mundo todo, mostrando diversas celebridades com o "bigode de leite" e a legenda "*Got Milk?*". (N.T.)

** Marca de uma espécie de pasta derivada do extrato de levedura, de sabor salgado e cor escura. (N.T.)

em um consenso), nossos ancestrais descobriram como controlar o fogo e cozinhar seus alimentos, o que, por sua vez, era melhor para liberar a energia calorífica na comida e ativar o desenvolvimento de cérebros maiores.

E, se você quisesse desenvolver seu cérebro, então era preciso comer cérebro. Bem, mais ou menos... Os homens das cavernas se alimentavam de todas as partes dos animais com o mesmo entusiasmo de zumbis selvagens. Os miúdos, a carne, a esponjosa substância cinzenta e até mesmo o conteúdo do estômago eram cozidos e mandados para dentro. Mas, para isso, primeiro eles precisavam capturar as feras, o que demandava um estilo de vida nômade, de busca constante, para acompanhar o movimento das manadas migratórias. No entanto, há cerca de 11 mil anos, onde hoje é a Turquia, essa tradição começou a desaparecer gradualmente, dando lugar ao sensacional alvoroço da revolução agrícola neolítica.

Com frequência, ouvimos céticos apreensivos condenando as plantações geneticamente modificadas porque "essa não é uma forma natural de plantio", como se fossem resultado das experiências de algum cientista gótico dentro de um castelo obscuro. No entanto, o "plantio natural" é um paradoxo. A agricultura é uma invenção do homem, e mesmo as plantações que consideramos orgânicas são produto de nossa manipulação. Sempre que você morde um milho direto na espiga, está consumindo a interferência da horticultura seletiva de um fazendeiro mexicano que já morreu há 3.500 anos. Mas não foram só as plantações que definiram essa a era de produção alimentícia.

A chamada Revolução Neolítica também trouxe as primeiras criações de animais de fazenda, o que significa que não era mais preciso caçar o alimento no meio da natureza selvagem. Agora era possível sair pela porta da frente e escolher entre os animais do cercado. Os porcos foram inicialmente domesticados na China, há cerca de 6 mil anos. Eles eram fáceis de criar porque comem basicamente qualquer coisa, não precisam de pastos verdes, produzem grandes ninhadas e ganham extraordinários 900 gramas por dia até chegarem à idade adulta. Outros animais exigiam um esforço maior, mas produziam leite, ou forneciam pelo ou lã como recompensa.

Contra as expectativas, no entanto, análises científicas mostraram que o aumento da proximidade com todos esses animais nos trouxe uma boa quantidade de novas doenças, como sarampo, caxumba, gripe, varíola, malária e, a pior de todas, o resfriado – a doença mais irritante da natureza, que nos deixa em péssimas condições, mas bem o suficiente para ter que trabalhar. Assim, se a agricultura nos tornou menos resistentes e aumentou o risco de contrair doenças, por que nossos ancestrais insistiram com ela? Afinal, os nômades bosquímanos do Kalahari só passavam 19 horas por semana na caça e na colheita, e o tempo restante era dedicado ao lazer. Se disséssemos a eles para começarem a cultivar plantações, eles nos olhariam espantados e perguntariam: "Para que se dar ao trabalho?".

Mas, e então, o que sustentou o desejo pela problemática agricultura? A única resposta que parece fazer sentido, a meu ver, é a questão da segurança. Uma vida de quilômetros e quilômetros de caça e busca por nozes e frutinhas certamente enfrentou períodos terríveis de seca, quando não era possível encontrar nada e os estômagos começavam a se contorcer. Ou, talvez, as pessoas simplesmente gostassem de poder comer *bacon* sempre que quisessem. Esse argumento definitivamente teria ganhado meu voto se eu estivesse lá. Isso, e sorvete à vontade. Ou até mesmo sorvete de *bacon* à vontade! Bom, na verdade, talvez não...

PRESUNTO E *HARAM*

Estranhamente, parece que nos desviamos para o tópico do *bacon*, mas vamos continuar neste assunto porque a carne suína tem uma herança cultural bastante singular. Os egípcios eram comedores de porco casuais e, a despeito do clima sufocante, descobriram que defumar a carne possibilitava uma melhor conservação para o consumo ao longo do ano. Talvez isso não seja surpresa, afinal, tinham um amplo conhecimento das técnicas de conservação, tendo passado séculos se aperfeiçoando na arte da mumificação. Inclusive, eles usavam a mesma palavra para o processo de defumar a carcaça de um porco e de preparar um cadáver para o Além. Só podemos torcer para que isso nunca tenha causado nenhum tipo de canibalismo acidental, no caso de alguém ter misturado a papelada.

Enquanto viramos algumas linguiças em nossa frigideira, é importante nos lembrarmos de que os romanos, da mesma forma, apreciavam o *bacon* (ao qual chamavam "*petaso*"), que era servido com figos, vinho e pimenta. Mas eles também se empanturravam das apimentadas linguiças de porco lucanianas do sul da Itália, temperadas com ervas e curadas em uma forte e penetrante fumaça. A qualidade podia ser muito boa, ou talvez fossem pouco mais do que vísceras e olhos comprimidos dentro de camisinhas orgânicas. Isso pode explicar, em partes, por que posteriormente, no século IV, as linguiças foram consideradas um alimento bárbaro e impróprio para um cristão, sendo banidas das cidades romanas. Outro problema com a linguiça é que você nunca sabe qual animal ou órgão está mastigando. Muito antes de os cachorros-quentes americanos dominarem as arquibancadas dos estádios de beisebol, o grande filósofo ateniense Sócrates já tinha fortes suspeitas de que elas tinham mais carne de cachorro do que de porco.*

A carne suína permaneceu como a carne básica definitiva para muitos europeus medievais, inclusive os pobres rurais, graças à facilidade com que os javalis semisselvagens podiam ser criados nos bosques. Mas a sua disponibilidade amplamente disseminada não impediu que a moralidade religiosa proibisse seu consumo. Na cristandade medieval, a carne vermelha foi banida em dias santos, durante a Quaresma e às sextas-feiras, deixando cerca de metade do ano para que as pessoas incluíssem peixes e vegetais em suas dietas (embora alguns monges espertos conseguissem argumentar que o castor era um peixe porque era parcialmente aquático!). Como consequência, na véspera da Quaresma, os cristãos ingleses se deleitavam com um grande banquete de *collops,*** composto por *bacon* e ovos fritos, para uma última e desesperada dose de colesterol antes de entrarem em suas dietas restritas. Essa, ao que parece, foi a origem do amor deles por esses dois alimentos, com os quais, em breve, nós próprios iremos nos deliciar.

Mas, é claro, assim que a Quaresma chegava ao fim, eles voltavam a se empanturrar de carne suína. Entretanto, para judeus e muçulmanos, isso nunca era permitido. No islamismo, presunto é *haram* (um pecado proibido), refletindo a antiga tradição estabelecida na religião judaica de que os porcos são animais sujos e não devem ser comidos. Há várias teorias que discutem o motivo disso, e a maioria afirma que a carne de porco era considerada a causa de determinadas doenças. Porém, isso parece pouco provável, visto que os preceitos da *kashrut* (alimentação) judaica também banem outros animais da mesa, e a lógica dessa proibição é difícil de

* O autor faz essa relação porque, diferente do português, o inglês usa um único termo, "*sausage*", para esse tipo de embutido. Nós diferenciamos linguiças e salsichas. (N.T.)

** O termo "*collops*" refere-se a uma pequena fatia de qualquer tipo de carne, mas em diversos períodos da história referia-se especificamente a fatias de *bacon*. (N.T.)

enquadrar com o que sabemos sobre a epidemiologia veterinária. Por exemplo, um critério fundamental para os judeus é que o animal não deve ser comido se tiver cascos fendidos ou se for ruminante. Curiosamente, se estiver em ambas as categorias, tudo bem, ele pode ser deliciosamente saboreado (uma má notícia para as vacas israelenses).

Essas normas parecem ser muito mais culturais do que médicas, e mariscos, lagartos, camelos, lebres e a maioria dos insetos também estavam banidos dos cardápios. Todas essas espécies faziam parte da alimentação de outros povos na mesma região, aparentemente sem muitas repercussões perigosas. O único aspecto convincente dessas normas em relação à saúde é que os judeus não podem comer nada que tenha morrido de causas naturais. Essa é uma precaução perfeitamente sensata para contornar o risco de consumir carne com alguma doença. Um amigo me disse que animais mortos em estradas também são proibidos na alimentação dos judeus, embora essa seja uma interpretação mais moderna, e não uma citação bíblica direta. Afinal, não há nada na Torá ou no Talmude que diga: "não deveis comer um texugo que tenha sido esmagado por um caminhão".

ACERTOU NA LATA!

Enquanto o *bacon* e as linguiças estão fritando, vamos até a despensa e pegamos uma lata de feijões cozidos, a verdadeira definição de uma "comidinha reconfortante" para um pobre estudante britânico. A lata é basicamente um tubo hermeticamente fechado, lacrada em ambas as extremidades. Embora nós a atiremos no lixo reciclável sem um pingo de consideração, essa simples tecnologia já foi uma fantástica revolução na história da culinária, bem como o resultado de uma estranha cooperação entre inimigos.

Durante milênios, os exércitos "marchavam sobre seus estômagos" – para citar a celebridade corsicana Napoleão Bonaparte – e o desafio logístico de alimentar soldados e marinheiros era um enigma impossível até mesmo para um grande mestre de xadrez. Como seria possível alimentar milhares de homens, a quilômetros das costas e cidades aliadas, com ração suficiente para satisfazer suas necessidades, considerando-se que a comida estragava tão depressa que era preciso substituí-la a cada poucos dias? Se um exército não podia depender dos recursos disponíveis nos campos próximos, então qual era a solução? Em 1795, em busca de uma resposta, o governo francês adotou a terceirização em massa e ofereceu um prêmio a quem conseguisse resolver o dilema. Em 1810, após 15 anos sem encontrar um vencedor, um cozinheiro chamado Nicholas Appert exigiu seus 12 mil francos.

Filho de um hoteleiro, Appert fora inicialmente treinado para ser *chef*, mas mudou de ideia e decidiu se tornar confeiteiro – uma troca que o fez explorar a preservação de frutas em conservas açucaradas. Durante uma década, ele realizou experimentos vedando alimentos em jarros de vidro e depois os cozinhando por períodos de tempo variáveis. Em 1804, Appert impressionou a marinha francesa, e posteriormente o exército, com sua invenção. Já em 1809, um comitê oficial foi chamado para experimentar seus alimentos em conserva e descobriu que eles eram deliciosamente livres de larvas. Era claro que o confeiteiro merecia o prêmio, que lhe foi entregue sob a condição de que ele publicasse sua teoria, mas não a patenteasse.

Assim, em 1810, *A arte de conservar todas as substâncias animais e vegetais durante vários anos* foi publicado, e Appert tornou-se um sucesso, exibindo suas fantásticas conservas em uma elegante sala de exposição parisiense. Incrivelmente, apesar do êxito, ele não sabia explicar cientificamente a eficiência de suas técnicas. A Teoria Germinal e a descoberta das bactérias ainda não aconteceriam pelos próximos 50 anos, e Louis Pasteur, um dos cientistas pioneiros nessa descoberta, ainda nem havia nascido. Appert, o novo herói da conservação de alimentos, havia caído de paraquedas no sucesso. Além disso, embora seja chamado de "o pai dos enlatados", na verdade, ele não inventou a lata. Às vezes, por conta da alta pressão interna, seus jarros de vidro explodiam, e podiam se estilhaçar se fossem derrubados, além de serem difíceis de abrir, o que os tornava pouco práticos para zonas de guerra.

Foi outro francês, chamado Phillipe de Girard, quem inventou a lata que conhecemos hoje. Porém, em vez de anunciar sua invenção por toda a França, Girard foi atrás do mercado britânico, mais "saudável", mas não sem enfrentar algumas complicações. As duas nações estavam em meio às Guerras Napoleônicas, e a Grã-Bretanha não estava exatamente estendendo o tapete vermelho para as pessoas de sotaque gálico. Então, Girard contratou um mercante inglês chamado Peter Durand para assumir a patente em seu nome. Ao que parece, sua invenção era boa o suficiente para suprimir qualquer ato xenofóbico da comunidade científica, pois os registros mostram que ele, de alguma forma, fugia da França e prestava visitas regulares à Sociedade Real de Londres.

De modo interessante, o envolvimento de Girard chegou ao fim assim que sua patente foi comprada e colocada em produção por Bryan Donkin, um engenheiro inglês que encantou o Duque de Wellington e o Almirantado Britânico com suas carnes enlatadas de longa duração. Em 1814, essa novidade já estava navegando em alto-mar e percorrendo os campos de batalha da Europa, para a alegria dos marinheiros e soldados, que escreviam para seus conhecidos em Londres contando alegremente que os jantares não tinham mais um estranho cheiro de bolor. Em 1915, apenas cinco anos depois de Appert ter recebido seu prêmio do governo francês, Napoleão Bonaparte enfrentou os britânicos na infame Batalha de Waterloo, onde talvez tenha se aborrecido ao descobrir que não apenas seus adversários estavam carregando alimentos enlatados, mas que havia sido um francês o responsável por colocá-los ali. Que belo exemplo de patriotismo...

Hoje, felizmente, nossa lata de feijão cozido tem um anel para puxar a tampa, o que nos livra do terrível abridor. Ainda assim, pelo menos ele existe, porque, em um estranho capricho da história, o abridor de latas não foi inventado até 1870, longos 48 anos após a invenção da própria lata. Ao que consta, as pessoas passaram boa parte desse meio século frustradas, socando os recipientes com martelos e talhadeiras – como se fossem aqueles furiosos macacos batedores de ossos no filme *2001: Uma odisseia no espaço*, de Kubrick.

DE ONDE VEIO?

Em 1477, um recém-redescoberto texto do geógrafo grego Ptolomeu foi finalmente impresso na Europa, cerca de 1.300 anos depois de ter sido escrito. A edição saiu com um mapa-múndi bastante chamativo, supostamente desenhado por um misterioso cartógrafo da Antiguidade, chamado Agathodaimon. O livro foi um dos inúmeros trabalhos a voltar para o conhecimento público através das bibliotecas do mundo islâmico, colocando uma pulga atrás da orelha dos navegadores europeus, que estavam ansiosos para explorar as margens do que certamente seria um mundo para além do horizonte conhecido. Um desses esperançosos apaixonados era o egoísta genovês Cristóvão Colombo, acostumado a conseguir as coisas por conta própria.

Desde antes dos tempos romanos, os capitães mercantes do Mediterrâneo já navegavam do Porto de Alexandria, no norte do Egito, em direção ao sudeste para as exóticas terras da Índia, onde eram comercializadas especiarias de luxo, como pimenta-do-reino, canela, gengibre, cravo-da-índia, noz-moscada, açafrão, cúrcuma e muitos outros. Na verdade, uma recente análise científica dos fragmentos dos penicos das ruínas harappianas, no Vale do Indo, mostrou que os indianos já se deliciavam com seu arroz com *curry* há bem mais de 4 mil anos. Mas foram os romanos que desenvolveram grande apreço por essas especiarias, enviando algo em torno de 120 navios por ano para importar o famoso "ouro negro", ainda que nem todos fossem simpatizantes desses condimentos. O filósofo naturalista Plínio, o Velho, lamentou o alto custo desse arriscado exercício de importação: "A pimenta não contém nada que a se assemelhe a uma fruta comum ou silvestre, sua única qualidade desejável é o sabor picante, e é para isso que a importamos de tão longe, lá da Índia?!"

Embora seja engraçado ver um velho reclamando da cultura popular 2 mil anos atrás, Plínio fazia parte de uma minoria que só resistiu até pouco depois de sua terrível morte, que aconteceu por conta de um vulcão. Afinal, as especiarias não eram apenas uma questão de sabor, pois se acreditava que elas tinham poderes medicinais, além de serem uma ótima forma para se exibir. Para os muito abastados, um adorno de especiarias era como um helicóptero folheado a ouro: uma extravagância desnecessária para um privilégio que já era caro. Há um mito moderno que supõe que as especiarias eram populares no fim da Era Medieval porque disfarçavam o sabor da carne estragada – mas isso é como afirmar que o caviar russo pode ser usado para mascarar o sabor acre de um espaguete de má qualidade. Ninguém rico o suficiente para importar especiarias do outro lado do mundo economizaria em carne e vegetais frescos.

Assim, considerando-se a grande demanda pelos famosos produtos, não é de se estranhar que a publicação *Geografia*, de Ptolomeu, logo faria com que os navegadores começassem a se perguntar se haveria uma rota mais rápida para as misteriosas Índias. Ao final dos anos 1480, Cristóvão Colombo, então residente de uma cidade que havia ganhado muito dinheiro com o comércio das especiarias, traçou um plano. Depois de estudar os trabalhos de Marco Polo, Ptolomeu, Estrabão, Marino de Tiro, al-Farghani e as teorias mais recentes do astrônomo italiano Paolo Toscanelli, ele tinha certeza de que tudo o que precisava fazer era navegar em direção a oeste, e então daria de cara com as Índias. Afinal, o escritor romano Sêneca havia declarado animadamente que era possível fazer essa viagem em apenas alguns dias.

Colombo, no entanto, não estava inteiramente feliz com as medições passadas pelos geógrafos antigos e, por isso, as ajustou conforme seus próprios cálculos. Essa não foi sua melhor ideia, e ele errou em quase tudo: o tamanho da Eurásia, a circunferência do globo, o fato de que posteriormente ele achou que estivesse navegando em subida e a crença de que o mundo, portanto, tinha um formato de pera. Quando ele finalmente tropeçou em Hispaniola e Cuba, seu conhecimento sobre as viagens de Marco Polo o convenceu de que estava logo ao lado da costa da China – um erro perfeitamente perdoável. Mas, infelizmente, Colombo também era um babaca cheio de si, e isso é um pouco mais difícil de aceitar.

Injustamente, ele exigiu a recompensa por ter sido o primeiro a avistar aquela terra (recebendo crédito pelo feito de um marinheiro chamado Rodrigo de Triana). Então, ao voltar para a Espanha, Colombo foi extremamente exagerado em relação ao que havia encontrado, se vangloriando por uma infinidade de especiarias e riquezas surpreendentes. E tudo isso apesar do fato de que sua carga, quando a retiraram dos navios, não passava de um monte de porcaria inútil, como tabaco, abacaxis, um pouco de ouro, alguns prisioneiros nativos, um peru e, a menos impressionante de todas, uma rede. O ouro até que tudo bem, mas imagino que o rei e a rainha da Espanha não tenham ficado muito entusiasmados com aquela espécie de balanço. Imagine se enviássemos uma equipe para Marte e eles voltassem com pouco mais do que um sofá-cama suspenso?

Era tudo muito interessante, mas Colombo havia saído em busca de especiarias, e as coisas que ele trouxe não tinham o cheiro nem a cara das especiarias da Índia. Na verdade, uma das plantas que julgou ser sua conhecida pimenta-do-reino vinha de um fruto vermelho e picante, que, por conta disso, recebeu o nome de pimenta *chilli*, usado até os dias de hoje. Nem todos na Espanha estavam convencidos das alegações de Colombo, mas o teimoso explorador deu um jeito de conseguir fundos para mais três viagens, dando início à era de ouro espanhola que, ao final, arruinou a economia do país, e, por um descuido, acabou levando a varíola letal a milhões de indígenas da América do Sul.

Definitivamente, Colombo, como pessoa, não merece o título de herói nos Estados Unidos. Ele jamais colocou o pé na América do Norte, e basicamente preparou o terreno para os infinitos horrores do comércio transatlântico de escravos, o que faz com que o Dia de Colombo* pareça uma piada de mau gosto. Mas, se separarmos o homem da missão, concluiremos que sua descoberta acidental de um Novo Mundo foi o equivalente na Renascença à chegada do homem a Marte para nós. Sua missão certamente mudou o rumo da história do planeta, inclusive em termos de culinária.

Assim, ao abrirmos nossa lata, vemos o feijão-branco coberto com molho de tomate, temperado com pimenta-do-reino e adoçado com açúcar, todos ingredientes herdados da conquista espanhola das Américas e da subsequente corrida pelos impérios do Novo Mundo, disputada entre holandeses, franceses, britânicos e portugueses. Surpreendentemente, a posterior disseminação das plantas e dos alimentos sul-americanos gerou uma fusão global dos ingredientes, tão enfática que agora associamos os tomates à comida italiana, e não aos astecas. Assim como relacionamos as pimentas *chilli* à comida indiana, apesar de elas só terem sido levadas para o sul da Ásia no século XVI.

UMA BATATA QUENTE NAS MÃOS

Os guardas estavam a postos ao redor dos campos, com olhares desafiadores e armas nas mãos, enquanto os habitantes locais passavam curiosos por eles, buscando alguma pista do que seria a preciosidade que estava crescendo naquela terra. Eles transbordavam curiosidade, esperando pacientemente pelo pôr do sol, e observaram com satisfação quando os guardas abandonaram seus postos e caminharam até o quartel para passar a noite. Sem nenhuma sentinela, os imundos curiosos correram para o campo, arrancaram as plantas do solo e, sob a luz da lua, as levaram

* O Dia de Colombo é comemorado nos países hispanofalantes e nos Estados Unidos no dia 12 de outubro, para homenagear o dia em que Cristóvão Colombo chegou à América. (N.T.)

cuidadosamente para serem replantadas em seus próprios pedaços de terra. Seja lá o que fosse essa comida dos nobres, eles iriam experimentá-la antes. Quando a notícia do terrível roubo chegou aos ouvidos do proprietário da plantação, ele ficou contentíssimo. Seu plano sagaz havia funcionado brilhantemente.

Enquanto jogamos algumas batatas picadas na frigideira, provavelmente não estamos pensando no fato de que sua história é um tanto controversa, e que a humilde batata já foi recebida com uma mistura de desdém e pânico total. Assim como os tomates, as batatas eram um alimento da América do Sul, e os incas as plantavam a certa altitude, aproveitando a geada noturna para congelar os tubérculos e transformá-los em amido desidratado – algo parecido com nossas batatas-fritas congeladas. Com isso, eles garantiam uma fonte de alimento de longa durabilidade que poderia salvá-los no caso de as outras plantações serem perdidas. No entanto, com a chegada do produto à Europa, na década de 1570, a novidade de algo tão prático e nutritivo não passou de um verdadeiro desastre de publicidade.

Em 1596, o botânico suíço Caspar Bauhin nomeou a batata como *Solanum tuberosum esculentum*, mas incluiu um desenho terrivelmente assustador da planta em seu livro, além de alguns boatos escandalosos, sugerindo que seu consumo causava flatulência, luxúria e lepra – o trio sagrado do constrangimento, a garantia para arruinar qualquer encontro romântico. Não sabemos por que ele fez isso, mas talvez Bauhin tenha chegado a essa conclusão por conta do formato um tanto encaroçado e nodoso de seu exemplar, que pode se assemelhar aos membros deformados dos leprosos. Essa péssima descrição deu à pobre batata uma reputação temível, e em pouco tempo as pessoas já estavam se recusando a comê-la, mesmo nos dias de fome desesperadoras.

O dono das plantações saqueadas era Antoine-Augustin Parmentier, um cientista de alimentos francês que havia sido prisioneiro de guerra dos prussianos, e alimentado com uma modesta dieta de comida para cavalo, ou seja, batatas. E, no entanto, após três anos de cativeiro, foi libertado em perfeita saúde. No fim das contas, as batatas não eram uma diabólica fonte de terror. Determinado a provar sua teoria, Parmentier começou uma longa campanha para convencer cientistas, fazendeiros, o governo francês e a população supersticiosa de que as batatas eram uma boa alternativa ao pão, e não um afrodisíaco causador de peidos que fazia suas pernas caírem. Em 1771, ele conseguiu convencer os cientistas, mas ainda enfrentava uma dura oposição; então, começou a tramar uma série de façanhas para promover o produto. Entre suas manobras, Parmentier serviu pratos à base de batata para celebridades como Benjamin Franklin, convenceu Maria Antonieta a usar flores do tubérculo em seu buquê e enganou os moradores de Neuilly, a oeste de Paris, fazendo-os pensar que sua plantação protegida por guardas, cultivada em 20 hectares de solo improdutivo, era um novo alimento de luxo que não devia ser desfrutado pelos pobretões. A psicologia reversa, como bem sabemos, foi um sucesso.

Hoje, Parmentier é homenageado com receitas que recebem seu nome e, graças aos seus esforços, a planta rica em amido aos poucos foi subindo os degraus da escada alimentar, deixando de ser comida para cavalos e se tornando um produto de emergência para ondas de fome, até se transformar em um alimento de base. Na Irlanda, essa antiga opção de "reserva", usada apenas nos casos de perda das plantações, tragicamente acabou se transformando em alimento primário, de forma que essa dependência excessiva resultou em desastre por conta do dano catastrófico resultante dos tubérculos propensos a doenças.

OS "BABA-OVO"

O café da manhã aos poucos vai tomando forma e agora só faltam alguns ingredientes. Novamente, abrimos a porta da geladeira e, desta vez, pegamos um ovo fresco. Bem na palma de sua mão você tem uma fonte de alimento totalmente natural, que surgiu milhões de anos antes da agricultura. Ainda que nossos ancestrais da Idade da Pedra provavelmente roubassem os ovos dos ninhos, foi somente no Período Neolítico que os fazendeiros domesticaram as aves da floresta (ou galinhas, para nós), em lugares como Tailândia, China e Índia. Na verdade, a primeira evidência definitiva da criação de aves para produção de ovos surgiu somente depois de 1400 a.C., no Egito. Mas assim que isso se tornou um hábito, nunca mais olhamos para trás.

Os romanos, em particular, adoravam ovos de pavão, já os chineses preferiam os de pombos (optando por preservá-los em cinzas e sal); os gregos saboreavam os delicados ovos de codorna, e os fenícios iam para a cidade com enormes ovos de avestruz (e também os decoravam para usá-los nos túmulos). Basicamente, ovos de qualquer animal, inclusive de crocodilos e tartarugas, foram válidos como alimento no decorrer dos séculos. Bastava que fosse um pouquinho oval e abrigasse uma possível vida, nossos ancestrais o devoravam com a maior satisfação. Mas eles não eram simplesmente enfiados crus na boca: o modo de preparo variou amplamente ao longo do tempo e das culturas.

Os egípcios gostavam de cozinhá-los até ficarem duros ou moles, mas também os comiam fritos, escaldados, transformados em pudim ou suflês, ou com pão. Eles faziam quase tudo com gema e clara, até mesmo usá-las na farmacologia. A medicina egípcia era altamente sofisticada, mas, por vezes, caía na superstição duvidosa. Segundo uma crença, como os ovos de avestruz se assemelhavam ao crânio dos seres humanos, eles deviam ser receitados para qualquer pessoa que tivesse sofrido uma fratura na cabeça. Pela mesma lógica, poderíamos então tratar câncer de próstata com castanhas aquecidas, ou usar uma baguete para curar uma perna quebrada.

O gastrônomo romano Apício, que escrevia sobre os alimentos, é nossa fonte para todos os aspectos da culinária na antiga Itália. Ele escreveu sobre diversas receitas à base de ovos, e esta nos parece bastante familiar:

> **Misture quatro ovos com um copo de leite e 30 ml de óleo, batendo bem até formar uma mistura homogênea. Em uma panela, coloque um fio de óleo e adicione a mistura de ovos aos poucos, sem deixar ferver. Leve ao forno até crescer. Quando um lado estiver pronto, vire-o sobre um prato (dobre-o) e regue com mel, salpique pimenta-do-reino e sirva.**

Algo parecido com esse prato permaneceu em alta na Europa medieval, com ervas picadas para dar o sabor, em vez de mel. Na Inglaterra, isso era conhecido como *herbolace*, até que os franceses o renomearam como *omelette*, no século XVI, adicionando gengibre para provocar as papilas gustativas, e enchendo de queijo e manteiga para obstruir as artérias com deliciosa gordura.

Na Inglaterra medieval, as formas de preparo mais comuns para os ovos eram assá-los em cinzas quentes, escaldá-los na água fervente ou fritá-los em uma frigideira com *bacon*, da mesma forma que estamos fazendo em nossa cozinha neste exato momento. Mas, lá pelo século XVII, o famoso ovo cozido mole (agora tão comum no café da manhã britânico) já tinha começado a se tornar um item regular no cardápio e, em 1815, até fez uma pontinha no célebre romance de Jane Austen, *Emma*, como o velho hipocondríaco, Mr. Henry Woodhouse. Opa, acho que isso não está certo. Desculpe, na verdade, ele fez o papel do ovo cozido mole.

NOSSO PÃO DE CADA DIA

Com todos os nossos ingredientes quase prontos, agora só temos tempo para enfiar duas fatias de pão na torradeira, que depois serão usadas para limpar aquele delicioso molho de feijão em nosso prato.

O pão é uma das invenções mais significativas da história da humanidade, pelo menos na Europa e no Oriente Médio. Era o sustento primordial das massas, sem o qual as sociedades seriam esmigalhadas como paçoca. Só para suprir as necessidades básicas, cerca de duzentos mil cidadãos romanos recebia do estado uma cota mensal de grãos, mas essa distribuição em escala gigantesca (uma estimativa de 8 milhões de quilos por mês) não podia ser toda retirada dos campos da própria Itália. Assim, Roma estava sempre em busca de novos campos férteis para conquistar.

A despeito do que Hollywood possa nos ter feito acreditar, não foi apenas o decote profundo da rainha "Cléo" que atraiu Júlio César e Marco Antônio para o outro lado do Mediterrâneo. O Egito e o Norte da África abrigavam campos enormes, e Roma precisava desesperadamente de pão. Mas o estado não era o único responsável pelo fornecimento de trigo para as massas. Quem controlasse o fornecimento de grãos tinha influência direta sobre as pessoas, e o satírico Juvenal estava fazendo uma crítica feroz quando disse que o povo romano só precisava de "pão e circo" em troca de apoio, até mesmo dos piores políticos.

Os séculos posteriores veriam o pão ainda mais politizado. Na França do século XVIII, sua produção era efetivamente um serviço público, e os padeiros eram regulamentados pelo estado. Surpreendentemente, em 1787, o trabalhador comum gastava metade de seu salário diário com pão, mas, após dois anos consecutivos de uma safra pobre, os preços dispararam 88%, contribuindo para provocar uma violenta revolução. As revoltas do pão também atingiram a América em 1710, 1837 e 1863, e a chamada de Vladimir Lenin para a revolução na Rússia czarista, as Teses de Abril de 1917, chegou com o inesquecível *slogan*: "paz, pão e terra!".

Mas de onde surgiu essa dependência da produção de pão em massa? Bem, como sempre, começou nas primeiras cidades. Na Idade do Bronze, a invenção de técnicas agrícolas mais intensas e sistemas de irrigação maiores acelerou o processo de cultivo e reduziu o número de pessoas necessárias para trabalhar nas plantações. Isso abriu as portas para que outras carreiras fossem criadas. O que antes eram comunidades neolíticas supostamente igualitárias, onde todos colocavam a mão na massa, agora eram as primeiras cidades abastecidas por pão "de fora", tal como Uruk, testemunhando a separação das classes e a divisão do trabalho em diferentes áreas de conhecimento. Como havia pão suficiente para alimentá-las, muitas pessoas abandonaram a agricultura e tornaram-se sacerdotes, estudiosos, fabricantes de carroças, oleiros, ceramistas, médicos, dentistas e consultores de TI... Certo, talvez não consultores de TI...

Assim, o pão ganhou um papel tão crucial para a vida que acabou se tornando uma metáfora fundamental para felicidade. *O Épico*, de Gilgamesh, possivelmente a mais antiga história registrada da Humanidade, conta que o deus Ea/Enki "trará a você uma colheita de prosperidade; pela manhã ele deixará que filões de pão caiam sobre ti e, pela noite, uma chuva de trigo". No mundo real, esse seria um evento climático extremo, com jornalistas se escondendo debaixo de seus equipamentos enquanto pães integrais se espatifariam no chão. Mas, como uma metáfora, essa é uma jubilosa celebração da abundância: ter pão caindo do céu era a melhor coisa que se podia imaginar.

Porém, se não estavam caindo de fornos celestiais oferecidos pelas divindades benevolentes, de onde vinha todo aquele pão? A resposta é que os mesopotâmios tinham grandes padarias estatais operando sem parar e produzindo as grandes quantidades necessárias para soldados, funcionários do estado e outros tipos de profissionais. Mas não devemos nos render à ideia de que a invenção do pão foi meramente um produto da Idade do Bronze. Não é como se o relógio tivesse dado meia-noite no fim da Era Neolítica e, de repente, alguém gritou: "Hum, tenho uma ideia quentinha saindo do forno...". O pão pode até ter estimulado o crescimento das primeiras cidades, mas é provável que as pessoas tenham assado a farinha nas cinzas quentes da fogueira comunal muitos milênios antes disso.

A despeito das declarações novidadeiras sobre a moderna dieta paleolítica, as pessoas estavam comendo grãos e cereais há pelo menos 30 mil anos, ainda que fossem de plantas nascidas ao acaso na natureza, e não de uma plantação cuidadosamente cultivada. Mas, durante a Era Neolítica, a forma mais primitiva de assar exigia a fresagem do trigo e da cevada para transformá-los em farinha, e isso era feito com um moinho de mão – uma resistente pedra de basalto rolada para frente e para trás sobre os grãos. Assim que a farinha estivesse fresada, era possível fazer pão de três formas: ele poderia ser plano, crescendo apenas pela expansão do vapor interno; crescer sozinha com a ajuda de uma levedura orgânica; ou crescer com uma levedura geradora de gás, emprestada de uma cervejaria, e que produzia os buraquinhos macios no miolo.

De modo geral, a última opção era para os clientes mais abastados, enquanto os pães planos eram o alimento dos pobres. Além disso, em uma irônica inversão das atuais preferências da classe média, o pão branco era o alimento de luxo, ao passo que a plebe tinha que se contentar com os pães integrais. O motivo para isso era que, para produzir o pão branco, metade da farinha e do farelo integral era desperdiçada, um método lamentavelmente ineficiente de usar os grãos. É claro que não há nada que a realeza goste mais do que o desperdício arrogante, o que explica por que o rei Henrique VIII se deliciava com seu pão branco refinado, chamado pelos romanos de "*panis siligineus*", enquanto os demais presentes no Palácio de Hampton Court recebiam os pãezinhos mais escuros e menos macios.

O pão branco da corte real da França, chamado de *le pain à la mode* (o pão da moda), tinha manteiga e, às vezes, açúcar na massa – o que dava textura e sabor semelhantes aos do brioche. Inevitavelmente, ele virou moda também na Inglaterra, onde a classe média, que passava a maior parte do tempo tentando imitar os que estavam acima dela, começou a ansiar pelo tentador pão branco, mesmo que não pudesse pagar por ele. Isso gerou um traiçoeiro mercado negro de pães artificialmente embranquecidos, descoloridos até chegarem ao tom certo, com o uso de giz, gesso, alume ou até mesmo arsênio. Infelizmente, essa rota não oficial em busca de um pão mais branco inevitavelmente dava ao consumidor um aspecto mais pálido também, às vezes até terminal, visto que o alume podia causar diarreias fatais em crianças. Porém, não devemos pensar que a relação sempre foi pão branco = luxo, pão integral ou plano = lixo.

Embora os pintores europeus do século XVII usassem a cor do pão como símbolo de *status* financeiro, no século XVIII, o pão de centeio foi considerado melhor para a digestão. Assim, os fanáticos pela moda saudável causaram uma confusão ao se deleitarem com o pão das classes inferiores, almejando a boa forma e um intestino mais "solto" – mas não tanto quanto o dos infelizes compradores dos pães embranquecidos com alume. Para aumentar a confusão, os modestos pães chatos dos pobres, inclusive os crepes e o *blini* russo, foram adotados como deliciosas iguarias da aristocracia no início do século XIX, e hoje é muito mais provável encontrarmos um sofisticado *blini* servido com salmão defumado e Prosecco, do que com um mingau ralo e purê de nabos.

Mas o nosso pão desta manhã é uma simples fatia de pão integral tostada na torradeira elétrica por alguns minutos. No inglês, há uma expressão muito comum que diz "*the best thing since sliced bread*" ("a melhor coisa desde o pão fatiado"); uma frase razoavelmente recente e um provável exemplo do melhor marketing norte-americano. O fatiador de pão industrial foi projeto original de um joalheiro de Iowa, chamado Otto Frederick Rohwedder, que começou a maquinar a ideia em 1912. Depois de usar todas as suas economias na pesquisa e enfrentar vários contratempos, por fim, em 1928, ele vendeu seu protótipo operacional para as padarias. Ao que parece, em apenas cinco anos, 80% das padarias norte-americanas estavam vendendo seus pães já fatiados, provavelmente porque as torradeiras estavam ficando cada vez mais populares. De forma curiosa, parece que a melhor coisa até o pão fatiado foi o embalado, mas só sabemos disso porque o *slogan* de lançamento da novidade de Rohwedder era: "o maior avanço na indústria de pães desde que o pão foi embalado". Mas não me pergunte qual foi a melhor coisa antes disso... Não faço ideia.

De qualquer forma, quando nossa torrada salta triunfantemente para fora da torradeira como uma *stripper* saindo de um bolo de aniversário gigante, nós a apanhamos, colocamos em um prato e começamos a distribuir os demais ingredientes ao seu redor. Primeiro as linguiças, depois o *bacon*, o ovo, uma porção do feijão cozido e, por último, as batatas fritas. Em seguida, nos sentamos à mesa, ligamos a televisão para um pouco de entretenimento vazio de plano de fundo e começamos a atacar nosso delicioso banquete. É verdade que um pouco do molho do feijão acaba indo parar em nosso queixo e agora nosso cabelo está cheirando a porco queimado, mas é por isso que inventamos os chuveiros...

10h45

JÁ PARA O CHUVEIRO!

Depois de devorar o café da manhã, é hora de voltarmos ao banheiro para um banho rápido. Vamos admitir, faz só 24 horas desde a última vez que soltamos a voz no chuveiro com uma música da Whitney Houston, mas nós, humanos, somos lavadores naturais que eliminam a sujeira impiedosamente. Sentimos uma necessidade constante de manter uma boa limpeza pessoal. Apesar do elevado estado atual do saneamento de nossa sociedade, a história da higiene humana não segue um progresso linear. Este capítulo não será como uma daquelas ilustrações da evolução do homem, com um sujeito coberto de merda na extremidade esquerda, seguindo vários caras cada vez mais limpinhos no centro e, no fim, nós, com uma postura gloriosa na extremidade direita, cobertos por espuma de sabonete e uma touquinha de banho ridícula na cabeça. Não, as definições de higiene variaram extremamente no decorrer das eras.

O motivo desse vai e vem histórico é que a higiene é, em sua origem mais fundamental, uma guerra contra a sujeira. E, quando pensamos em sujeira, imaginamos crianças alegres se revirando no meio da terra e saindo de lá com um ar vitorioso e as unhas encardidas. Mas não, para os antropólogos, a sujeira é meramente "matéria fora do lugar". Os filósofos da Grécia Antiga usaram o termo *katharsis* para descrever a ideia de limpar o corpo e a alma das coisas ruins, mas definir exatamente o que constitui o "bom" e o "ruim" muitas vezes é uma questão cultural. Assim, esse capítulo trará definições de limpeza que o farão querer largar este livro imediatamente e correr para desinfetar seu corpo inteiro com alvejante.

Então, por onde devemos começar? Que tal com algo indiscutivelmente ruim?

OS PRIMÓRDIOS IMUNDOS

Embora seja divertido pensar em como seria a vida se fôssemos o Tarzan ou o Mogli, saltando de árvore em árvore, nós simplesmente não fomos feitos para a solidão da selva. De forma muito parecida com nossos primos distantes, os chimpanzés, que se lavam nos rios e cobrem seus corpos com frutas silvestres aromáticas, somos animais sociáveis que se mantêm limpos pelo bem dos outros, sabendo que seremos expulsos do grupo se começarmos a exalar um cheiro de esgoto. Afinal, basta um único sujinho para transmitir uma doença para toda a comunidade. Sabemos que os macacos também cuidam dos pelos uns dos outros, caçando com diligência os detestáveis piolhos e parasitas. Isso faz parte de um intenso processo de socialização que pode até mesmo ter levado ao desenvolvimento da fala humana – e nós ainda perpetuamos esse cuidado social até hoje. Você acha coincidência que uma visita ao salão de beleza aconteça sempre em meio a uma efusão de fofocas sobre desencantos amorosos, planos para o feriado ou o corte de cabelo daquela nova queridinha da novela? Há alguma coisa no toque de nossos semelhantes que simplesmente libera nossa tagarelice.

É claro, a menos que nossos filhos cheguem da escola e, sem querer, lancem esses indesejados parasitas em nossa direção, podemos nos considerar livres de piolhos. Mas nossos ancestrais estavam muito mais suscetíveis a esses riscos. Os antigos egípcios eram tão atormentados pelos piolhos que raspavam suas cabeças e usavam perucas. E até mesmo na relativamente recente Primeira Guerra Mundial, os soldados que se escondiam nas imundas trincheiras acabavam completamente cobertos por centenas – às vezes milhares – de piolhos corporais, que precisavam ser retirados um a um e queimados logo em seguida. Podemos supor com alguma certeza que, então, na Idade da Pedra, as pessoas também eram infestadas por esses minúsculos parasitas nojentos.

Os piolhos humanos são semelhantes àqueles que irritam os chimpanzés, no entanto, mais bem-adaptados aos nossos corpos sem pelos e atuantes em dois clãs distintos: capilares e púbicos, sendo este último adquirido dos gorilas há cerca de 3,3 milhões de anos. Com persistência, ambos os tipos se agarraram à nossa espécie e atormentaram cada uma das encarnações do *Homo sapiens*. Porém, de maneira fascinante, há aproximadamente 70 mil anos, os piolhos capilares evoluíram para um terceiro tipo especialmente adaptado a um novo terreno: tecido. Dessa forma, esses piolhos corporais funcionam como uma importante marcação temporal arqueológica da invenção das roupas. Isso é ótimo para os arqueólogos, mas esses parasitas também carregam doenças perigosas, e por isso são prejudiciais para toda a humanidade.

É provável, então, que, durante a Idade da Pedra, as pessoas não apenas cuidassem umas das outras, como os soldados da Primeira Guerra Mundial, mas também se banhassem com regularidade. Afinal, muitas das famosas cavernas da Espanha e da França que ostentam belíssimos desenhos pré-históricos também ficam localizadas a uma curta distância de fontes termais. Normalmente, pensamos nos moradores das cavernas como uns tipos sérios, que se sentavam aglomerados no escuro enquanto mastigavam melancolicamente alguns pedaços de carne. Mas também é perfeitamente possível que eles passassem seus fins de semana nadando nas bolhas das fontes termais, rindo e brincando alegremente como crianças em uma piscina. Afinal, era isso o que eu faria... Você não?

ÁGUA, ÁGUA POR TODOS OS LADOS

Uma peculiaridade extraordinária na história da humanidade é a velocidade com que nos transformamos de pequenos grupos de caçadores-coletores nômades a grandes sociedades de pessoas sofisticadas morando em cidades. É como se o *Homo sapiens* tivesse passado 190 mil anos subindo lentamente por uma vertiginosa montanha-russa, fazendo apenas alguns progressos sutis – um novo machado aqui, uma lança acolá – e então, do nada, a Era do Gelo terminou e nos vimos lançados velozmente em direção à Era Neolítica, gritando aterrorizados em um percurso oscilante de invenção das casas, agricultura e planejamento urbano. Tudo isso em apenas 10 mil anos de um ritmo intenso.

Mas, apesar de todas as inovações do Período Neolítico, foi a Idade do Bronze que deu início ao saneamento público propriamente dito. Onde hoje é o Paquistão e a Índia, os antigos harappianos eram devotos da higiene em massa. Eles adoravam ficar limpos – da mesma forma que os britânicos adoram o comportamento passivo-agressivo e as filas. Como já vimos, as cidades harappianas se sustentavam sobre diversos sistemas de esgoto construídos com tijolos revestidos a gesso, formando uma combinação de canos subterrâneos e calhas na beira das ruas para coletar as águas residuais que saíam dos tubos de escoamento das casas. Mesmo as habitações de vários andares eram atendidas por esse sistema, visto que tinham condutos internos instalados nas paredes ou ralos no chão, de forma que as águas pudessem ser escoadas de todos os andares. Na galeria da fama dos encanadores, os harappianos certamente estariam lá em cima com o Mário e o Luigi.

Um sistema de drenagem tão bem elaborado pode nos levar a pensar que o Vale do Indo estivesse pouco a pouco desaparecendo sob as chuvas torrenciais e que isso fosse uma espécie de proteção contra as inundações, mas nada poderia estar mais longe da verdade. A precipitação anual era de miseráveis 13 centímetros, então, de onde vinha toda essa água? A resposta é: do subsolo. Entre os mais de mil povoados do Vale do Indo estava a cidade de Mohenjo-daro, que abrigava cerca de setecentos poços revestidos de tijolos, dispostos a cada 35 metros e produzindo água limpa em quantidade ilimitada para o consumo público.

A água era o elemento central de uma cidade harappiana, um recurso fluido elevado a um *status* santificado. A Grande Banheira de Mohenjo-daro – uma piscina fechada, revestida de tijolos, com 12 por 7 metros e abrigada dentro de uma construção de proporções surpreendentes – ficava no topo da cidade como uma declaração simbólica da veneração que eles tinham pelo seu poder. Diferente de uma piscina pública cheia de crianças gritando "bomba!" e mergulhando feito loucas, ela parece ter sido uma fonte para o ritual de purificação dos membros mais importantes da sociedade. Mas, certamente, não era o único recurso de banho disponível. O restante da população se lavava em pequenas piscinas retangulares de tijolos instaladas por toda a cidade.

Em comparação a uma infraestrutura tão impressionante, nesse caso isolado os antigos egípcios são, de certo modo, uma verdadeira decepção. Mas a qualidade de seus registros históricos os fazem dignos de menção. Em termos de limpeza, a casta sacerdotal era particularmente cuidadosa para evitar a infestação de piolhos, por isso eles raspavam os pelos de cada centímetro do corpo com regularidade e se lavavam com água fria até cinco vezes por dia. Para os homens que habitavam os templos sagrados dos deuses reverenciados, a pureza do corpo era tudo. Não havia nada mais ofensivo às divindades celestiais do que ostentar membros peludos dignos de uma fantasia de lobisomem.

Hoje, lavamos nossas mãos com frequência e normalmente nos banhamos de corpo inteiro, pelo menos, uma vez por dia. Mas como isso se compara aos costumes das pessoas comuns do Antigo Egito? Ao que parece, eles também lavavam as mãos antes e depois das refeições, porém, não existia água corrente. Em vez disso, havia mulheres que iam até o Nilo e voltavam trazendo água transbordando em jarros pesados sobre suas cabeças, possivelmente retornando várias vezes por dia para atender às necessidades dos ricos, que jamais estragariam seus encantadores penteados fazendo esse serviço. Ainda que a água não estivesse disponível ao toque de um botão, os ricos podiam exibir seus banheiros exclusivos com chão de pedra impermeável e canais de escoamento pouco profundos, nos quais eles faziam seus rápidos "banhos de gato" pela manhã e um banho de corpo inteiro ao anoitecer. No entanto, instalações mais medíocres não impediam os pobres de também ficarem limpos, e até mesmo os agricultores mais simples tinham acesso a um sabonete rudimentar feito de gordura animal e vegetal, usado para que se lavassem com baldes ou no próprio Nilo – claro, sempre de olho nos crocodilos famintos.

Normalmente, os Vales do Indo e do Nilo são merecidamente reconhecidos como os berços das gloriosas civilizações, mas, quando se trata de limpar o suor e a sujeira do dia, outra cultura da Idade do Bronze foi tão desenvolvida quanto...

LIMPO COMO UM CRETENSE

Descobertas na costa norte da ilha de Creta, no Mediterrâneo, as enormes ruínas de Cnossos compunham uma vista deslumbrante: um gigantesco complexo de 1.300 ambientes interligados e construções que teriam causado inveja até mesmo ao mais exibicionista dos oligarcas russos. Uma escala tão impressionante fez com que o primeiro escavador do local, Sir Artur Evans, surgisse com a teoria de que Cnossos era a residência cerimonial do lendário rei Minos, o infeliz guardião do Minotauro, o comedor de humanos que se escondia no centro do famoso labirinto. Evans pode até ter exagerado, mas realmente parece que a construção era um palácio cerimonial dos minoicos (batizados posteriormente em homenagem a Minos). E as ruínas do local hoje nos mostram que eles eram engenheiros geniais.

Ao entrarmos em nosso banheiro moderno, nos deparamos com duas opções: uma ducha rápida ou um longo e agradável banho na banheira, até nossos dedos ficarem enrugados. Talvez você suspeite de que a segunda opção é a tecnologia mais antiga, e estaria certo, pois as ruínas de Cnossos – sua escala vertiginosa deve ter inspirado a lenda do labirinto – abrigavam uma belíssima banheira de terracota com 1,5 metro de comprimento, datando possivelmente de 1500 a.C. Ela provavelmente ficava em meio a pias sofisticadas, em um cômodo de banho especial que drenava o excesso de água através de um buraco no chão, mas infelizmente nosso conhecimento só vai até aí. Podemos até imaginar uma elegante rainha relaxando na banheira com uma taça de vinho tinto na mão e uma vela acesa ao lado, ouvindo o equivalente da Idade do Bronze aos grandes *hits* de Lionel Richie na atualidade, mas não há qualquer evidência para reforçar uma fantasia tão encantadora.

Diferente dos egípcios, lá não era preciso buscar a água pessoalmente. Em vez disso, ela era fornecida por meio de aquedutos instalados nas colinas próximas, havendo uma grande possibilidade de que chegasse até a cidade a temperaturas variáveis. As escavações arqueológicas realizadas em Acrotíri, um vilarejo em uma ilha minoica próxima, enterrado pela erupção do vulcão Tera, revelaram que os habitantes locais haviam instalado um encanamento duplo, sugerindo que um deles era para água fria e, o outro, para a água aquecida pelas termas. Parece então que, embora o vulcão tenha aniquilado a cidade com devastadora selvageria, pelo menos antes ele havia se esforçado para ser sociável. Terrivelmente, a erupção do Tera deve ter açoitado Creta com um terrível *tsunami*, mas a ilha não desapareceu sob as ondas como a lendária Atlântida. Um culpado muito mais provável para o colapso minoico em meados do segundo milênio a.C. foi um bando de gregos saqueadores conhecidos como micênicos, os quais em breve assaltariam a famosa cidade de Troia.

E O CHEIRO DOS GREGOS?

Por ser uma espécie de ímã para desastres humanos e tendo conseguido tirar do sério o vingativo deus do mar, Odisseu* sofreu um segundo naufrágio. Exausto, pelado e machucado, ele acabou por adormecer na segurança da sombra de algumas árvores, mas foi descoberto no dia seguinte por uma jovem princesa e suas criadas, que haviam ido até a praia para lavar as roupas. Intrigado com sua salvadora real, o heroico Odisseu – um rei poderoso, mas que estava passando por uma terrível onda de azar – decidiu manter segredo sobre sua verdadeira identidade. Apesar de estar com a aparência de alguém que acabara de sair de uma luta com Mike Tyson, o cansado errante recebeu a hospitalidade do rei Alcínoo, que incluía um banho quente na bacia de cobre aquecida sobre um fogareiro. Odisseu entrou na banheira e teve seu corpo limpo e oleado pela criada da princesa, saindo como um modelo de masculinidade, *sexy* e lustroso. A princesa deu uma única olhada e pensou: "uau!" – ou qualquer exclamação arcaica equivalente a isso – e, ao final do jantar, ninguém se surpreendeu muito quando ele revelou sua verdadeira identidade. Odisseu podia até parecer um andarilho quando chegou, mas depois de um bom banho se transformou de uma pessoa comum em um super-herói, como Clark Kent tirando os óculos e rasgando a camisa.

Caso você ainda não saiba, Odisseu foi o lendário protagonista do poema épico de Homero, *A Odisseia*, a sequência do grande sucesso *A Ilíada* (alguns estudiosos questionam a existência de Homero. Talvez ele tenha sido uma figura inventada, como um Colonel Sanders poético da antiguidade). Após ter sobrevivido aos dez anos da Guerra de Troia, Odisseu toma seu rumo de volta para casa, mas sofre uma reviravolta desastrosa que o faz permanecer uma década em meio a ilhas mágicas, monstros terríveis e desnecessários casos amorosos. Sua história incrível faz com que até mesmo o enredo maluco da série de televisão *Lost* pareça um haicai rabiscado no verso de um guardanapo. No entanto, graças ao poema de Homero, temos um conhecimento fascinante dos costumes de banho da Grécia Antiga. Ainda que a possibilidade de alguma safadeza possa nos parecer óbvia, não há qualquer sugestão de que o fato de Odisseu ter sido

* Odisseu é a tradução do nome grego do personagem de Homero, mas em alguns casos ele também é conhecido como Ulisses, do latim *Ulysses*. (N.T.)

banhado por uma mulher tenha resultado em algum tipo de indecência sexual. Na verdade, o simples ato do banho tem relação com um poder transformador: o cara entra na banheira sujo, um mero mortal cansado, mas emerge como um semideus maravilhoso. Há certa lógica nisso: a limpeza era um triunfo quase religioso da pureza sobre a natureza suja do corpo, e suspeito de que os gregos teriam gostado do provérbio arcaico "*Cleanliness is next to godliness*" (que significa algo como "a limpeza e a divindade caminham juntas").

Ao avançarmos alguns séculos, chegamos ao triunfante auge da civilização grega, a Era Clássica, em meados do século V a.C. Com a cidade-estado de Atenas vivendo seu poderoso apogeu, eram poucos os que podiam receber uma massagem com óleo de uma jovem criada, mas o costume de ser banhado por outra pessoa parecia ter sobrevivido. Como esses banhos aconteciam? Será que Odisseu estava desfrutando da chance rara de tomar um agradável banho quente, ou os corpos menos ilustres também podiam se banhar em águas aquecidas? A julgar pelas ruínas antigas de Olinto, no extremo norte da Grécia, provavelmente a segunda hipótese é a verdadeira. Nessa cidade, os arqueólogos descobriram uma quantidade considerável de casas equipadas com banheiras de terracota, as quais provavelmente eram aquecidas pelo fogareiro da cozinha. Porém, elas não eram adequadas para a imersão de corpo inteiro; as pessoas se sentavam com as pernas esticadas, mas a água mal chegava na cintura.

Aqueles que tinham uma banheira possivelmente também tinham uma pia instalada na parede, chamada de *labrum*, ou um vaso alto em pedestal e sem suporte, chamado de *louter*. Assim como os egípcios com seus "banhos de gato", esses objetos supostamente eram usados no início da manhã e antes do jantar para lavar as mãos, o rosto e outras áreas malcheirosas. Mas, para uma limpeza completa, talvez a opção mais comum fosse ir aos banhos públicos (*balaneion*), famosos na pólis clássica de Atenas. Esses locais eram grandes construções retangulares com banheiras de assento individuais e rasas, semelhantes às de Olinto, instaladas em um círculo sociável para que os visitantes jogassem conversa fora enquanto um empregado os lavava com *rhymma*, uma espécie de sabonete feito com cinzas ou terra de pisoeiro. Essas banheiras eram a principal atração, mas não as únicas comodidades oferecidas. Os visitantes também podiam entrar debaixo de um chuveiro rudimentar que despejava um fio de água fria proveniente de uma grande cisterna. Ou então podiam eliminar toda a sujeira pelo suor em uma sauna, para depois mergulhar e se refrescar em uma piscina gelada.

Em Atenas, era proibido que mulheres e homens tomassem banho no mesmo local, mas o fato de que todos os setores da sociedade compartilhavam a água era um símbolo de identidade cívica. Os inventores da democracia podem ter sido lamentavelmente antidemocráticos quando alguém mencionou os direitos das mulheres, dos escravos e dos pobres sem terra, mas não sentiam nenhum tipo de repulsa moral pela ideia de se sentar pelado em uma banheira que já fora ocupada por um membro da classe inferior. Mas nem todos eram tão loucamente apaixonados pela natureza despreocupada da higiene ateniense. Em uma peça satírica do dramaturgo Aristófanes, chamada *As Nuvens*, o autor lamenta a vaidade exagerada dos rapazes que frequentavam as casas de banho e, de fato, havia certo grau de dramaticidade nesses jovens que exerciam a nudez pública lavando e oleando seus corpos tonificados. Podemos supor que isso fosse um simples exibicionismo para as moças presentes, mas, na repressiva Atenas, as mulheres mal podiam sair de casa, quem dirá lançar seus olhares para os moços pelados. Dito isso, a crítica de Aristófanes até que era sutil se comparada à indignação de seus vizinhos austeros, os espartanos, cuja sociedade militar exigia níveis de severidade quase impossíveis para os homens, as mulheres e até as crianças. Esses guerreiros, que basicamente lutavam com lobos por diversão, olhavam com repulsa para qualquer homem que se atrevesse a encher uma banheira inteira com água, quando uma simples bacia podia dar conta do recado. No entanto, esses mesmos espartanos também eram famosos por pentearem os cabelos meticulosamente antes de uma batalha..

É claro, se eu lhe pedisse para contar uma história famosa de um grego na banheira, você provavelmente falaria sobre Arquimedes, que subitamente se deu conta de como medir o peso da coroa de ouro enquanto afundava seu velho corpo em uma das banheiras públicas da ilha de Siracusa. Seu animado grito de "Eureca!" (que significa "Descobri!") ecoou pela história como a declaração definitiva de uma descoberta, mas, ao que se conta, ele também saiu correndo pelado pelas ruas, tamanha era sua satisfação. Uma divertida imagem, mas infelizmente ignorada pelos cientistas modernos. Tragicamente, a paixão de Arquimedes pela ciência foi também sua perdição. Por ter inventado diversos aparatos engenhosos para deter a invasão romana na baía e, com isso, feito com que a cidade recebesse uma defesa miserável, o gênio grego não foi capaz de impedir a entrada dos inimigos e acabou sendo terrivelmente esfaqueado por um soldado romano. Sabemos disso porque, de acordo com o escritor Plutarco, os romanos tinham planejado capturar Arquimedes vivo para fazer uso de sua mente fantástica. Eles adoravam explorar as ideias gregas para seu próprio benefício, e com o *balaneion* não foi diferente...

UM MERGULHO NOS BANHOS ROMANOS

Assim como na Grécia, os banhos romanos (*thermae*) também eram quentes. Eles usavam o *hypocaust*, um sistema de aquecimento subterrâneo no qual, entre pilares sobrepostos, um vapor superaquecido se elevava das fornalhas operadas por escravos e chegava para aquecer as salas e as piscinas logo acima. Um encanamento tão elaborado implicava que a maioria dos banhos acontecesse em temperaturas variáveis, mas o destaque das *thermae* era que absolutamente todos eram bem-vindos, embora não necessariamente ao mesmo tempo. Tradicionalmente, homens e mulheres se banhavam separados, mas, diferente dos atenienses, eles podiam frequentar a mesma instalação. Mulheres, escravos e criados tendiam a visitar o local pela manhã, enquanto os homens podiam aproveitar a tarde toda para um longo e agradável mergulho.

Não havia nenhuma regra fixa de como os banhos deveriam ser usados, mas normalmente o visitante entrava no pátio de exercícios (*palaestra*), onde se exercitava até ficar suado e sem fôlego – o que, no meu caso, levaria uns oito segundos. Depois, ele seguia para a sala de troca (*apodyterium*) e contratava um escravo para cuidar de sua toga, caso contrário, os ladrões a levariam e ele teria de voltar para casa pelado. Em seguida, entrava no átrio principal dos banhos, o aquecido *tepidarium*. De lá, poderia seguir gradualmente para as zonas de menor temperatura. Se fosse o caso, ele poderia ir direto para a sala de vapor (*sudatoria*), onde um forte vapor quente e seco abriria seus poros, e depois daria um mergulho no *caldarium*, uma sala com uma piscina quente. Nela, havia escravos para olear o corpo do visitante e raspar a sujeira com um *strigil* de ferro. Depois disso, voltava para o *tepidarium*, menos quente do que o *caldarium*, e seguia para o *frigidarium*, para um mergulho refrescante na água fria, seguido por outra sessão de oleamento e raspagem. Provavelmente, não preciso dizer que nossa ducha de cinco minutos é um pouquinho mais rápida do que um banho romano.

Hoje tendemos a ser mais reservados em nossos hábitos de higiene, fechando a porta do banheiro para nos isolarmos até mesmo de nossos familiares, mas os romanos formavam um grupo bastante sociável e gostavam de fazer tudo às claras. Os banhos eram frequentados por centenas de pessoas nuas, e, além de funcionarem como estações de limpeza, as *thermae* também eram um centro de socialização onde as pessoas iam para fofocar com os amigos, firmar relações com parceiros de trabalho ou até mesmo para se isolar em um canto e aproveitar um pouco de sossego. Ir aos banhos romanos era como combinar a academia, um mergulho relaxante, um tratamento de *spa* e um bate-papo amigável num café, tudo isso rodeado de um desfile de genitais.

Considerando-se que os banhos ficavam em construções comunitárias destinadas ao benefício das massas, havia um prestígio óbvio em patrocinar um presente público tão generoso, e algumas das casas de banho eram verdadeiramente surpreendentes em termos de escala, visando glorificar ainda mais seus generosos patrocinadores. Os Banhos de Caracalla, criados no início do século III, podiam abrigar confortavelmente 1.600 pessoas, e a casa principal, localizada no centro do enorme complexo, tinha o dobro do tamanho de um campo de futebol americano. O local também abrigava duas bibliotecas lindamente decoradas para os textos gregos e latinos, levando a leitura no banheiro a um novo patamar.

Uma estrutura tão grande nos revela como o banho se integrava à sociedade romana. De muitas formas, ele definia a identidade do povo, pois para todo lugar que o império fosse, os banhos o seguiam de perto como um cachorrinho fiel acompanhando seu dono. Embora os Banhos de Caracalla fossem um grande feito da engenharia, em outros locais o tamanho não importava tanto quanto a intenção: a higiene era fundamental para o processo de civilização, além de uma campanha de publicidade para atrair os rudes e assustadores bárbaros a adotarem o estilo de vida romano. Mas só porque o acesso à água era um direito essencial de todo cidadão e escravo, não significa que ela era distribuída igualmente. No século I, a água fluía para Roma através de aquedutos e era dividida hierarquicamente: 10% para o imperador, 40% para aqueles que podiam pagar pelos seus impostos e os 50% restantes para as instalações de banho comunitárias, os recipientes de armazenamento e as fontes. Isso significa que os pobres não tinham água corrente em casa, portanto, precisavam pegá-la nas ruas. Ainda assim, não precisavam andar muito: no auge, Roma tinha cerca de novecentas casas de banho à disposição.

A LIMPEZA E A DIVINDADE...

Quando garoto, a curiosidade natural de Bindeshwar Pathak o deixou em maus lençóis. Perto dele havia um "intocável", isto é, uma pessoa da casta mais baixa da Índia, que, segundo se acreditava, havia nascido naturalmente suja. O garoto, que um dia se tornaria um grande sociólogo e um ativista pelo saneamento, não pôde se conter e acabou tocando o estranho. Ainda que sua pele não tenha derretido como a do vilão nazista de *Os Caçadores da Arca Perdida*, ele agora estava contaminado. Horrorizada ao saber o que seu neto havia feito, a avó de Pathak o forçou a cumprir um ritual de purificação para limpar seu corpo. Mas essa limpeza não era como a nossa. Sua cura era fazer gargarejo com a urina e o excremento de uma vaca...

No hinduísmo, a vaca é um animal sagrado, por isso, a despeito das evidências científicas que afirmam o contrário, seus dejetos também são sagrados. Pode parecer estranho que o antídoto para o simples toque em um camarada seja algo aparentemente muito, muito mais sujo. Mas isso é o curioso da higiene, ela é uma construção cultural. Na antiga Terra Santa, os israelitas derramavam sangue, *hatat,* de um animal sacrificado para limpar o santuário e purificar os altares divinos, mas isso não significava que *todo* tipo de sangue era limpo. Uma mulher judia não podia ter relações sexuais até que se passassem sete dias do fim de sua menstruação e ela tivesse se purificado em uma banheira sagrada chamada *mikveh.* Essa banheira também era usada como pia batismal para os novos convertidos, ou para desinfetar louças e utensílios comprados de não judeus – algo como uma espécie de lava-louças sagrado.

O *mikveh* é apenas um exemplo cultural de como a limpeza podia ter um imenso efeito de purificação, não apenas para o corpo, mas também para a alma. E o poder da água nesse processo é central para quase todas as principais religiões do mundo, exceto para uma delas. Os antigos gregos pagãos lavavam as mãos antes das orações e seus corpos antes do casamento, os hindus se banhavam no sagrado Rio Ganges para se livrar das impurezas, o budismo e o xintoísmo também declararam a água como parte fundamental da higiene, assim como o islamismo. Mas e o cristianismo? Bom, aí a história é um pouco diferente...

O cristianismo passou por uma rápida ascensão, deixando de ser um pequeno culto para se tornar a religião oficial do estado em um período quando os banhos públicos eram, como vimos, parte integrante do Império Romano. Mas os primeiros pensadores cristãos viam a prática como um ato depravado, embora, no começo, fizessem uma oposição bastante tranquila. Clemente de Alexandria, um cristão moderado do século II, afirmava que havia quatro motivos para ir a uma casa de banho: prazer, calor, saúde e limpeza. Desses, declarou que apenas os dois últimos eram permitidos para os cristãos. Para ele, não havia problema em se lavar, desde que você não sentisse prazer com isso e não ficasse olhando para todos aqueles peladões. Mas o talismânico São Jerônimo não estava disposto a aceitar nada disso. Tendo vivido em grande parte no século IV, ele estava lá para ver o Império Romano à beira de um colapso, e teria ficado feliz da vida ao ver as famosas casas de banho em decadência.

Aos seus olhos, a água quente incitava a luxúria na região da virilha e estimulava a vergonha dos virgens, mas, mais do que isso, ele não via razão para que qualquer cristão se banhasse em público. Sua frase de efeito para os homens, "Aquele que foi banhado em Cristo não precisa de um segundo banho", espelhou-se no conselho de sua amiga Santa Paula de Roma para as moças virgens: "Um corpo limpo e um vestido limpo são o mesmo que uma alma suja". Por mais estranho que nos possa parecer, tomar banho era o mesmo que cometer o pecado do orgulho e da vaidade. Os escritos de São Jerônimo, em especial sua tradução da Bíblia para o latim, tiveram grande influência no início do cristianismo, assim como seu afastamento da vida pública. Os devotos tentaram imitar Cristo no deserto, transformando a existência em uma batalha espiritual contra até mesmo os confortos mais básicos. Alguns se distanciaram tanto da sociedade que mal chegavam a ver outras pessoas.

O verdadeiro campeão em solidão foi, definitivamente, São Simeão Estilita, o Antigo, que ficou tão enfurecido com os novos cristãos lhe questionando sobre a fé que viveu 37 anos sobre uma pequena plataforma a 15 metros do chão, como uma espécie de precursor arcaico de David Blaine. Mas a maior parte dos devotos acabava nos mosteiros, onde códigos de conduta eram estabelecidos para regular o comportamento, inclusive em termos de banho. São Benedito, fundador da Ordem Beneditina, permitia banhos ocasionais: "Que os banhos sejam permitidos aos doentes sempre que necessário; mas que sejam apenas raramente permitidos aos sadios, e especialmente aos jovens". Assim, a maioria desses monges provavelmente dava um mergulho na banheira apenas nos períodos santos de Páscoa, Natal e Pentecostes. Para o resto do ano, bastava uma pequena bacia de água fria.

Essa prática de acumular sujeira sagrada era conhecida como *alousia*, mas, enquanto ela se tornava a demonstração máxima de santidade para os cristãos, os muçulmanos a consideravam um hábito repugnante. O profeta Maomé havia declarado a limpeza como "metade da fé", então os rituais de lavagem tornaram-se cruciais para o dia a dia de todos os muçulmanos, começando pelas abluções *wudhu*, realizadas antes das cinco orações diárias, na qual limpavam mãos, boca, nariz, rosto, braço direito, braço esquerdo, cabelos, orelhas, pé direito e pé esquerdo. Esse protocolo detalhado também era – e ainda é – realizado após as visitas ao banheiro ou qualquer eliminação de fluidos corporais considerada não higiênica, por exemplo, um corte sangrando. Mas a maior contribuição do islamismo para a higiene foi ampliar a tradição romana dos banhos públicos com seus gloriosos *hammams*, ou, como são mais conhecidos, os banhos turcos a vapor.

Neles, era possível tomar o banho de imersão total, ou *ghusl*, restaurando a pureza do corpo após o sexo, a menstruação ou qualquer outra causa de impureza. Já no século IX, Bagdá estava transbordando com 1.500 casas de banho individuais, seiscentas a mais do que Roma no auge do império. Isso mostra como a boa higiene era fundamental para o dia a dia da sociedade islâmica. Assim como com os gregos e romanos, o costume religioso ditava que os homens e as mulheres tomassem banho separadamente, e também era assim entre os judeus e os muçulmanos. Mas a fé islâmica também proibia rigorosamente a nudez pública, de forma que a libertinagem, tão desprezada por São Jerônimo, não voltou a surgir. Fora dessa restrição, o banho era recomendado a todos, e as crianças e os servos não pagavam taxa de entrada. Isso garantia que a população em geral estivesse sempre limpa.

A TODO VAPOR

Esta manhã, decidimos tomar uma rápida chuveirada, em vez de um demorado banho de banheira. Ao entrarmos debaixo da ducha quente, ensaboamos nosso corpo, e o calor pouco a pouco vai acordando nossa mente sonolenta, nos preparando para o dia que vamos enfrentar. Mas, se quiséssemos um calor ainda mais opressivo, do tipo que faz seu cabelo grudar no rosto, bastava irmos para a academia e aproveitarmos uma sauna. Com isso, estaríamos seguindo um costume arcaico.

Já sabemos que os *hammams* faziam um bom uso do vapor, e ainda o fazem por todo o mundo, mas os *vikings* do norte gelado também eram adoradores de uma sauna ardente. Estamos acostumados a vê-los como bárbaros imundos, determinados a estuprar, saquear e incendiar tudo o que vissem pela frente, sem qualquer motivo aparente, mas eles eram, na verdade, uns neuróticos por limpeza, determinados a estuprar, saquear e incendiar tudo o que vissem pela frente, sem qualquer motivo aparente. Supostamente, os homens saíam todos os sábados para um bom banho (o dia que eles chamavam de "*laudag*", ou "dia de lavar"), um costume que os homens saxões achavam muito estranho e de que as mulheres saxãs gostavam bastante (por motivos óbvios). Os mercadores e mercenários do povo *Rus* sueco, que se dirigiu para a Rússia e chegou a Constantinopla, se limpavam com ainda mais vigor e, segundo o emissário islâmico Ibn Fadlan, seus rostos e cabelos eram lavados todos os dias por jovens criadas.

Os *vikings* foram os primeiros europeus a descobrirem a América do Norte, cinco séculos antes de Colombo ter tropeçado no continente, mas eles passaram a maior parte de sua breve estadia em Terra Nova lutando com os vizinhos, em vez de documentarem seu estilo de vida. Se apenas tivessem feito amigos, ao invés de inimigos, talvez percebessem que aqueles indígenas também eram grandes fãs de uma sessão de suor terapêutica. De fato, segundo o viajante holandês David De Vries, do século XVII, as tribos algonquianas da costa do Atlântico usavam os banhos a vapor (*pesapunck*) para purificar seus corpos de doenças, sujeira e impurezas. Ele descreveu essa cabana de vapor como um pequeno forno de madeira coberto de argila, construído perto de lagos e rios para que as pessoas pudessem sair correndo do calor e se lançassem na água fresca – o que não parece tão diferente da prática romana de mergulhar no *frigidarium*.

Em uma charmosa e menos violenta continuação do encontro medieval entre os *vikings* e os nativos americanos, dois navios cheios de colonizadores finlandeses e suecos surgiram no vale do Rio Delaware, em 1638. Embora suas embarcações e casas não viessem pré-montadas e embaladas (acabando assim com a minha tentativa clichê de criar uma piada com a IKEA), eles tiveram a decência de cumprir com, pelo menos, um estereótipo escandinavo. Seus vizinhos nativos ficaram muito contentes em testemunhar a criação de uma sauna, declarando alegremente que os recém-chegados também eram "homens da cabana de vapor", assim como eles. Enquanto isso, do outro lado do mundo, um grupo de mercadores europeus – os holandeses – faziam visitas regulares ao Japão, onde a cultura também prezava por uma boa limpeza. Esses viajantes descobriram que os habitantes da ilha aproveitavam sua herança vulcânica para se banhar com frequência nas fontes termais, chamadas de *onsen*, ou em seus banhos públicos, chamados de *sento*.

Então, da próxima vez que você visitar uma sauna, lembre-se de que está participando de uma tradição bastante antiga e intercontinental.

AS CRUZADAS DA LIMPEZA

Quais você acha que eram os princípios fundamentais para tornar-se um cavaleiro medieval? Atletismo, coragem, habilidade em equitação? Sim, sim e sim. E o que mais? Bem, os cavaleiros precisavam ser bastante religiosos e, no entanto, não se preocupar nem um pouco com a possibilidade de apunhalar outro humano no meio da cara. Isso é difícil, mas, aparentemente, possível. Eles também deviam estar dispostos a lutar pelo rei, independente da causa, e ainda ter as virtudes da honestidade, cortesia e misericórdia para com os mais vulneráveis – o que provavelmente achavam mais difícil do que a questão da ultraviolência. Ah, claro, e uma última coisa: supostamente, precisavam ter testículos limpos.

Após muitos séculos celebrando a imundice religiosa nos mosteiros e tolerando o fedor cívico tanto da plebe como dos lordes, algo um tanto surpreendente aconteceu no Ocidente durante o século XII. Embora seja um período controverso na história cristã, a reivindicação das Cruzadas para recuperar a Terra Santa do controle islâmico teve o efeito involuntário de apresentar a milhares de soldados imundos os benefícios de não feder como um cachorro morto apodrecendo na cova. No fim das contas, até que os *hammams* pareciam uma boa ideia, e os cavaleiros, em particular, perceberam suas vantagens. Eles eram unidos pelo Código Cavalheiresco, que dava grande ênfase ao tratamento romântico das mulheres, então não demorou muito para que a literatura refinada começasse a rejeitar a nojenta *alousia* em favor de uma higiene mais nobre: mãos sujas, unhas encardidas, axilas suadas e genitais malcheirosos passaram a ser considerados inadequados para um primeiro encontro.

Claro, não eram apenas os rapazes que estavam recebendo essas sugestões de higiene íntima. A *Trótula*, um compêndio medieval da ginecologia, aparentemente compilado por uma médica italiana, orientava as moças bem-criadas a respeito de todas as formas de asseio, inclusive sobre como lidar com o mau-cheiro da vagina e os piolhos púbicos, recomendando que suas partes íntimas fossem lavadas com adstringente aromatizado e tratadas com uma mistura de cinzas e óleo. O fato de os cavaleiros e as donzelas estarem limpando suas partes "secretas" era obviamente um passo na direção certa, mas, e as massas que trabalhavam no campo e nas cidades? Bom, seu cheiro nocivo também estava se tornando um problema gravíssimo. Tomás de Aquino, o brilhante teólogo do século XIII, era um forte defensor do costume do Oriente Médio de usar incenso de purificação. Era uma metáfora cheirosa para a graça divina de Deus, um lembrete do paraíso celestial que aguardava os mortais bem-comportados. Mas também demorou um pouco para desinfetar a congregação reunida que inevitavelmente exalava um odor semelhante ao traseiro de um javali.

Então, qual seria a solução para o problema dos pobres sujinhos? Banhos, é claro! Rejeitando as proibições de São Jerônimo, as versões medievais do *hammam* islâmico logo se espalharam por toda a Europa cristã. No entanto, essas casas de banho não eram usadas todos os dias e existiam em pouca quantidade, se comparadas a Bagdá. Nos anos 1290, Paris contava com apenas 26 casas, o que sugere que boa parte das classes inferiores provavelmente não via "a cara" do sabonete durante vários meses. Mas o que faltava em capacidade, elas compensavam em nudez. Aproveitando muito da reputação de lazer das *thermae* arcaicas, as casas de banho inglesas receberam o apelido impróprio de "*stews*",* o que quase

* O termo "*stews*" do inglês, entre outras coisas, pode se referir a um distrito de bordéis, por isso a conotação sexual de que fala o autor. (N.T.)

instantaneamente sugeriu uma conotação sexual. Isso talvez tenha sido inevitável, dado que os banhos mistos eram permitidos. Na verdade, não era tudo uma esquisitice sórdida, pois casais endinheirados podiam desfrutar de uma refeição romântica na banheira enquanto o equivalente medieval a uma banda de *mariachi* os brindava com uma serenata. Se isso parece um tanto inocente para você, espere para saber a história toda...

Embora as mulheres casadas protegessem seu pudor com véus, os homens solteiros podiam relaxar com mais do que bolhas ao serem lavados pelas jovens criadas solteiras, muitas das quais supostamente estavam dispostas a ir além de esfregar axilas fedidas. O estudioso humanista italiano, Gian Francesco Poggio Bracciolini, observou em suas viagens que os banhos de Baden, na Alemanha, eram muito liberais em termos de moralidade: "Se o prazer pode fazer um homem feliz, este lugar certamente possui todos os requisitos para a promoção da felicidade". Os moralistas ficaram ofendidos ao descobrir que na Alemanha e na Suíça a nudez frontal era uma norma aceita para banhistas de ambos os sexos e que eles dificilmente eram mantidos separados. Assim, embora seja difícil saber exatamente o nível de libertinagem nos *stews*, podemos supor que houvesse o suficiente para garantir uma série dramática na HBO.

As casas de banho já haviam caído em desgraça uma vez, mas, assim como uma banda de *rock* antiga que volta da aposentadoria, elas também haviam tido um retorno triunfal. Mas essa reaparição durou muito pouco. Quando a Peste Negra varreu a Europa sem dó nem piedade, nos anos 1340, aniquilando algo em torno de 30% da população continental, o medo do contágio levou a uma rigorosa repressão dos banhos comunitários. Pouco tempo depois, até mesmo o banho privado acabaria descendo pelo ralo, enquanto uma nova tendência dava as caras.

A ERA DO LINHO

No século XVI, a rainha Elizabeth I, da Inglaterra, instalou uma enorme sauna em seu palácio e declarou publicamente que tomava banho todo mês, provavelmente durante a menstruação, quer "precisasse ou não" – uma frase de certo modo redundante para os padrões modernos. Para não ficar para trás, sua prima, Maria, rainha da Escócia, também levantou uma sauna no Palácio de Holyrood, mas seus padrões de higiene não foram passados ao filho, o rei Jaime VI, que assumiu o trono ainda criança, quando a mãe foi forçada a abdicar e sair da Escócia por ter um gosto inacreditavelmente terrível para homens. E quero dizer muito, muito ruim mesmo: seu primeiro marido morreu de uma infecção no ouvido, o segundo assassinou brutalmente seu secretário particular, e o terceiro foi quem provavelmente assassinou o segundo...

Embora ainda faltassem 20 anos para que Maria fosse decapitada a mando de Elizabeth, em sua ausência materna, o pequeno Jaime já havia desenvolvido alguns hábitos não muito encantadores. Em 1603, quando incluiu o cargo de rei da Inglaterra em seu já impressionante currículo, Jaime já havia abandonado completamente o costume de lavar o corpo e optado por esfregar os dedos vagarosamente em uma bacia com água. Essa não era uma peculiaridade dele, mas a resposta a uma nova orientação médica combinada com a promoção de um tecido incrível na Europa: o linho. No início do século XVII, quando ele estava dando o melhor de si para não ser destruído pelo conspirador católico Guy Fawkes, os pensadores franceses começaram a afirmar que os banhos eram desnecessários porque o linho era uma alternativa melhor e mais limpa. A prática do negócio era simples: troque sua camada externa regularmente e não haverá necessidade de lavar o que há debaixo dela.

Mas a popularidade dessa revolução da roupa também foi motivada por uma estranha nova crença que metia mais medo nas pessoas do que andar de patins no meio do trânsito. Os cientistas disseminaram a ideia de que a função da pele era proteger o corpo, produzindo secreções vitais que bloqueavam os poros e impediam a entrada de substâncias nojentas. Logo, entrar em uma banheira removeria essa camada de proteção e, portanto, podia causar tonturas, enjoos e fazer com que os músculos ficassem flácidos e inúteis. As pessoas tinham medo até mesmo de que mulheres grávidas pudessem dar à luz prematuramente se entrassem em uma banheira, como se o útero pudesse relaxar subitamente, permitindo que o feto escorregasse para fora.

Para prevenir uma tragédia tão bizarra, um eminente polímata inglês desenvolveu um complexo banho de segurança. Francis Bacon – que posteriormente viria a sofrer uma das mortes mais estranhas da história ao pegar hipotermia enquanto recheava um frango com neve – inventou um processo de banho de 26 horas, que fazia os humanos parecerem uma cerca de jardim que precisa de um tratamento com creosoto. Aqui vai um breve resumo de sua técnica extraordinária, caso você queira tentar em casa:

1. **Esfregue o banhista com óleo.**
2. **Envolva-o com um tecido impermeável impregnado com resina, mirra, perfume e açafrão.**
3. **Banhe-o por duas horas enquanto ele está vestido com essa roupa de proteção.**
4. **Esvazie a água da banheira, mas certifique-se de que a pessoa permaneça com a roupa por mais 24 horas.**
5. **A pele parece dura e os poros, fechados? Ótimo! Vá para o próximo passo.**
6. **Retire a roupa da pessoa e revista a pele com óleo, açafrão e sal.**
7. **Parabéns, você acabou de impermeabilizar seu primeiro ser humano!**

Isso se parece menos com medicina preventiva e mais com uma receita elaborada de como marinar um frango assado, mas o banho quente não estava completamente banido. Às vezes, ele podia ser receitado por médicos ansiosos em busca de uma cura quando outros remédios já haviam falhado, mas ainda era visto como um procedimento altamente arriscado. Antes que os pacientes pudessem fazer algo tão perigoso como se sentar em uma banheira com água quente, seus corpos eram tratados com purgações nauseantes e enemas de cólon. Só então ganhavam autorização para se lavar, mas sob um cuidadoso monitoramento médico. Considerando que haviam acabado de eliminar fluidos contaminados por ambas as extremidades, o banho seria, de qualquer maneira, fundamental.

Em 1610, o rei Henrique IV da França mandou buscar seu ministro das finanças, o Duque de Sully, mas o mensageiro acabou encontrando o ministro chafurdando numa banheira. Ao saber dessa notícia preocupante, o rei entrou em pânico e ordenou que Sully não saísse de casa em hipótese alguma – a vulnerabilidade do ministro era tamanha que o rei poderia esperar. É impossível imaginarmos os líderes políticos modernos cancelando uma reunião de gabinete cada vez que um ministro toma um banho, mas isso representa bem o pavor genuíno das possíveis traições da água no século XVII. Com os banhos novamente banidos da sociedade, os franceses em especial adotaram a revolução do linho ao pé da letra, ignorando orgulhosamente o progresso higiênico de seus antepassados. O filho de Henrique IV, o rei Luís XIII, seguiu as pegadas imundas do pai e proclamou triunfante: "Sigo os passos de meu pai, tenho cheiro de sovaco". O ilustre rei Luís XIV chegou a concordar em instalar banheiras em Versalhes, mas estava relutante em usá-las. Já sua cunhada, a Princesa Palatina, achou que seria importante registrar em seu diário que fora forçada a lavar o rosto com água após uma poeirenta viagem de carruagem.

Não era apenas a aristocracia francesa que cultivava uma crosta de sujeira. A sofisticada inglesa lady Mary Wortley Montagu foi quase que heroicamente imunda, com seus cabelos visivelmente sujos e oleosos. Quando alguém era corajoso o suficiente para comentar sobre suas mãos emporcalhadas, ela replicava notavelmente: "O que você diria se visse meus pés?". Essa mulher de língua afiada introduziu de maneira memorável uma forma inicial de varíola na Grã-Bretanha, embora devamos aplaudir sua confiança atrevida. Mesmo assim, você provavelmente não gostaria de compartilhar a carruagem com ela em um dia quente de verão.

QUANDO A ÁGUA QUENTE VOLTOU

Se os reis e as rainhas tinham cheiro de suor misturado com perfume, e fugiam aterrorizados da possibilidade de lavar seus rostos, por que hoje gostamos tanto de lavar nossos corpos? Bem, no século XVIII, o jogo virou outra vez com uma forte dupla de ideias novas que chegaram para desmistificar essa curiosa cultura da sujeira. Primeiro, a antiga teoria de vedar os poros foi descartada. Os médicos especialistas começaram a explicar que, em vez de serem falhas vulneráveis do sistema humano, os poros, na verdade, eram pequenas válvulas que filtravam o ar bom e o ruim, portanto, era fundamental mantê-los desobstruídos.

Aliada a esse novo pensamento científico, havia uma nova postura em relação à água fria, fazendo com que filósofos como John Locke e o médico Sir John Floyer promovessem a importância de um mergulho no rio, alegando que o "regime de frio" revigorava o corpo e o deixava mais resistente para as diversas pancadas da vida. Isso também harmonizava muito bem com o naturalismo florescente apoiado por Jean Jacques Rousseau e pelos metodistas ingleses radicais, cujo líder, Charles Wesley, popularizou a expressão *cleanliness is next to godliness*, que significa: "a limpeza é o caminho mais próximo para a redenção". Se a água era parte fundamental do mundo natural, como ela poderia ser algo ruim?

Tendo sido primeiro um recurso útil para se limpar, depois uma ameaça terrível à saúde humana, a água agora era considerada uma cura terapêutica. Passou a ficar cada vez mais comum as pessoas abastadas irem ao litoral para nadar e beberem água de fontes naturais em lugares como minha terra natal, Royal Tunbridge Wells. O turismo médico transformou-se em um grande avanço econômico e a água tornou-se um produto milagroso. Mas, mais importante que isso, não foi apenas a água fria que recebeu o sinal verde. Napoleão Bonaparte muitas vezes tramou a conquista da Europa enquanto relaxava languidamente dentro de sua banheira particular com água quente. Isso provavelmente deu-se em função da influência da expansão colonial europeia para a África, a Ásia e o Oriente Médio, novamente lembrando as pessoas dos benefícios dos *hammams*. Supreendentemente, a encardida lady Mary Wortley Montagu ficou fascinada pelos banhos turcos ao viajar para o exterior; além disso, o empreendedor indiano Sake Dean Mahomet apresentou-lhe as tradicionais saunas e massagens capilares com *champu*, pelo que recebeu do rei George IV a alcunha de "cirurgião do xampu".

Assim, a água quente havia voltado e, após uma ausência de mais de dois milênios, as banheiras domésticas gregas e minoicas puderam retornar para as casas que, em breve, precisariam ter um cômodo especial para abrigá-las.

O BANHEIRO VITORIANO

Em 1851, Charles Dickens, já extraordinariamente famoso, foi forçado a mudar de casa depois de seu contrato de aluguel ter vencido mais cedo do que ele esperava. Irritado pela inconveniência, decidiu que se mudaria para uma grande casa em Tavistock Square, em Londres, e a transformaria em sua morada perfeita. Mas ele achou o processo de reforma absurdamente frustrante, conforme revelado pelas inúmeras cartas desesperadas que escreveu para seu cunhado, Henry Austin, responsável por supervisionar o processo. Todos os cômodos seriam reformados e, em uma de suas cartas mais fascinantes, Dickens anexou "um elegante desenho" de seu chuveiro ideal, escrevendo: "Não me interessa um chuveiro morno. O que quero é um chuveiro frio da melhor qualidade, com água ilimitada, de forma que eu só precise puxar a cordinha para tomar todo o banho de água fria que desejar".

A limpeza era importante para um escritor neurótico, mas ele também era um crente convicto dos poderes de cura da água fria. Dickens havia acabado de participar da "clínica" de Malvern do doutor James Gully, cujas técnicas hidroterapêuticas consistiam em envolver celebridades influentes em cobertores molhados e afundá-las em banheiras geladas até que seus problemas de saúde crônicos melhorassem. Assim, ávido por se manter limpo e determinado a chocar seu corpo com uma condição extrema através de jatos congelantes diários, Dickens decidiu reconstruir a clínica em sua própria casa.

Ele tinha boas condições financeiras, mas não era a única pessoa que estava investindo em encanamentos sanitários. Visando imitar amantes do banho da realeza, como Napoleão e Josefina, em meados do século XIX, os novos endinheirados das classes médias começaram a instalar banheiras portáteis de estanho ou madeira em suas sofisticadas residências. No início, elas eram apertadas nos cantos dos quartos, mas, como Dickens descobriu, logo foi possível criar cômodos sob medida, destinados inteiramente às práticas de higiene. Esses banheiros eram adornados com um aparato "tudo em um" de banheira e ducha, pias com torneiras de água quente e fria, e vasos sanitários – todos alimentados por um sistema central que fornecia água por uma cisterna. Parece familiar?

Mas nem todas essas conveniências modernas foram perfeitamente práticas desde o início. Embora o chuveiro de Dickens (apelidado de "O Demônio") tivesse uma instalação permanente, o primeiro chuveiro moderno foi lançado em 1767, em um projeto de William Feetham. Ele continha uma bomba que levava água para um recipiente acima da cabeça do usuário e que podia ser ligado com o simples puxão de uma corrente. Surpreendentemente, alguns desses modelos eram portáteis e dispunham de rodinhas, podendo ser transportados para lá e para cá. Assim, os usuários precisavam se lembrar de travá-lo no lugar durante o uso; caso contrário, poderiam acabar deslizando pelos corredores. Entre os outros artefatos curiosos estavam as saunas particulares, que consistiam de caixas fechadas para envolver o corpo inteiro, exceto a cabeça, como uma espécie de sarcófago dorsal cheio de vapor.

Mas certamente a invenção mais estranha era o *velodouche* vitoriano, um chuveiro operado por pedal, preso a uma bicicleta e que, paradoxalmente, fazia com que o usuário suasse para ficar limpo, já que o chuveiro só soltava água enquanto a pessoa estivesse pedalando. No entanto, aparentemente isso não era visto como um problema pelos proprietários vitorianos. O livro *Os hábitos da boa sociedade: um manual para donzelas e cavalheiros** recomendava que os homens comuns fizessem dez minutos de exercício pelados imediatamente após o banho com a finalidade específica de suar copiosamente. Curiosamente, tentei experimentar a tática em casa, mas a reação de minha mulher à transpiração pós-banho foi um nariz torcido e a orientação: "Vá tomar outro banho!".

Dickens adorava a água fria revigorante, mas a maior inovação para a classe média foi a possibilidade de aquecer a água automaticamente, sem precisar que os criados arrastassem baldes do fogão para a banheira. No entanto, essa novidade não vinha sem riscos. A água podia ser aquecida através de um fogareiro a gás colocado debaixo da banheira, mas, se ele fosse muito pequeno, o banho demorava séculos para esquentar, e, se fosse muito grande, havia o sério risco de a água ferver. Na verdade, houve muitos casos de escaldadura agonizantes, e até mesmo fatais, atribuídos a pessoas que entraram em banheiras quentes o suficiente para preparar um ovo cozido. E, como se isso não fosse perigoso o suficiente, o gás também podia ser fatal. Benjamin Waddy Maughan, um pintor de ofício, inventou o gêiser em 1868. Esse aparato passava pequenos jatos de água fria por um gás superaquecido, produzindo assim uma torrente de água quente. A ideia era boa, mas, se o gás vazasse, o artefato explodia.

Uma solução mais comum para enviar água quente para vários cômodos era instalar uma grande caldeira no andar térreo, a qual seria aquecida pelo fogão. Isso também era extremamente perigoso – algo que parece recorrente nos aparatos domésticos do século XIX –, pois o "sistema de tanque" era posicionado no reservatório de água no telhado, em vez de ao lado da caldeira. Isso podia fazer com que o vapor de alta pressão se acumulasse nos canos, literalmente estilhaçando a caldeira e esmagando a casa. Se isso acontecesse, não seria preciso chamar o encanador, mas sim a casa funerária. No entanto, claramente os casos fatais eram

* Não há referências em português a este livro. Seu título original era *The Habits of Good Society: A Handbook for Ladies and Gentleman*. (N.T.)

poucos para dissuadir a maré de pessoas que estavam optando por se lavar em casa. Além disso, um novo setor estava por vir, jogando sobre nós uma infinidade de novos produtos para o banheiro...

AS DURAS VENDAS DO SABÃO MOLE

Depois de lavarmos os cabelos e soltado a voz com *I Will Survive*, pegamos o sabonete com cheirinho de fruta e o espalhamos por nossa pele, limpando a sujeira e substituindo-a pela deliciosa essência de goiaba. Esse, aparentemente, é um jeito bastante moderno de se lavar. Desde a Idade do Bronze, a maioria das pessoas esfregava o corpo com pouco mais do que água e ervas, ou sabonete feito de cinzas e gordura animal. De fato, no antigo Mediterrâneo, a palavra "sabonete" referia-se a um tipo de tinta celta para o cabelo, e os romanos e gregos preferiam passar óleo pelo corpo e depois raspar o resíduo, em vez de lambuzar a pele com sebo e cinzas queimadas. O sabonete duro feito de azeite de oliva foi uma invenção dos islâmicos medievais, entrando na Europa pela Espanha dos mouros, e por isso conhecido como "sabonete de Castela".

Mas esse ainda era um item de luxo do século XII, até que a industrialização em massa do século XIX finalmente possibilitou que produtos comercializados fossem oferecidos a preços mais baixos. Na Grande Exposição de Londres, de 1851, os sabonetes apareceram em abundância, e alguns deles eram extremamente perfumados, uma novidade bastante sedutora na época. Era um fato preocupante, no entanto, que alguns deles tivessem produtos químicos descolorantes, como arsênio e chumbo, para branquear a pele até deixá-la fantasmagórica. Mas o premiado sabonete Pears era muito menos abrasivo, feito com glicerina e óleos naturais, e até hoje (a menos que tenha desaparecido desde que escrevi isso) é a marca mais antiga em constante comercialização da história, tendo sido fundada em 1789 por um cabelereiro chamado Andrew Pears.

O extenso catálogo de sabonetes apresentados na Grande Exposição revela a concorrência pesada entre os fabricantes já naquela época. Mas, em 1898, um sabonete de alta qualidade, combinando óleo de palma e azeite de oliva – e que agora já não existe mais por conta de um infeliz acidente de fabricação – foi introduzido no mercado e acirrou ainda mais a competição. O nome da marca era Palmolive, e seus produtos começaram a vender como água (ou, melhor dizendo, como sabonetes), dando início a uma guerra feroz entre as corporações, visto que todos haviam percebido a mina de ouro a ser explorada por conta da obsessão vitoriana com a limpeza.

Buscando expandir a linha de produtos, essas empresas começaram a visar os suados crônicos que precisavam de uma solução para suas fétidas axilas. Assim, por volta de 1880, os primeiros desodorantes apareceram no mercado. Seu funcionamento era bastante simples, tentando fechar os poros com cera, de forma semelhante ao bizarro banho de segurança de Francis Bacon. O verdadeiro avanço só aconteceu em 1907, quando um cirurgião inventou seu próprio desodorante químico baseado no cloreto de alumínio. Depois de batizá-lo como Odorono, como em "*odour, oh no!*" ("odor, oh não!"), ele permitiu que sua filha, uma jovem sagaz, comercializasse o produto exclusivamente para as mulheres. Mas o golpe de mestre da moça foi usar a publicidade voltada para o terror social da vergonha.

Foi uma campanha brutal, um dos primeiros usos de pressão paranoica pelo marketing, e as revistas que continham as propagandas relataram que assinantes do sexo feminino cancelaram suas assinaturas, indignadas com aquela chantagem emocional. No entanto, as vendas do Odorono subiram e logo outros anúncios começaram a fomentar curas milagrosas para mulheres ansiosas, ainda que nenhum deles tivesse surgido com frases de efeito tão maravilhosamente monstruosas como o *slogan* de 1926: "A horrorosa mancha sob os braços de uma mulher pode significar que ela simplesmente não se encaixa"; e a imagem de 1934, com uma mulher esfregando as próprias axilas e a legenda: "A mulher que ninguém quer ser". Uma publicidade tão sutil quanto uma tijolada na cabeça, mas que funcionou perfeitamente bem.

Conforme o século XX avançava, as "duras vendas" continuaram e batalhas épicas foram travadas pela lealdade dos consumidores. A repercussão mais óbvia foi o nome "*soap opera*" dado às novelas de televisão por conta do domínio total das propagandas de sabonete, que eram transmitidas durante esses programas populares. Um resultado mais sutil foi a drástica mudança no comportamento humano em relação não apenas à limpeza, mas à identidade sensorial artificial. As pessoas que antes cheiravam a suor e sujeira – o fedor insuportável da humanidade urbana, ou mesmo dos presunçosos reis franceses – agora davam às próprias mãos o toque suave de lavanda e, aos cabelos, o aroma doce das essências de coco e jojoba. Nossos corpos tornaram-se anúncios de produtos de beleza, a tal ponto que já nos esquecemos de qual é nosso cheiro natural por baixo de todos esses cremes, esfoliantes, hidratantes, desodorantes e xampus.

Sempre que minha mulher sai do banho, seu cheiro é como se Willy Wonka tivesse criado uma fábrica de chocolates no meio de uma floresta tropical: uma mistura de hidratante de manteiga de cacau e xampu cítrico. Isso me deixa levemente tonto e, estranhamente, com um pouco de fome. Acredito que a ironia da situação seja o fato de que lavarmos nosso corpo com água e lambuzarmos nossa pele com uma camada de extratos aromáticos de frutas e plantas é exatamente como os chimpanzés mascaram seu mau cheiro. Milhões de anos se passaram, mas parece que, no fundo, ainda somos animais.

Ah, e falando em animais...

11h15

LEVANDO O CACHORRO PARA PASSEAR

Agora que já estamos bem limpinhos, colocamos nossa roupa e, a caminho do sofá, uma bola de pelos babona chega ao nosso encontro, com os olhos brilhantes e abanando o rabo. Olhamos para aquela cara pidona e percebemos que, ainda que não fale, nosso cachorro basicamente está dizendo: "Posso lembrá-lo de que está na hora de correr atrás da bolinha de tênis e algum idiota – não estou citando nomes – fechou a porta da frente?". É irritante, mas ele tem razão. Não é apenas um novo dia para nós: nossos animais também têm suas próprias rotinas.

ANIMAIS DE ESTIMAÇÃO: PARA QUÊ?

Para ser franco, ter um animal de estimação é algo um tanto ilógico. Eles estão sempre com fome, seus cuidados médicos são quase sempre mais caros do que os nossos, precisam de muita supervisão, estragam nossos móveis, estão sempre tentando fazer sexo com as coisas e são basicamente monossilábicos. Em outras palavras, são como adolescentes humanos. Para que você tenha uma ideia, a palavra inglesa "*pet*" (animal de estimação) era usada no século XVI para se referir a uma criança mimada, provavelmente uma abreviação da palavra francesa "*petit*" (pequeno).

Há muitas evidências científicas e psicológicas que sugerem que nosso vínculo com os animais pode ser extremamente parental. Algumas pessoas realmente amam seus animais como amariam a um filho, e isso é ainda mais evidenciado por registros antigos de antropólogos que observaram mulheres indígenas da Guiana e da Austrália amamentando filhotes mamíferos, como macacos e veados, e cuidando deles quando suas próprias mães não podiam fazê-lo. De forma parecida, Santa Verônica Giuliani, uma mística católica do século XVIII, costumava amamentar um "cordeiro de Deus" como uma demonstração um tanto literal de sua fé. Na Europa, o princípio contrário se aplicava bem ao século XX, com as crianças pobres dando uma de Rômulo e Remo, mamando em uma cabra ou em uma burra para consumir o cálcio e a gordura de que precisavam.

Testemunhar humanos amamentando animais é algo bastante extraordinário, imagino, mas, na verdade, não deveria sê-lo. O zoólogo vencedor do Prêmio Nobel, Konrad Lorenz, argumentou que todos os filhotes vertebrados compartilham traços físicos invariavelmente "bonitinhos" - corpos maleáveis, olhos grandes, cabeças avantajadas, adoráveis movimentos desajeitados -, e nós somos fanáticos por essa fisiologia estilo Disney. Nosso estímulo genético para cuidar de nossos próprios filhotes acaba sendo projetado em criaturas de proporções semelhantes, o que talvez explique por que a internet é essencialmente um santuário digital de gatinhos.

Mas quando os animais deixaram de ser nosso alimento e começaram a se tornar nossos amigos? Como sempre, a resposta está na Idade da Pedra...

É FALTA DE EDUCAÇÃO COMER OS AMIGOS

Acredita-se que o surgimento do *Homo sapiens* na Idade da Pedra contribuiu para a extinção de cerca de 85% dos animais de grandes proporções (*megafauna*), inclusive preguiças gigantes, fascólomos gigantes, castores gigantes, cangurus gigantes e... Bem, mamutes do tamanho de mamutes. Então, se estavam tão ocupados eliminando tudo o que aparecia pelo caminho, por que nossos ancestrais das cavernas decidiram poupar alguns animais para serem nossos amigos? A resposta provável é que os cães foram, de fato, nossos primeiros companheiros, supostamente por conta de sua habilidade dupla de caçar e agir como guardas atentos a qualquer perigo. Um crânio encontrado na Caverna de Goyet, na Bélgica, foi cientificamente datado de 31.700 anos atrás, e sua análise de DNA sugere que esse animal foi produto de um programa de criação deliberado. Não era um lobo, então deve ter sido o "Cachorro v. 1.0".

Enquanto colocamos nossos tênis, pegamos a coleira no quintal e abrimos a porta da frente, nosso fiel amigo sai desesperado atrás dos carros na rua. Com medo que ele seja atropelado, gritamos "fica!" e, no mesmo instante, aquelas patas velozes congelam onde estão. Seu cachorro pode até ficar decepcionado com suas regras rigorosas, mas ele sempre vai obedecê-las. Isso, na verdade, é bastante incrível. De alguma forma, nossos ancestrais criaram um animal que está disposto a obedecer às nossas ordens. Mas, como? Com certeza eles não ensinaram um lobo adulto a "rolar" e "fingir de morto" – pois seria a receita perfeita para ter o pescoço dilacerado. O truque provavelmente foi pegar um filhote de lobo e socializá-lo com a tribo humana antes de cruzá-lo com outro lobo igualmente "domado". Ao selecionar continuamente os pares menos agressivos, os descendentes genéticos acabaram ficando menos propensos a massacrar instintivamente tudo o que surgisse pela frente. Assim, depois de várias gerações, o lobo uivante acabou se transformando no cachorro latidor, capaz e disposto a se comunicar com os humanos, buscar chinelos e assustar carteiros.

Essa transformação não demorou muito para acontecer, visto que a evolução pode ocorrer num ritmo bem rápido se levar um empurrãozinho. Em 1959, o cientista russo Dmitri Belyaev demonstrou que, depois de apenas dez gerações de experimentos com raposas selvagens, suas raças domadas não apenas eram menos agressivas, mas sua aparência e ciclo reprodutivo haviam modificado. Parece que o processo de selecionar traços de personalidade seleciona também, ainda que acidentalmente, traços físicos.

CEMITÉRIO DE ANIMAIS

Por mais triste que seja, um dia nosso amado cãozinho vai morrer e poderemos então sentir a necessidade de enterrá-lo em nosso jardim. Talvez você ache que esse é um costume extremamente moderno, mas está completamente enganado. Em Uyun al-Hammam, na Jordânia, em um túmulo que data de 16.500 anos atrás, o esqueleto de um homem foi encontrado enterrado propositalmente ao lado dos restos mortais de uma raposa, sendo que os corpos apresentavam indícios de terem sido realocados postumamente para outro túmulo. Haveria uma relação especial entre a pessoa e o animal?

Será que a raposa era de estimação? Parece que sim, caso contrário, por que os dois corpos teriam sido transferidos com tanto cuidado? E, pelo jeito, Belyaev não foi a primeira pessoa a domesticar raposas.

Os cães também eram respeitosamente enterrados na Idade da Pedra, e não apenas ao lado de seus donos, mas também em túmulos individuais, supostamente porque morriam antes de seus donos. Esses sepultamentos sugerem um estreito relacionamento simbiótico entre homem e animal. Afinal, se os cães tivessem sido meramente úteis em vida e sua morte não fosse lamentada, não deveríamos esperar que eles fossem comidos no jantar ou jogados em uma vala para o banquete dos urubus?

O MELHOR AMIGO DO HOMEM

O assustado animal estava preso na corrente, lutando desesperadamente contra o poste ao qual estava amarrado, mas não havia escapatória. O céu estava escuro com a fumaça espessa e a lava quente que descia. O dono do animal choroso não podia ser visto em lugar algum, porque talvez já fosse uma vítima dos gases nocivos expelidos pela montanha ao lado. O cachorro então latiu para que alguém o soltasse do poste. Mas ninguém apareceu. Uma onda térmica explosiva de 500ºC varreu a cidade, matando tudo o que estava no caminho. Em poucas horas, os corpos e construções haviam desaparecido sob 22 metros de cinzas vulcânicas.

Hoje, um trágico molde de gesso do cachorro de Pompeia, encolhido em desespero ao lado do poste, permanece no local como um lembrete da devastadora erupção do Monte Vesúvio, em 79 d.C. Mas esse não foi o único canino encontrado nas ruínas escavadas de Herculano e Pompeia, pois há um chão de mosaico belissimamente preservado que ilustra um grande cão negro com uma coleira, mostrando os dentes em sinal de ameaça, e com as pernas cobertas pela franja de seu pelo escuro. Para os romanos, bem como para muitas outras sociedades, o cachorro era uma presença familiar. Sabemos, por exemplo, que ele desempenhou um papel fundamental nas fazendas romanas, pois o escritor fanático por agricultura, Junio Moderato Columela, orientou que os cães pastores fossem agressivos para "procurar briga e lutar" e, de preferência, brancos, para que não fossem confundidos com lobos durante a noite e, assim, acabassem mortos.

Estamos no parque brincando com nosso cão, quando um malvado ladrão salta de um arbusto e agarra a bolsa da senhora ao lado. Se estivéssemos brincando de jogar *frisbee* para um amigo felino, sua resposta ao assalto provavelmente teria sido um olhar de desdém e tédio, mas um cachorro parte para a ação. Ele corre com os dentes à mostra e um latido cortante em direção ao bandido sem-vergonha, e o homem, assustado com o Exocet* de dentes vindo em sua direção, larga a bolsa e sai correndo em desespero.

Independentemente de haver ou não comprovação científica, nossos cães nos parecem constantemente leais e protetores em relação aos mais vulneráveis. Isso não é novidade. Histórias medievais contam como eles se recusavam a abandonar seus donos falecidos e, em alguns casos raros, puderam até mesmo "testemunhar" em julgamentos de assassinatos. Mais recentemente, um registro declarou que Adolf Hitler patrocinou uma escola de adestramento na Segunda Guerra Mundial, na esperança de que os cães pudessem ser treinados para falar, contar e espiar os inimigos. Esse era um desejo excessivamente otimista, e o feito mais notável foi um cachorro que adquiriu a habilidade de latir "*Herr Hitler*" quando alguém lhe perguntava "Quem é o *Führer*?", ainda que, com toda a certeza, ele provavelmente soasse apenas como, bem, um cachorro latindo.

Ainda assim, no passado, nem todos os cães eram animais trabalhadores usados para morder os calcanhares de intrusos, arrebanhar animais de fazenda ou espiar os inimigos. Ilustrações nas tumbas do cemitério de Beni Hasan, no Antigo Egito, mostram diversas espécies de caninos caçadores: galgos de corrida, mastins ferozes, quase-bassês com pernas atarracadas e outros que pareciam ser raposas esguias com rabos peludos. Todos os quais, supostamente, tinham características físicas idealmente adaptadas a diversas finalidades. Mas isso não significa que nossos ancestrais também não tivessem cãezinhos para os quais uma tarde agitada envolvia saltar de um sofá para o outro. As mulheres da aristocracia romana eram particularmente afeiçoadas aos pequenos bebês peludos que se aninhavam sonolentos em seus colos. Era o equivalente da Era Clássica ao mimado cachorrinho de colo que passeia hoje na bolsa das famosas de Hollywood.

---

* Uma espécie de míssil francês. (N.T.)

O fato de sermos tão intimamente ligados aos nossos cachorros talvez possa ser explicado pelo longo tempo que passamos cuidando deles. Quando damos banho ou os levamos ao veterinário, estamos seguindo os mesmos passos de muitos outros donos antes de nós. Os aristocratas europeus mantinham seus cães de caça nas melhores condições, conforme podemos ver na publicação *O livro da caça*, da França medieval, cujas ilustrações mostram homens limpando as patas dos cães, escovando seus pelos, arrumando suas camas de palha e verificando seus dentes. De fato, eles não eram vira-latas alimentados com sobras que dormiam ao relento. Mesmo assim, não eram propriamente os aristocratas que colocavam a mão na massa – você jamais veria um conde todo molhado tentando dar um banho em um cachorro agitado.

Já na Inglaterra medieval, a diversidade de papéis exercidos pelos cães foi publicada por John Caius, em seu panfleto de 1570, *De Canibus Britannicus*. Além do feroz *mastive*, também estavam: o cão de guarda *dogge keeper*; o cão *messenger*; o latidor *mooner*; o que tirava água do poço puxando o balde; o *tynckers curre,* que carregava um balde nas costas; o barulhento *warner*, que gritava quando alguém se aproximava; o que andava em uma roda para girar os espetos de assado da cozinha; e, o mais divertido de todos, *daunser*, que dançava ao som de uma música. Um conjunto tão extenso exigia uma boa variedade de nomes e, no início do século XV, Eduardo, o Duque de York, sugeriu 1.100 possibilidades em seu livro, *O mestre do jogo*. Há muitos para mencionar aqui, mas gosto bastante de *Nosewise* (Nariz esperto), *Swepestake* (Rouba-bife) e *Smylefeste* (Sorridente), e tenho bastante pena do pobre coitado que recebeu o nome de *Nameless* (Sem-nome). Graciosamente, um século depois, Ana Bolena, a malfadada segunda esposa do rei Henrique VIII, teve um companheiro canino chamado Purkoy, aparentemente porque ele tinha uma cara de dúvida ("*purkoy*", em francês medieval, significa "por quê?").

Um notável amante dos cães e que, ao que se sabe, não teve filhos, foi George Washington. Os nomes que ele deu aos seus diversos cães eram igualmente variados, entre os quais estavam *Sweet Lips* (lábios doces), *Truelove* (amor verdadeiro), *Tipsy* (meio-bêbado) e *Drukard* (beberrão) – que mais parecem nomes de perfil em sites de relacionamento para solteiros levemente desesperados. Washington era o típico cavalheiro do século XVIII, obcecado por caça e fascinado pela criação de animais. Ele tinha várias raças perambulando em sua propriedade de Mount Vernon, inclusive *spaniels*, pastores, *terriers*, terras-novas e dálmatas, uma das quais se chamava *Madame Moose*, por motivos que eu adoraria entender. Ele também criou sua própria raça de cão de caça americano, combinando seus cães de caça ingleses com alguns de caça franceses, enviados pelo Marquês de Lafayette para produzir "um cão superior, que tivesse velocidade, noção e inteligência". Eu mesmo sou produto de um programa de reprodução anglo-francês e, na juventude, fui um veloz corredor, mas acho que não me qualifico para o quesito "noção", já que certa vez passei um cortador de grama elétrico sobre uma poça d'água. É, aconteceu.

AMIGOS FELINOS

Se o cachorro é o melhor amigo do homem, os gatos são os filhos adolescentes, que ficam perambulando pela casa, saem sem dar satisfações e só demonstram interesse quando querem alguma coisa. Existem algumas discussões sobre se de fato nós domesticamos os gatos, ou se eles domesticaram a si mesmos. A primeira evidência da participação dos felinos na vida humana foi em Shillourokambos, no Chipre, um local do Período Neolítico que data de cerca de 9.500 anos. Lá, os escavadores encontraram um gato enterrado a poucos centímetros de um humano do sexo masculino, o que, assim como nos enterros caninos de que falei antes, sugere que o corpo foi tratado com certo zelo. Embora fosse jovem, com possivelmente apenas oito meses, os ossos do gato eram muito mais compridos do que os de um gato moderno. Isso significa que os ancestrais felinos provavelmente eram selvagens, já que os animais domésticos tendem a ser menores.

É possível que esse gato, ou algum de seus ancestrais próximos, tenha passeado pelo campo um dia, dado cabo de alguns ratos, recebido um carinho agradecido dos fazendeiros e percebeu que era bom. Ao circular pelos vilarejos e saborear alguns roedores que eram atraídos pelos silos de grãos, os gatos acidentalmente se transformaram em animais de estimação. Embora haja cinco espécies de gato selvagem no mundo, todos os domésticos descendem do gato-selvagem-africano (*Felis silvestris lybica*), o mesmo tipo encontrado em Shillourokambos. Então, o gato doméstico está diretamente relacionado àquele esperto gato de 9.500 anos atrás, o que explica por que eles vão até o vizinho para uma segunda refeição quando não estamos olhando.

Ainda que a internet nos tenha deixado com uma obsessão doentia por gatinhos, eram os egípcios quem realmente os veneravam, enterrando seus felinos mumificados na cidade sagrada de Bubastis, e raspando suas sobrancelhas para lamentar cada perda. Como os gatos eram o símbolo da deusa Bastet, matar um deles garantia uma sentença fatal: o escritor grego Diodoro Sículo descreveu como um soldado romano acidentalmente atropelou um gato com sua carruagem e foi terrivelmente linchado pela população. Tamanha era a adoração dos egípcios pelos felinos que o soberano persa Cambises II supostamente teria orientado seus soldados a carregarem gatos na Batalha de Pelúsio, sabendo que os inimigos egípcios seriam moralmente impedidos de atirar suas flechas na direção de todos aqueles gatinhos indefesos.

No hinduísmo e no islamismo, as pessoas preferiam muito mais os gatos do que os cachorros, por conta de sua limpeza meticulosa; e, na cristandade medieval, eles eram aceitos graças às suas habilidades para caçar roedores. Em *O conto do moleiro*, de Geoffrey Chaucer, um personagem se ajoelha no chão para espiar pela fresta de uma porta: "Descobriu então um buraco numa tábua mais embaixo, que o gato usava para entrar e sair e finalmente conseguiu vislubrá-lo". Essa é uma de nossas primeiras referências a uma portinhola para gatos, e há um exemplo real um pouco posterior que pode ser visto na Biblioteca de Chetham, construída em Manchester, em 1421. A portinhola do século XVII na porta da torre do sino da Catedral de Exeter, na Inglaterra, era usada pelo gato que fora levado para lá a fim de caçar os detestáveis roedores que mordiscavam as cordas do sino. Ao que se acredita, esse gato parece ter inspirado a canção infantil que começa com: "*Hickory, dickory, dock, the mouse ran up the clock*".*

Mas muitas pessoas do Período Medieval odiavam os gatos com fervor. A abadessa alemã Hildegarda de Bingen achava que eles eram mercenários peludos, leais apenas àqueles que os alimentassem, enquanto outros escritores normalmente os associavam com a sexualidade feminina e a prostituição. Os gatos também eram os bodes expiatórios sempre que alguma nova praga se espalhava, ou quando alguma febre de caça às bruxas estourava, já que também eram associados à demonologia e à

* Cuja tradução literal seria: "*Hickory, dickory, dock*, o rato correu para o relógio". (N.T.)

heresia. Os membros do Catarismo, um culto medieval religioso do sul da Europa que aderiu à dualidade dos deuses gêmeos (um bom e um mau), foram acusados de beijar o ânus franzido de um felino como parte de seus rituais religiosos. Esse foi um prolongamento do Beijo da Vergonha (*Osculum infame*), quando as bruxas foram acusadas de saudar o Diabo beijando seu ânus exposto, e acreditava-se que Satã, com frequência, assumia a forma de um gato preto.

Embora os cães ferozes fossem muitas vezes açoitados ou afogados no Dia de São Lucas, os gatos recebiam um tratamento muito pior. Em qualquer dia do ano, um desafortunado felino podia ser assado no espeto (como acontecia na Catedral de Ely, em 1643), pendurado em um poste, esfolado, torturado ou afogado. Num caso grotesco de 1677, os protestantes ingleses enfiaram gatos vivos na barriga de uma efígie do papa em chamas, para dar a impressão de que o Pontífice – de quem eles claramente não gostavam muito – estava gritando em agonia enquanto morria queimado.

Em uma era de superstições, quando a ciência e a razão andavam de mãos dadas com a retórica bíblica, os gatos também eram relacionados às bruxas e, portanto, animais demoníacos que não deveriam receber nossa confiança. Eles também ganharam essa reputação porque gostavam de brincar com suas presas, tal como o próprio Satã. Talvez fosse esse o motivo pelo qual as pessoas na França sentissem um prazer sádico em capturar gatos em redes e lançá-los sobre grandes fogueiras ao ar livre no solstício de verão. O rei Luís XIV até teve a honra de acender a pira parisiense em 1648 e, depois disso, passou a noite dançando e comendo, enquanto as criaturas vivas incineravam em uma morte horrível, para o deleite da multidão.

Mas, apesar de serem constantemente eliminados na Idade Média, os gatos resistiram e se tornaram cada vez mais populares como animais domésticos. Ao que se conta, Isaac Newton gostava bastante de seus companheiros felinos – embora na América sejam frequentemente descritos como "felinas humanas". Também o célebre escritor Mark Twain foi um elurófilo declarado, cujos felinos eram adoravelmente batizados com apelidos como *Sour Mash*, *Apollonaris*, *Lazy*, *Abner*, *Famine*, *Fraulein*, *Buffalo Bill* e *Cleveland*. Ao que parece, ele e George Washington teriam muito em comum.

TODOS OS CÃES VÃO PARA O CÉU?

Mas por que os animais eram tratados com tamanha crueldade? Embora as pessoas sempre tenham amado seus animais, a teologia cristã pregava que eles eram criaturas com alma, mas não dotadas de sentimento. A Grande Cadeia dos Seres de Aristóteles havia colocado os deuses e os homens no topo da hierarquia natural, e os animais (e as mulheres – sim, Aristóteles era uma espécie de misógino biológico) puramente a serviço dos homens. Santo Agostinho de Hipona havia concordado com isso, dizendo que "não deveis matar" não se aplicava a "coisas vivas irracionais" e que "era uma ordem bastante justa do Criador que a vida e a morte desses seres estivessem subordinadas ao nosso uso".

Seguindo a maré, Bartolomeu da Inglaterra escreveu em seu *De Proprietibus Rerum* que todos os animais tinham um propósito: os cervos e o gado serviam para comer; os cavalos, mulas, bois e camelos para ajudar; pavões, macacos e passarinhos para entreter; ursos, leões e cobras para nos lembrar do poder de Deus; e os piolhos e as pulgas para lembrar a humanidade de sua frágil mortalidade. Assim, se os animais eram criaturas úteis, mas irracionais, será que eles tinham alma? Era uma questão problemática.

De fato, muitos santos medievais, incluindo São Francisco de Assis, eram famosos por proteger os animais e os viam como parte da criação de Deus. Mas o teólogo do século XIII, Tomás de Aquino, aproveitou a deixa de Aristóteles e declarou que eles tinham almas sensíveis e vegetativas, o que lhes dava os poderes do crescimento biológico, memória, emoção e sensação, mas não tinham a alma racional dos homens. Ainda assim, apesar de esses intelectuais influentes terem admitido que os animais eram pouco mais do que pedaços de carne inerte, o conceito de que a existência deles era para o nosso benefício permaneceu inquestionado até que o escritor e filósofo francês Michel de Montaigne apareceu, nos anos 1570.

Montaigne era um cara intrigante, um cortesão do rei extremamente bem-educado e um importante burocrata no governo regional, que decidiu, aos 37 anos, largar tudo e passar uma década vivendo em uma torre cercado por livros, como uma espécie de mago erudito dos contos de fadas. Durante esse tempo, escreveu seu famoso *Ensaios*, um conjunto de reflexões perfeitamente claras sobre temas importantes, filtrados através de experiências anedóticas. Ao discutir os animais, Montaigne aproveitou a própria experiência com seus adorados animais de estimação. Notoriamente, ele questionou se, quando brincava com o gato, o felino também estaria brincando com ele – um pensamento genuinamente revolucionário que pressupunha um intelecto ágil dos gatos. Ele também questionou se os animais sonhavam ou se comunicavam entre si. Montaigne não sabia, mas estava criando a filosofia por trás de *Os aristogatas*, da Disney – embora fosse pouco provável que ele vislumbrasse a possibilidade de uma banda de *jazz* com vocalista e trompetista felinos.

As reflexões de Montaigne eram muito mais próximas de nossas visões modernas que atribuem personalidade aos nossos animais, mas elas não perdurariam por muito tempo. Diferente de Aquino, que considerou as visões aristotélicas da alma e do corpo como sendo inseparavelmente interligadas, o filósofo do século XVII, René Descartes (o sujeito que escreveu "Penso, logo existo"), era um dualista que declarou que a mente e o corpo eram coisas separadas e, portanto, os animais sequer tinham consciência, pois nem mesmo compensavam pela falta de fala, como humanos surdos fazem com a linguagem de sinais. Para ele, os cães podiam gritar se você os chutasse, mas eram apenas autômatos de carne e osso programados para fazer isso por um Deus pragmático.

PETS MIMADOS

Era o ingresso mais desejado de toda a Índia, um casamento de celebridades mais espetacular do que a Lady Gaga lutando com um unicórnio no Grand Canyon. O noivo chegou de trem, adornado com uma gloriosa faixa na cintura e um colar de ouro, e foi recebido por um guarda de honra, uma banda militar completa e 250 convidados ostentando bordados dourados. Havia até um elefante desfilando para lá e para cá. Enquanto o noivo de sorte entrava no saguão de festas para esperar pela noiva, ele foi cumprimentado por alguns dos políticos mais importantes e reais da Índia. Em seguida, o Marajá de Junagadh, o nababo Sir Mahabet Khan Rasul Khan, chegou trazendo a noiva, cujas joias reluziam enquanto ela caminhava pelo altar prestes a unir os laços matrimoniais. Esse magnífico casamento de 1922 custou 22 mil libras, o que atualmente equivaleria a um milhão de libras. Valia a pena? Bom, depende de como você se sente em relação aos cachorros...

Sim, o marajá era uma espécie de amante dos animais e tinha oitocentos cachorros, cada um deles com seu próprio quarto, criado e telefone particular. Por diversão, às vezes ele os vestia em minipaletós e os levava para dar uma volta na cidade nos famosos riquixás. Mas, mesmo para alguém desse nível, casar sua cadela Rashanara com um *Golden retriever* chamado Bobby diante das maiores celebridades da Índia e um enorme cortejo formado por seus outros animais era uma atitude um tanto audaz. Hoje mimamos nossos animais de estimação com todo tipo de item bobo e, enquanto entramos em casa, tiramos os sapatos e guardamos o *frisbee*, nosso amigo babão, revigorado pelo passeio, vai direto para sua caminha mastigar um de seus brinquedos coloridos, possivelmente um presente de Natal que tenhamos dado a ele. Mas, se você pensa que essa é uma tendência moderna inspirada pelas celebridades de Hollywood que não têm nada melhor para fazer, está muito enganado. O marajá não foi o único a exagerar um pouquinho nos mimos caninos.

Os animais de estimação privilegiados da corte imperial chinesa tinham uma herança que datava de 1000 a.C., quando alimentadores de cães especiais chamados *chancien* eram incumbidos de cuidar dos cachorros reais. Mas essa linha da aristocracia não foi contínua, visto que os cães foram expulsos do palácio para dar lugar aos gatos durante a Dinastia de Ming (1368-1644). No entanto, quando os Manchus retornaram, os cães pequineses foram novamente elevados ao *status* de príncipes, com alguns dos filhotes sendo amamentados por amas de leite humanas. Esses cãezinhos imperiais também eram banhados e perfumados, e até suas fezes eram motivo de rituais cerimoniais, o que, aos olhos modernos, seria um tratamento dado a nada menos do que um bebê real.

Mimar os animais domésticos também era algo comum entre os abastados da Europa. Maria, rainha da Escócia, vestia seus cães em terninhos de veludo azul, enquanto o excêntrico político inglês John Mytton (que cavalgou em seu urso de estimação na sala de estar) enfeitava seus gatos com lindos uniformes. Isabel da Baviera, esposa de Carlos VI da França, era frequentemente vista com seu esquilo de estimação vestindo um colarinho feito sob medida, e adornado com pérolas e filigrana dourada. Ela também mantinha pássaros exóticos em gaiolas de prata com cortinas de veludo verde, o mesmo tecido usado para fabricar as caminhas confortáveis de seus gatos.

É compreensível tanta atenção dispensada aos animaizinhos de luxo, pois a pressão de fazer parte da realeza poderia ser uma experiência penosamente solitária. Desde muito cedo, a importância política de dar continuidade à linhagem às vezes implicava que os pequenos herdeiros e herdeiras fossem enviados para casas distantes para serem criados por parentes também distantes. Ou, então, que fossem praticamente isolados em quarentena por conta do medo de que eles contraíssem alguma doença terrível que fizesse seus rostos incharem e suas pernas caírem (bem, talvez eu tenha exagerado um pouco nos sintomas). Às vezes, a forma mais simples para suavizar a tristeza de uma infância como essa era confiar na companhia leal dos animais de estimação. Um jovem príncipe podia até mesmo aprender a cavalgar aos três anos de idade, montando em um cão de caça e fazendo-o cavalgar pelo pátio. Ou, melhor ainda, quando criança, o futuro Luís XIII da França prendeu dois de seus cachorros a uma carruagem em miniatura e fez com que eles o puxassem pelo palácio no que parece ter sido uma estranha mistura de trenó de cães e corrida de *kart*.

No tumulto da *realpolitik*,* as rainhas podiam ser tão negligenciadas quanto seus filhos, principalmente se um casamento arranjado tivesse forçado a união de duas pessoas por um laço desapaixonado. Elizabeth da Boêmia, filha do rei Jaime I da Inglaterra (e VI da Escócia), cercou-se de uma comitiva de 16 ou 17 cães e macacos, e, ao que se diz, preferia imensamente a companhia deles à de seus próprios filhos ou de seu marido. É claro, alguns membros da realeza simplesmente amavam os animais. Carlos II da Inglaterra e da Escócia era obcecado por cães da raça *spaniel* e tinha até uma raça batizada em sua homenagem, ainda que seus cortesãos nem sempre gostassem daquelas pequenas e barulhentas bolas de pelos, e um deles tenha exclamado: "Deus salve Vossa Majestade, mas malditos sejam seus cães". Em pelo menos uma ocasião, o rei se viu publicando um anúncio desesperado no jornal exigindo que um de seus cachorros sequestrados fosse devolvido. Não podemos deixar de imaginar se o tal do cortesão irritado estaria na lista de suspeitos.

A rainha Vitória era igualmente devotada aos cães e particularmente afeiçoada ao seu bassê chamado Dachel, presente de suas relações alemãs em Coburg. O cãozinho era um excepcional destruidor de ratos, a despeito

* O termo "*realpolitik*" vem do alemão e significa algo como "realismo político". Refere-se à política baseada na prática em detrimento das considerações morais ou ideológicas. (N.T.)

de suas adoráveis orelhas caídas e seus grandes olhos castanhos. Além de massacrar os roedores e perambular adoravelmente pelo palácio, esses cãezinhos minúsculos, que pareciam quase que completamente inúteis, também tinham seus talentos especiais. Os Duques de Burgundy da Era Medieval foram pioneiros no uso dos cães testadores de alimentos e detectores de veneno (*chiens-goûteurs*), uma linha de trabalho com algumas vantagens deliciosas para um cãozinho leal, desde que o rei não fosse impopular. O medroso rei Henrique III da França carregava seus três adoráveis *bichon frisé* para todo lugar, suspensos em um cesto pendurado em seu pescoço. Os cãezinhos eram treinados para latir para qualquer pessoa em quem não confiassem. Mesmo assim, o rei acabou sendo morto por um assassino disfarçado de monge.

Durante as Guerras Civis Inglesas, o Príncipe Ruperto do Reno também tinha um adorado cão com um talento incomum, embora seja difícil considerá-lo uma habilidade de salvamento. Aparentemente, seu *poodle*, Boye, fora treinado a montar em sua perna e urinar no momento certo sempre que o nome do comandante inimigo, Pym, fosse mencionado. Também circulava um boato a respeito de Boye ter poderes mágicos sinistros, mas, para mim, um cão malvado precisaria ser uma espécie de *rottweiler* salivante ou um fantasmagórico Cão dos Baskervilles, mas não um *poodle* minúsculo. Francamente, não dava para acreditar em um boato desses! Por isso, se você quisesse impressionar seus amigos e inimigos, um *poodle* supostamente demoníaco não seria grande coisa se comparado a uma pantera, um leopardo ou um leão com cara de assassino perambulando pelo palácio. O imperador abissínio do século XX, Haile Selassie, era corajoso o suficiente para tal, fazendo com que seus visitantes murmurassem preces desesperadas para que seus predadores estivessem bem alimentados.

Bom, mas agora chega dessa conversa sobre animais. Nosso fiel amigo já brincou bastante por uma manhã e agora é hora de darmos uma olhada em nosso e-mail. Quem sabe não fomos sorteados para ganhar um carro e, para retirar o prêmio, só precisamos fazer a gentileza de enviar nossos dados bancários? Tomara!

12h

MANTENDO CONTATO

Tendo cumprido com todas as necessidades matinais, é hora de aproveitarmos um momento de lazer neste sábado. Afinal, foi uma longa semana de trabalho e precisamos de algumas horas de ócio agradável para recarregar as baterias. Sem nenhum compromisso até a hora de nossos amigos chegarem para o jantar, vamos relaxar e entrar em contato com o mundo lá fora. Para isso, basta ativar nossos aparelhos: ligar a televisão, desbloquear o smartphone, abrir o notebook e acessar o tablet. Bem-vindo a um *tsunami* de informações!

PENDURADO NO TELEFONE

Enquanto rolamos animadamente pelas fotos de almoço de outras pessoas, somos sobressaltados por um toque inesperado que quebra o silêncio. Damos uma olhada no nome que aparece na tela, sorrimos em reconhecimento e levamos o celular ao rosto. Uma voz familiar soa em nosso ouvido, rapidamente seguida pelo próprio eco minúsculo, um ruído latente de um satélite 35.785 quilômetros acima do Equador. Mas nenhum de nós para e leva em conta os detalhes práticos da tecnomagia da Era Espacial. Não quando preferimos fofocar sobre um amigo em comum que troca de namorada com mais frequência do que trocamos de calças.

Vivemos na era do celular, com mais cartões SIM do que habitantes no planeta, e nos adaptamos tão depressa a esse gênio portátil e essencial que as crianças modernas ficam absolutamente perplexas com minhas histórias de adolescente, de quando eu telefonava para meus amigos no telefone fixo de seus pais, para combinar com antecedência a hora e o local de encontro. Aparentemente, isso parece uma fábula arcaica da sombria Idade Média, e não 1999. E, embora um telefone preso a um fio de plástico pareça algo um tanto peculiar aos nossos jovens, para o resto de nós essa sempre foi uma tecnologia presente em nossas casas e escritórios. Mas houve um tempo, no final do século XIX, em que o telefone era apenas uma ideia começando a pipocar nas mentes de dois brilhantes rivais.

Alexander Graham Bell era um inventor escocês cuja obsessão com a tecnologia da comunicação nasceu a partir da surdez de sua mãe e de seu desejo de ajudar a outros como ela. No entanto, após ter se mudado para Boston e ajudado pessoas surdas com habilidades intersociais, Bell se viu maquinando uma geringonça completamente nova: uma máquina de falar elétrica. Ao unir forças com um talentoso engenheiro elétrico, Thomas Watson, criou um dispositivo para envio de frequências sonoras através de um fio elétrico, algo revolucionário. Mas não era único: em 1876, sem saber, Bell entrou em uma corrida acirrada ao enviar o formulário de sua patente apenas duas horas antes de seu rival.

Elisha Gray não teve uma vida muito fácil desde cedo. Criado em uma fazenda de Ohio, a morte prematura de seu pai o forçou a deixar a escola e tropeçar em uma carreira insatisfatória como carpinteiro, construtor de barcos e ferreiro. Basicamente, ele era habilidoso com as mãos. Mas, aos 22 anos, Gray deu tudo de si e se inscreveu na Oberlin College para estudar ciências físicas com especialização em eletricidade. Ainda que fosse inquestionavelmente bom com o martelo, logo ficou evidente que a engenharia elétrica era seu verdadeiro dom, e ele começou a inventar protótipos de diversos aparelhos. Então, no Dia dos Namorados de 1876, enviou uma patente provisional, uma espécie de reserva confidencial para um projeto a ser aperfeiçoado, na qual detalhava seus planos para um telefone. Se tivesse feito isso algumas horas antes, agora seria mundialmente famoso, mas seu formulário era o 39º do dia, e o de Bell era o 4º. Nessa corrida entre os dois gênios, o juiz – ou, melhor dizendo, o Tribunal de Justiça que mediaria o processo – declarou o escocês como vencedor, ainda que pesquisas recentes tenham provado a superioridade do projeto de Gray.

Como vencedor oficial, Bell teve pouco tempo para comemorar. Isso porque logo precisou se livrar de um enxame de violadores de direitos autorais, todos querendo roubar sua ideia, e o maior de seus mais de seiscentos processos judiciais não demorou a aparecer. Logo depois de sua inovação, ele apresentou a patente para a Companhia de Telégrafos Western Union, a maior corporação da América do Norte, mas o valor de cem mil dólares que pediu foi recusado. Assim como o capitão do time de futebol da escola que esnoba a inteligente garota "quatro-olhos", a corporação se achava boa demais para um parceiro tão humilde. Mas, no melhor estilo comédia romântica, o estudioso Bell tirou os óculos, soltou os cabelos e se revelou uma verdadeira sensação do mundo dos negócios. Resumindo, o telefone foi um sucesso.

Amaldiçoando sua péssima decisão, a Western Union não quis ficar na sombra e contratou o inventor *superstar* Thomas Edison e o ofendido Elisha Gray para tentar contornar a lei de direitos autorais através de modificações no projeto de Bell, apenas para não pagar um centavo ao escocês. Bell e seus associados contestaram a infração e prepararam o caso, mas provavelmente acharam que acabariam completamente destruídos, já que a Western Union era tão rica que poderia contratar todos os advogados do país – e ainda fazer com que eles dançassem a conga em Washington enquanto queimavam notas de um dólar. No entanto, o famoso veredito de 1888 da Corte Suprema dos Estados Unidos revelou que ela também estava a favor de Bell.

Um transtorno como esse nos faz lembrar o caso de Davi e Golias, exceto que o que aconteceu em seguida foi o equivalente a Golias ter golpeado a própria cara repetidamente, em vez de ter sido atingido pela pedrinha de Davi. Frustrada com o veredito e desesperada para proteger seu monopólio da telegrafia, a Western Union decidiu fazer um acordo com o vencedor, entregando 84 patentes individuais e a propriedade de 56 mil telefones que havia instalado em 55 cidades americanas, concordando também em se afastar da indústria do telefone até 1896. Isso deu a Bell 17 anos de reinado, permitindo que ele dominasse o mercado do telefone como uma espécie de príncipe. Ao se concentrar exclusivamente em sua fonte de dinheiro – o telegrama –, os executivos da Western Union sem querer destrancaram a porta da jaula e soltaram seu predador natural. Era o equivalente a uma empresa de milhões de dólares na atualidade dizer: "Certo, você pode ficar com todos esses celulares sofisticados, desde que possamos continuar a fabricar *pagers*".

Mas não foi apenas a genialidade de Alexander Graham Bell nem o tiro no pé da Western Union que mudaram o mundo. O célebre Edison, por exemplo, sendo ele próprio quase surdo, fez pelo menos duas contribuições cruciais para a rápida ascensão da popularidade do telefone. Em 1878, ele inventou um microfone supersensível de carbono granular que permitia que o usuário abandonasse os gritos e falasse em um tom de voz normal, mesmo ao fazer chamadas de longa distância (alguém precisa contar isso para aquele cara sem-noção do ônibus). Mas a outra sugestão dele não tinha nada a ver com as intrigas científicas. Foi uma simples palavra.

VOCÊ JÁ ME CONVENCEU COM "ALÔ!"

Pelo o que consta, quando Edison, o principal inventor da América, testemunhou pela primeira vez uma demonstração do aparelho de Bell, exclamou: "*Hullo*!", em total admiração ao ver que aquilo funcionava mesmo. "*Hullo*" era a versão do século XIX para "Que bom ver você aqui!", o tipo de cumprimento incrédulo que soltamos ao encontrar nosso dentista no topo de um vulcão remoto. Mas, aproveitando para vestir nosso chapéu metafórico do ceticismo, essa história parece um pouco graciosa demais para ser verdade. No entanto, foi realmente Edison quem levou a versão sutilmente modificada de "*Hello*" (Alô) ao conhecimento público como o cumprimento oficial para o telefone.

Para Edison, "*Hello*" era uma palavra com sílabas fortes e claras, e isso era importante porque ele imaginava que os telefones seriam usados principalmente para os negócios e que as linhas permaneceriam sempre abertas, em vez de haver um toque para cada chamada. Resumindo, "*Hello*" foi escolhida especificamente porque não era comum em conversas profissionais corriqueiras, então, ao ouvi-la, as pessoas seriam imediatamente notificadas de que havia uma chamada para elas. Embora essa saudação seja hoje uma das palavras mais reconhecidas do planeta, devo admitir que estou um pouco decepcionado que a sugestão alternativa de Bell, emprestada da terminologia náutica, não tenha sido escolhida, afinal, imagine a grandiosidade musical de Lionel Richie cantando: "*Ahoy,* is it me your looking for?*".

---

* "*Ahoy*" é um termo náutico que soa bastante peculiar ao ouvido do anglófono. Para o português, o equivalente seria "olá", mas ele não nos remete ao contexto náutico da mesma forma que o termo inglês. (N.T.)

Ainda assim, o termo "*Hello*" não foi imediatamente acolhido pelo léxico inglês. Inicialmente, apenas os abastados podiam instalar telefones, e a saudação proposta por Edison era considerada rude. Uma pessoa respeitável iniciaria a conversa com a expressão direta e funcional "Você está aí?", ou o fantástico passivo-agressivo "E então...?". Mas não foi apenas a novidade do "Alô" que deixou as pessoas incomodadas. Proteger a privacidade de alguém era uma preocupação imediata, e muitos cavalheiros honrados temiam a possibilidade de receber ligações de pessoas pobres ou ter que lidar com ligações indesejadas de empresas buscando novos clientes. Outro receio se dava em relação à possível vergonha social causada por não saber quem estava do outro lado da linha; além disso, havia os números errados, as crianças usando o receptor como brinquedo, as falhas técnicas quando linhas cruzadas ou problemas de sinal faziam com que as pessoas confessassem seus segredos a estranhos ou, ainda, a possibilidade de tagarelar animadamente com o nada.

A viabilidade financeira e prática do telefone possibilitou um consenso não muito ideal em alguns casos. Nas áreas rurais, em especial, foi comum até os anos 1970 compartilhar uma única linha telefônica com os vizinhos, o que facilitava a indiscrição de ouvir conversas alheias e logo deu origem a relatos de donas de casa faladeiras que "visitavam" umas às outras pelo telefone, em vez de pessoalmente, bloqueando a linha por muito mais tempo do que os dois minutos habituais. Mesmo as mulheres mais endinheiradas que dispunham de uma linha particular recebiam solicitações das empresas de telefone para realizar seus bate-papos no período da noite, ao que eles ofereciam tarifas especiais mais baratas como incentivo, por conta da necessidade de que as empresas tivessem prioridade durante o dia.

Durante séculos, ditou-se uma etiqueta sobre como as pessoas deviam se comportar pessoalmente ou ao escrever uma carta, mas a novidade enigmática da revolução do telefone fez com que jornais e revistas fossem inundados com o que, para nós, podem parecer perguntas extremamente estranhas: "Um homem só deve fazer suas ligações em pé, em sinal de respeito? Seria totalmente imoral que homens e mulheres conversassem ao telefone se não estivessem completamente vestidos? Era possível pegar alguma doença pela linha?". Na França, surgiram boatos escandalosos de que mulheres estavam usando os telefones para ter casos ilícitos – o telessexo aparentemente não é tão moderno assim – e logo os homens começaram a temer que o sexo auditivo na sala de estar pudesse acabar resultando em sexo oral no quarto...

Mas não foi apenas a forma como nos comunicamos que mudou. Para que essa novidade da telefonia funcionasse, precisaria haver serviços de transferência centrais para levar a pessoa que estava ligando ao número certo. Mas quem faria esse trabalho? Bem, era uma tarefa na qual o operador por vezes precisaria ouvir a conversa alheia. Então, como garotos adolescentes provaram ser pouco confiáveis, o cargo foi oferecido a jovens solteiras (originando um marco decisivo na história do emprego das mulheres), as quais foram apelidadas de "garotas do alô", confirmando que a nova saudação de Edison, tão rejeitada pelos esnobes, havia traçado seu caminho até a cultura popular. O "alô" havia chegado para ficar, e o telefone também.

Agora já estamos conversando com nosso amigo há séculos, e certamente já usamos todos os nossos minutos de bônus, então, para evitar uma surpresa na conta do celular, o desligamos e passamos para as mensagens de texto. Ao fazer isso, estamos transliterando nossas palavras previamente faladas em símbolos escritos. Um truque brilhante, bem além das capacidades de nossos heróis da Idade da Pedra, os homens das cavernas. Ou, pelo menos, é assim que costumávamos pensar. Mas, agora, já não temos tanta certeza...

NO PRINCÍPIO ERA O MUNDO

Não há muitos universitários cujos trabalhos são publicados em periódicos científicos internacionais – basicamente porque eles estão muito ocupados colocando papel higiênico em estátuas e perambulando bêbados por aí –, mas a canadense Genevieve von Petzinger foi uma exceção. Em 2009, sua dissertação de mestrado em antropologia não só foi publicada como logo chegou às manchetes de jornal.

Seu objeto de estudo era um tipo de arte menos conhecida da Idade da Pedra: símbolos geométricos rabiscados nas paredes de cavernas na França. Ainda que os arqueólogos já tivessem conhecimento desses escritos há 150 anos, eles sempre foram ignorados por conta de pinturas mais fascinantes de bisões, leões e ursos. Von Petzinger, no entanto, observou que ninguém havia compilado um catálogo completo de todos os símbolos, então ela e sua orientadora, a doutora April Nowell, criaram uma base de dados das 146 cavernas da França nas quais aquele tipo de arte havia sido encontrado, e depois analisaram os resultados. Elas não demoraram a descobrir que aqueles desenhos não se tratavam apenas de rabiscos aleatórios, mas formavam uma lista com 26 símbolos recorrentes: um quadriculado, mãos, linhas, pontos, espirais, redemoinhos, ondas sinuosas e muitas outras formas. As evidências praticamente saltaram da tela do computador: há milhares de anos, muito antes da invenção da escrita, na Idade do Bronze, pode ter havido uma forma bastante primitiva de protoalfabeto simbólico usado na Europa ocidental.

O simbolismo pictográfico (isto é, representações artísticas de um objeto) está em todo lugar no mundo moderno. Se olharmos na despensa de nossa cozinha, veremos que os pacotes contêm pequenos desenhos indicando se o papelão é reciclável – ou então avisos dizendo que enfiar a cara na água fervente não é recomendado. Além disso, ao largarmos o telefone e pegarmos o notebook para acessar o nosso e-mail, o botão em que clicamos para abrir o *software* provavelmente será o desenho de um pequeno envelope digital – um pictograma que alude aos antigos dias de glória da comunicação escrita. No Ocidente, em especial com as telas de menu dos dispositivos eletrônicos, os pictogramas voltaram com tudo, mas no leste da Ásia eles nunca foram embora. O alfabeto chinês é quase que inteiramente baseado em pictogramas e ideogramas (representações de uma ideia abstrata). Isso nos faz pensar: se os pictogramas eram bons o suficiente para a Idade da Pedra e a Ásia moderna, por que o Ocidente acabou adotando as letras do alfabeto? Bem, antes de tudo, prepare-se! Este capítulo não é para os fracos...

Há um desenho que me lembro de ter visto em um cartão de aniversário que me fez rir e imediatamente depois assumir o ar de reprovação de um cara pedante. Ele mostrava um arqueólogo usando um chapéu de Indiana Jones e segurando alegremente o que parecia ser um vaso egípcio decorado com hieróglifos. Na parte inferior do cartão, a tradução jocosamente banal dos hieróglifos: "Vai ao lava-louça". É uma boa piada, mas também é sintomática de um mal-entendido amplamente disseminado. Sim, é verdade que os hieróglifos, juntamente com a escrita cuneiforme sumeriana, foram provavelmente o primeiro sistema de escrita totalmente desenvolvido, criado há cerca de 5.200 anos. No entanto, a palavra hieróglifo é um termo grego posterior que significa "gravação sagrada", pois esse tipo de escrita só era usado em contextos religiosos. Não havia placas de "Façam fila aqui" decoradas no mais sagrado dos símbolos. Em vez disso, a escrita cotidiana era feita em letras cursivas e chamada de hierática (posteriormente substituída por demótica), e os hieróglifos eram tão ininteligíveis para a maioria dos egípcios quanto para nós seria um cardápio de restaurante escrito em código binário.

Falando em código binário, ao digitarmos nosso e-mail, é óbvio para nós que o afortunado destinatário de nossos ditos espirituosos não receberá uma mensagem física, mas um fac-símile digital composto por 1s e 0s eletrônicos lançados no ciberespaço. No entanto, quando se trata de escrever pensamentos, alguns de nós ainda preferem usar um meio físico, talvez porque o papel nos dê o prazer catártico de amassar as correspondências indesejadas e atirá-las prazerosamente na lata do lixo.

Estranhamente, o papel recebeu seu nome dos rolos de pergaminho egípcios feitos com tiras de papiro entrelaçadas, uma tecnologia que data de cerca de 4.500 anos atrás. Mas o papel em si foi uma invenção chinesa bem posterior, talvez com apenas 2.000 anos de existência, e, para fabricá-lo, era preciso despolpar as fibras de celulose, em vez de entrelaçar tiras de plantas. Assim, o papel e o papiro são bastante diferentes, mas a confusão de suas etimologias é compreensível. Afinal, nós, escritores modernos, temos muito em comum com os egípcios da Antiguidade e, embora eles escrevessem da direita para a esquerda com duas opções de tinta (vermelha ou preta), feita com minerais triturados, a caneta que usavam (um pincel de junco cortado diagonalmente na ponta) não era tão diferente de nossa caneta tinteiro.

Em comparação, na Mesopotâmia da Idade do Bronze, o idioma sumério era escrito por um sistema chamado cuneiforme, gravado em tábuas de argila mole, que depois eram levadas ao forno para endurecer. A escrita cuneiforme parece ter evoluído de um sistema de inventário que data da Era Neolítica, no qual pequenas fichas de argila em formatos variáveis provavelmente representavam os valores numéricos das mercadorias trocadas. Conforme o próspero império sumério estendia seus enormes tentáculos, a complexidade de seus acordos de troca logo exigia um método mais abrangente para registrar quem devia o que e a quem. Em vez de acumular montanhas de fichas, em 3200 a.C., as informações começaram a ser registradas com a escrita cuneiforme. Tristemente, isso significa que o meio romântico que preservou a genialidade de Shakespeare,

Molière, Sun Tzu e Aristóteles foi inventado por contadores. Isso é quase como descobrir que Margaret Thatcher inventou o *rock 'n' roll*...

Mas nem todos os grandes impérios adotaram a escrita. Até a chegada dos conquistadores espanhóis no século XVI, os incas sul-americanos usavam um sistema fascinante de nós coloridos chamados de *khipus*, entrelaçados com algodão ou pelo de lhama. Esse sistema era usado para transmitir informações de acordo com o posicionamento dos nós. Assim como uma carta, um *khipu* podia ser breve e conter apenas dez sequências, ou podia ser um conjunto de instruções complexas contendo duas mil cordas, se assemelhando a uma saia havaiana. Curiosamente, é provável que esse sistema não tenha sido baseado no idioma quéchua falado pelos incas, mas codificado com um sistema de numeração de base decimal, o que significa que a teoria das cordas dos incas está provando ser um problema espinhoso para os pesquisadores (um bom confronto para os fãs de física).

Mas vamos voltar para a escrita cuneiforme. Inicialmente, os escribas sumérios usavam um junco bem afiado para entalhar seus escritos, mas ele estragava a tábua de argila mole. Então, eles adotaram uma caneta com ponta triangular, criando um sistema linguístico baseado em formatos de cunha pressionados contra a tábua, possivelmente como uma representação pictográfica das fichas abandonadas. Mas, diferente dos 26 pictogramas da Idade da Pedra encontrados nas paredes das cavernas da França, esse sistema logo cresceu conforme cada mudança sutil no formato passou a representar uma entre milhares de palavras, nomes, lugares ou ações. Assim, se uma pessoa chegasse com três vacas, o escriba não mais desenhava apenas três símbolos de vaca em uma linha. Em vez disso, havia um símbolo para vaca e outro para o número três, e, para evitar confusão, um sistema chamado determinativo dava pistas sobre o contexto da palavra. Por exemplo, imagine se flutuando acima da palavra "cela" houvesse um pequeno desenho de um homenzinho atrás das grades, para evitar confusão com seu par homófono "sela". Em outras palavras, a escrita cuneiforme implicava que cada ideia diferente podia ser representada por um escrito diferente.

O SIMPLES ABC

Certo, então essas foram as curiosas origens da escrita, mas ainda não falamos sobre o nascimento do alfabeto ocidental. Para começar, os anglófonos podem agradecer à contribuição fundamental dos fenícios. Isso porque eles eram um povo marítimo que habitava o que agora é conhecido como Líbano e, quando não estavam perambulando pelo Mediterrâneo, estabeleciam colônias de comércio na costa litorânea do norte da África, sul da Espanha, Sicília, Sardenha, Ilhas Gregas, Chipre e por todo o leste do Mediterrâneo. É, assim como a banda *The Beach Boys*, eles circulavam por vários lugares, e sempre levavam consigo sua versão melhorada da escrita cuneiforme, um novo alfabeto com 22 letras consonantais.

Assim que foi introduzido no Oriente, esse sistema se misturou ao alfabeto aramaico, que acabou se dividindo em escrita hebraica e, posteriormente, arábica. Enquanto isso, os gregos adquiriram o sistema fenício e incluíram a novidade das vogais, supostamente para refletir melhor sua própria língua falada. Essa versão parece ter chegado à Itália, onde foi adotada pelos etruscos, que posteriormente seriam destruídos pelos romanos todo-poderosos. Depois disso, eles surgiram com o alfabeto latino de 23 caracteres, incluindo vogais e consoantes, mas sem as letras J, U e W. Em seguida, se dedicaram a aniquilar seus rivais líbios de Cartago, que, por acaso, era uma cidade-estado fundada pelos fenícios. Quanta ingratidão, não é mesmo?

Continue comigo, prometo que estamos acabando... Quando o Império Romano se expandiu a ponto de tornar-se impossível de ser controlado, os romanos foram forçados a recrutar mercenários germânicos para patrulhar suas extensas terras. Essas tribos levaram o alfabeto latino consigo para o gélido norte, onde ele possivelmente inspirou o surgimento do alfabeto rúnico nórdico e saxão, considerado mágico se inscrito em espadas e outros objetos. E, como se tudo isso não fosse suficiente, no século IX, o alfabeto grego foi atualizado por São Clemente de Ohrid, um discípulo búlgaro de São Cirilo, que o transformou no alfabeto cirílico. Hoje, essa é a base da escrita na Rússia e, é claro, na Bulgária – de forma que minha incapacidade de decifrá-la em uma viagem de negócios para Sofia fez com que eu confundisse pasta de dente com creme para os pés. O resultado foi lastimável.

Durante todo esse tempo, enquanto a Igreja Católica empurrava o latim para as indisciplinadas tribos germânicas, o alfabeto romano cresceu para se adaptar às necessidades dos recém-desenvolvidos idiomas europeus, que aos poucos estavam se desviando do latim padrão e se transformando nos modernos idiomas francês, espanhol, italiano, entre outros. Isso, é claro, finalmente deu origem ao alfabeto inglês com 26 letras – do qual fiz bom uso para matá-los de tédio. Peço desculpas por isso. De qualquer forma, para simplificar, sem os fenícios não haveria *A canção do alfabeto* da *Vila Sésamo*, e acho que todos podemos concordar que isso seria uma tragédia.

Então é hora de terminarmos aquele e-mail e fazer algo útil na casa. Quem sabe consertar alguma coisa? Afinal, aquela porta caída do armário da cozinha não vai se consertar milagrosamente. Mas, ao nos levantarmos para buscar o martelo, vemos o entregador de jornal arrastando aquela bolsa pesada na frente de nossa casa. Ah, sim. O jornal do fim de semana, como pudemos nos esquecer? De repente, a porta do armário não parece *tão* quebrada assim, especialmente agora que vislumbramos a possibilidade de relaxar no sofá com uma xícara de café enquanto nos atualizamos sobre os eventos do mundo. Ah, e as palavras-cruzadas! Certo, decisão tomada. Preparamos a cafeteira, pegamos nosso jornal e começamos a correr os olhos pelas manchetes.

UMA NOVA PÁGINA NA HISTÓRIA

O jornalismo impresso está por um fio, e a mídia digital espera ansiosa ao seu lado no leito do hospital, pronta para desligar os aparelhos e herdar os negócios da família. Os jornais tiveram uma boa vida e, antes de ficarmos sentimentais, é importante nos lembrarmos de que todas as coisas, em algum momento, acabam sendo substituídas. Afinal de contas, quando foi a última vez que você leu um rolo de pergaminho?

Há 2 mil anos, o livro (ou códice, para usar o termo técnico) foi um grande passo em direção à cultura escrita. Ele era muito mais portátil e, em vez de ser enrolado, possibilitava que o leitor o folheasse facilmente até a seção desejada, o que era maravilhosamente útil ao tentar pregar sermões específicos da Bíblia para uma multidão de pagãos impacientes. De fato, não é coincidência que a disseminação do cristianismo, uma religião baseada em um texto sagrado, tenha acontecido lado a lado ao surgimento do livro. No século I, quando era apenas outro culto obscuro do Oriente, o apóstolo São Paulo não passava de um estranho reformista que carregava uma espécie de caderninho dobrado, em uma era em que nenhum dos textos recuperados de Herculano e Pompeia eram códices. Em vez disso, os romanos escreviam em papiros, cera, pedaços de cerâmica quebrada ou – como no caso de Vindolanda, um forte na Muralha de Adriano, na Escócia – em finas tábuas de madeira. No entanto, no século IV, quando o império adotou Jesus oficialmente, o códice era tão popular quanto o pergaminho e, em duzentos anos, deu um pé na bunda de seu rival, lançando-o na obsolescência histórica.

Ainda que o códice fosse uma tecnologia novinha em folha, os textos ainda tinham que ser trabalhosamente escritos, linha por linha. O livro era especial porque uma única cópia exigia um esforço enorme, e os adoráveis rabiscos nas margens, feitos pelos escribas medievais, são a prova disso. Entre meus favoritos estão o esperançoso "Graças a Deus, logo vai escurecer!"; o fatigado "A escrita é uma labuta excessiva. Dói as costas, prejudica a visão, revira o estômago e os flancos"; e o hilário e nada poético "Ai! Minha mão!". Mas, deixando de lado essas raridades, vale lembrar que o valor desses textos também podia ser estético. Documentos administrativos, como o censo de *O livro do Juízo Final*, de 1086, executado por Guilherme, o Conquistador, podem até ter sido escritos com o mínimo cuidado, mas os evangelhos sagrados, muitas vezes inscritos em pergaminho de pele de animal, transcenderam a mera utilidade para se tornar belíssimas obras de arte ilustradas, cujas grandes letras iniciais exigiam horas de um trabalho cuidadoso que poderia ser prejudicado até mesmo por um minúsculo espirro.

Por motivos óbvios, as restrições na produção de livros implicavam que, na cristandade ocidental, os índices de alfabetização fossem extremamente baixos. Enquanto nós temos acesso a notícias por todo tipo de fonte externa, como rádio, televisão, e-mail, blogs e jornais, na Europa medieval as pessoas comuns mantinham-se informadas basicamente pelo púlpito da igreja local, ou então por boatos que atravessavam os portões das cidades nos dias de mercado. Havia poucas opções de autodidatismo, ou radicalização política, sem o caríssimo aprendizado da misteriosa arte da leitura. Ao apoderar-se dos meios de comunicação de massa, a Igreja e a Coroa controlavam a sociedade, e esse poder só seria tomado se fosse arrancado de suas frias mãos. Mas, por sorte, havia um homem que dispunha da ferramenta certa para a missão...

Você provavelmente nunca ouviu o nome Johannes Gänsefleisch, o que é compreensível porque... Bom, quem é que vai homenagear um cara chamado "João Arrepio"? Sério, parece o nome de um cara muito mau.

Era o que Johannes provavelmente pensava sobre seu nome, e acabou adotando um sobrenome mais digno de suas grandes ambições, transformando-se em Johannes Gutenberg, deixando de ser um ourives alemão do Mainz para se tornar um titã da história global. Se em 2005 o marketing do iPod Nano da Apple pôde usar a palavra "revolucionário", então a prensa tipográfica de Gutenberg não era nada menos do que uma super-hiper-ultra-mega-bláster-revolução... Ao extremo.

A inovação de Gutenberg é digna de uma enorme admiração. Está certo que ele não inventou a impressão como conceito, visto que desde o século VIII os chineses já entalhavam modelos em blocos de madeira para produzir cópias fac-símile, mas seu golpe de mestre no século XV foi criar pequenas letras de metal que poderiam ser reorganizadas para escrever qualquer coisa, e reutilizadas infinitamente para novos trabalhos. Antes, os livros – produtos do árduo trabalho de monges em apertados *scriptoria*, ou de escribas profissionais dando duro nas universidades – eram reproduzidos manualmente por escribas no ritmo lento de cinco páginas por dia. Agora, graças à prensa mecânica, provavelmente adaptada de uma prensa de rosca de vinicultura, era possível produzir 3.500 páginas em uma única sessão.

Obviamente, isso acabou inundando o mercado com um conhecimento até o momento inalcançável. Em 1517, 50 anos após a morte de Gutenberg, o monge germânico Martinho Lutero publicou sua obra *95 teses*, uma lista de acusações contra o que ele percebia como a corrupção institucional da Igreja Católica. Suas denúncias, que antes teriam passado despercebidas ou talvez apenas pipocassem rapidamente em sua região, foram amplamente disseminadas como uma doença virulenta, chegando aos amantes de livros cada vez mais letrados em diversos pontos da Alemanha. A era do controle desimpedido da Igreja e do Estado havia ficado para trás. Finalmente, as pessoas tinham voz e, como aquele seu colega tímido do escritório que de repente solta a voz na festa com karaokê, elas estavam determinadas a mostrar o quão alto podiam gritar.

PRETO NO BRANCO

Ao nos jogarmos no sofá, esperamos o café esfriar um pouco e começamos a percorrer metodicamente o jornal do fim de semana, digerindo as opiniões cuidadosamente elaboradas e filtrando as seções com uma eficiência implacável: "Seção de moda? Quem tem 380 libras para um chapéu de veludo?". Mas, se alguma grande notícia estourar na próxima meia hora, largamos o jornal de lado e corremos de volta para nossas telas digitais, onde o site da BBC é atualizado constantemente, expondo todo o drama, linha por linha, tão logo ele acontece. Devoramos esse jornalismo instantâneo com um apetite voraz, mas nossos ancestrais não tinham essa mesma fome de notícias. Eles eram curiosos como nós, mas não tinham infraestrutura para se informar com a nossa frequência.

Há 2 mil anos, mesmo no glorioso apogeu do Império Romano, o melhor que eles podiam fazer era uma espécie de gazeta diária chamada *Acta Diurna*, que fornecia um breve resumo das manchetes de atividades políticas, escândalos, batalhas e processos jurídicos. Mas, ainda que houvesse um tremendo interesse em consumir essas novas informações, nenhuma autoridade pensou em distribuir várias de suas cópias. Era, bem literalmente, uma única tábua gravada pendurada no Fórum, tal como um aviso sem graça fixado na cantina da escola. Assim, se você quisesse saber o que estava acontecendo no império, era preciso enviar seu escravo para tomar nota das partes interessantes e contá-las a você.

O surgimento das notícias propriamente ditas não aconteceu, portanto, até o século XVI, quando a aliança entre Gutenberg e Lutero deu origem ao panfleto, que era efetivamente uma publicação de blog impressa em um formato barato e vendida aos ávidos leitores. Inicialmente, os panfletos tratavam do furor religioso alimentado pelo anticatolicismo de Lutero, mas, quando o alvoroço se aquietou, os editores começaram a publicar assuntos atuais, embora a integridade jornalística ainda não fosse suficientemente desenvolvida para arriscar irritar as autoridades. Não se tratavam de propagandas nos padrões da Coreia do Norte – ninguém acusava o papa de ter o costume de seduzir crianças –, mas o pecado da omissão implicava que os panfletos tinham um princípio mais do tipo "toda notícia é boa notícia", do que "nenhuma notícia é boa notícia".*

Então, qual foi realmente o primeiro jornal? Talvez graças à influência de Lutero, ele foi escrito em alemão, na cidade de Strasburg, e impresso por um senador local chamado Johann Carolus, em 1605. Sua ideia foi

* Referência ao ditado inglês que diz "*No news is good news*", referindo-se ao fato de que é melhor não receber notícia nenhuma do que receber más notícias. (N.T.)

intercalar notícias de todo o Sacro Império Romano escritas à mão, e depois imprimi-las uma vez por semana, para o benefício de seus, praticamente, 200 leitores. Alguns deles certamente eram sujeitos ricos que viviam em castelos, mas uma boa parte era provavelmente composta por comerciantes que buscavam notícias sobre os mercados estrangeiros. Ao final do ano, Carolus já havia reunido 52 folhas em um livro, o qual recebeu o nome propício de *Relation aller fürnemmen und gedenckwürdigen historien* (Relação de todas as notícias notáveis), fazendo uma descrição histórica dos eventos do ano, muito parecido com as retrospectivas que temos hoje. Dado esse sucesso inicial, outros jornais europeus logo foram criados, muitas vezes informando sobre a brutal Guerra dos Trinta Anos, que estava deixando a Alemanha em frangalhos.

Na década de 1620, a Grã-Bretanha publicava as notícias estrangeiras em *corantos* de oito páginas, mas os ventos desfavoráveis do Canal da Mancha podiam atrasar a entrega dos jornais por várias semanas. Assim, quando as "novidades" chegavam, elas já podiam estar totalmente desatualizadas. Mesmo depois das felizes consequências da revolução da impressão, a logística ainda continuava a ser um grave problema. Outra dor de cabeça era que os leitores ficavam confusos com o fato de os jornais manterem o mesmo cabeçalho toda semana, enquanto os panfletos mudavam de título para refletir cada nova ideia. Os editores do *Weekly Newes from Italy, Germanie, Hungaria* precisavam explicar pacientemente que a nova edição era diferente da última, mesmo que o nome fosse igual. De toda forma, ainda que o jornal estivesse a todo vapor, esses primeiros periódicos não eram muito parecidos com o que estamos lendo agora em nosso confortável sofá. Não havia manchetes em destaque, anúncios ou fofocas sobre celebridades, e as ilustrações eram menos frequentes. Além disso, as notícias eram relatadas de forma descontextualizada e imparcial, transferindo para o leitor a responsabilidade de formar a própria opinião, ou seja, os jornais não escreviam um editorial.

O divisor de águas na indústria jornalística britânica foi o violento estouro, nos anos 1640, das Guerras Civis entre a Coroa e o Parlamento. Conforme o conflito se intensificava, o jornalismo começava a olhar de outra forma para a política britânica, e ambos os lados publicaram seus próprios títulos partidários para difamar o outro, com o sucesso do *Kindsome's Weekly Intelligencer* de Cromwell inspirando a réplica real *Mercurius Aulicus*. Em meio a esse turbilhão, apareceu o jovem editor Marchmont

Nedham que, com apenas 23 anos, editou, em 1643, sua sarcástica publicação antirrealeza, *Mercurius Britannicus*. Isso enfureceu o rei Carlos I, e Nedham logo se viu prometendo desesperadamente publicar seu *Mercurius Pragamaticus* pró-realeza. É claro, o rei perdeu a guerra e, pior que isso, a cabeça, enquanto os vitoriosos parlamentares meteram Nedham atrás das grades, acusando-o de traição. No entanto, sempre pragmático, o jornalista encarcerado reconquistou sua liberdade com o *Mercurius Publicus*, a publicação oficial do regime autoritário de Oliver Cromwell.

Em menos de uma década, os periódicos inofensivos recheados de trivialidades sobre o clima húngaro foram transformados em polêmicas difamatórias repletas de anúncios e ilustrações atrativas. Uns bons 350 anos antes da polaridade de nossos tabloides modernos, as manchetes já assumiam posições ideológicas e tiranizavam seus inimigos políticos. Para nós, isso é sinal de uma democracia saudável, mas, diante das consequências tumultuadas de uma violenta Guerra Civil, era visto como desestabilização. Quando, em 1660, a monarquia foi restaurada, o novo rei, cujo pai sofrera aquela terrível decapitação, não acolheu os sensacionalistas que alimentavam a rebelião. Carlos II pode ter ficado marcado na história como um populista hedonista abençoado pelo dom de lidar com as pessoas, mas ele destruiu a liberdade de imprensa com a força de um elefante.

Ainda que a censura tenha interceptado o avanço do jornalismo, o forte desejo pelas notícias perdurou e logo surgiriam locais especiais para atender a essa necessidade. Nos anos 1650, as recém-criadas cafeterias de Londres transformaram-se em fontes das quais as pessoas bebiam para matar sua sede intelectual. Com uma entrada que custava um *penny*, os homens (as mulheres não eram tão bem-vindas) podiam socializar, ler os jornais e sucumbir a uma exótica bebida quente que acabara de ser importada da Turquia. Esse café do século XVII não era comparável ao grão aromático que estamos degustando em nossa caneca preferida: era mais como um lodo nojento, uma espécie de grude queimado semelhante a piche com um leve sabor de nozes. Mas, em uma era na qual a maioria das pessoas vivia levemente embriagada, a dose de cafeína intensa tirou aquelas mentes entorpecidas de suas ressacas e as levou para um ritmo de atividade mais intenso.

Não contentes em apenas lerem os jornais, os frequentadores das cafeterias buscavam novas informações de todo tipo de fonte. Era comum cumprimentar alguém com a frase: "O que você conta de novo?", na expectativa de que essa pessoa soubesse de algo que você não sabia. Mas esses locais não eram frequentados apenas pelos desocupados e entediados ou por camaradas jogando conversa fora ou o equivalente a Ross, Rachel, Phoebe, Monica, Joey e Chandler de perucas. Eles também eram o ponto de encontro dos mais notáveis poetas, filósofos, escritores, capitalistas e cientistas de Londres. Os fregueses da *Grecian Coffee House* podem ter testemunhado Isaac Newton e Edmund Halley dissecando um golfinho morto – algo não muito comum de se ver no *Starbucks*. Já a *Jonathan's Coffee House* vivia lotada de mercadores rudes e barulhentos ávidos por acompanhar os preços dos produtos, motivo pelo qual aos poucos ela acabou se transformando na Bolsa de Valores de Londres.

Enquanto todos esses radicais espertos socializavam entre si tomando uma xícara de café, o rei Carlos II foi ficando cada vez mais preocupado que as cafeterias estivessem se transformando em redutos de disseminação da discórdia. Em 1675, ele tentou fechá-las – exatamente como havia feito com a imprensa –, mas nunca é uma boa ideia tentar privar um viciado em cafeína de seu barato diário e foi forçado a desistir de sua ideia. Embora tenha admitido a derrota nessa questão, o rei não deixou por menos com os jornais. Foi preciso que ele morresse e seu irmão, Jaime II, fosse deposto para que a imprensa inglesa fosse liberada da censura real, com a expiração, em 1695, do restritivo Ato de Regulação 95. Isso acabou acendendo a grande chama do jornalismo popular.

Em 1702, o primeiro jornal diário da Inglaterra, *The Daily Courant*, foi lançado, e a ideia logo começou a se espalhar pelas colônias. Na Nova Inglaterra, um jovem Benjamin Franklin passou sua adolescência trabalhando como aprendiz na gráfica de seu irmão. Como já sabemos, ele aproveitou sua relação para pregar uma peça no *New-England Courant*, fazendo com que todos pensassem que se tratava de uma extravagante senhora chamada Silence Dogood. Suas cartas quinzenais (discursos satíricos sobre a cultura popular) tornaram-se uma sensação entre os ingênuos leitores, de forma que a viúva reclamona recebeu diversos pedidos de casamento daqueles cativados por sua implacável capacidade de se decepcionar.

Em 1800, quando Franklin ajudou a liderar a América na conquista da independência, já havia 376 bons jornais à venda em todo o país. Nada mal. Ainda assim, em 1871, esse número disparou e chegou a alcançar 5.781 jornais, ou seja, 15 vezes mais, com 20 milhões de cópias enviadas aos leitores ávidos por adquirir mais conhecimento sobre sua vida e sua época. Assim como a primeira revolução do jornal exigiu a tecnologia da impressão, agora essa enorme expansão estava sendo levada nas costas pelo revolucionário telégrafo elétrico. Sua rede de cabeamento uniu o jornalismo local, regional, nacional e internacional em um único grande fluxo de notícias sindicalizadas espalhadas por todo o continente americano. Chegaremos aí em breve, mas primeiro vamos explorar onde surgiu a chamada telegrafia (que, em grego, literalmente significa "escrita a distância"). Como sempre, foi muito antes do que você imagina.

ENVIANDO UM SINAL

O governante de uma poderosa cidade havia sucumbido à loucura. Enquanto a enorme força inimiga forçava a invasão, ele se recusava a implorar a ajuda de seus aliados; então, enviou seu filho para uma missão suicida, a fim de recapturar o posto perdido. Mas um sábio conselheiro, ao perceber o desespero irracional do líder assolado, enviou um jovem herói para passar escondido pelos guardas e acender o farol assim mesmo, pois ainda havia esperança. O farol emitiu uma luz gloriosa e, instantes depois, um promontório no horizonte distante irrompeu sua luz cor de laranja. Ao longo das montanhas cobertas de neve, uma cadeia de luzes se acendeu em cores vivas, uma a uma, até que, a centenas de quilômetros de distância, na cidade dos aliados, um vulto atento detectou o brilho dourado e, eufórico, correu para os aposentos do rei gritando "Os faróis estão acesos! Gondor pede ajuda!". Sem titubear, o rei responde com a frase imortal: "...e Rohan responderá!" Nesse ponto, basicamente todo mundo no cinema comemora aliviado, fazendo uma chuva de pipoca e Coca-Cola. Viva Gandalf, o Mago!

Certo, a trilogia *O senhor dos anéis* não é exatamente história, mas ilustra perfeitamente uma forma de telegrafia que data da Idade do Bronze. Uma rede de faróis acesos era muito mais rápida do que enviar um cara a cavalo – a versão arcaica da mensagem instantânea –, no entanto, ela enviava apenas uma mensagem pré-acordada. Nós, por exemplo, podemos quebrar o vidro de um alarme de incêndio se virmos fumaça saindo da cozinha, mas não o faríamos se o leite acabasse ou se quiséssemos uma xícara de chá. Para nós, o alarme de incêndio só significa *uma* coisa. Da mesma forma, os faróis não eram usados para bate-papos de longa distância, mas como uma sirene de emergência. Nas antigas cidades assírias, uma piscada significava "Isso é preocupante", e, duas, basicamente "Caramba, mandem ajuda!". Mas nem todos os sinais eram súplicas desesperadas por ajuda. Na peça antiga *Agamemnon*, do dramaturgo grego Ésquilo, um vigia aguarda a luz do farol para confirmar a queda de Troia, enquanto, em 1588, os faróis foram acesos ao longo da costa inglesa como um sistema de alarme acionado pelo aparecimento da invasora Armada Espanhola.

Teoricamente, os faróis eram um sistema simples, mas não à prova de falhas. A cidade suméria de Mari, na Síria atual, foi apagada do mapa pelo triunfante rei babilônio Hamurabi, em 1759 a.C., mas, quando foi redescoberta, nos anos 1930, entre suas ruínas havia cerca de 25 mil documentos em escrita cuneiforme, inclusive relatórios dos sinais de tocha das cidades vizinhas. Um, em particular, revelou que certa vez houve um contratempo: "Meu senhor escreveu para dizer que dois sinais de tocha haviam sido acesos, mas nós nunca vimos os dois sinais de tocha... Meu senhor deve analisar a questão". Esse era o equivalente mesopotâmio para: "Ei, te mandei um SMS. Você não recebeu? Que estranho!".

Muito antes do sistema de semáforo de bandeiras naval do século XIX, houve uma boa sugestão do antigo historiador grego Políbio, segundo a qual os faróis poderiam facilitar e deixar o envio de mensagens mais flexível através de longas distâncias. Para ele, a posição de uma letra em um sistema de grade 5×5 poderia ser comunicada com tochas acesas. Então, se A estivesse na linha 1 e na coluna 1 da grade, a letra P estaria na linha 4 e na coluna 1. Portanto, para soletrar a letra P, era preciso acender quatro tochas à esquerda de um marcador e uma à direita. Era um conceito excelente, mas de difícil manuseio na prática, visto que as tochas precisavam estar a uma distância considerável entre si para que pudessem ser diferenciadas ao olho humano a muitos quilômetros de distância. Assim, ironicamente, os mensageiros com cada tocha precisariam ter seu próprio sistema de mensagens para garantir que todos trabalhassem em harmonia. Além disso, o fato de que os romanos não se importaram em adotar um sistema tão inteligente, a despeito de seu vasto império, sugere que implementá-lo seria como fundar uma equipe de ginástica sincronizada formada por gatinhos – uma noção adorável, mas cuja organização seria um pesadelo.

Naturalmente, os faróis não eram a resposta, e a telegrafia prática só surgiu no final do século XVIII, graças à rede de torres criada pelo francês

Claude Chappe e seus irmãos. Instauradas após a Revolução Francesa, essas torres de telégrafo tinham projetado em cima delas um longo mastro, no qual balançava um feixe de luz chamado de regulador, que podia ser movido como uma gangorra para uma entre quatro posições. Em cada extremidade do feixe havia uma aba indicadora que podia ser colocada em sete posições diferentes, o que proporcionava 196 (7×7×4) configurações possíveis, as quais posteriormente foram reunidas em três livros de códigos. De forma bastante inteligente, em vez de escrever as palavras letra por letra, como Políbio havia sugerido, os operadores trabalhavam com dicionários e, ao enviar apenas três sinais, era possível transmitir uma palavra específica, de uma página específica em um dos três livros de códigos também específicos. Assim, uma mensagem de semáforo de "2, 22, 67" significava "a 67ª palavra na página 22 do livro 2".

Em 1846, foi possível enviar uma lista teórica de 45.050 palavras – um vocabulário além até mesmo da memória de Stephan Fry – às 534 estações retransmissoras espalhadas pela França. Esse, obviamente, foi um método extremamente útil para a comunicação militar, e do qual Napoleão Bonaparte era fã. Mas, para os cidadãos comuns, isso não oferecia nada além de uma dose regular de terrível decepção, porque tudo o que o sistema fazia por eles era acelerar a transmissão dos resultados da loteria nacional – e não há nada mais deprimente do que perder constantemente um monte de dinheiro. Os britânicos, por sua vez, investiram em uma tecnologia semelhante. Primeiro, com o semáforo obturador de lorde George Murray, o qual, assim como o sistema de Políbio, comunicava letras, e não palavras. Depois, eles optaram por algo mais próximo do telégrafo francês. Em 1827, as empresas de navegação comercial puderam enviar telégrafos por Liverpool, dando início ao desenvolvimento da alta tecnologia para as comunicações comerciais.

No entanto, esses sinalizadores de linha de visão se tornavam completamente inúteis em condições climáticas desfavoráveis e durante a noite, o que, ao considerar o clima deprimente da Grã-Bretanha, significa que eles provavelmente não passavam de uma grande poluição visual em boa parte do ano.

Mas, se apenas eles conseguissem criar um sistema que funcionasse 24 horas por dia, sete dias por semana, faça chuva ou faça sol, e que estivesse disponível para todos...

CONECTADOS

Foi a caçada humana quem roubou as manchetes e a imaginação da nação britânica. No Ano-Novo de 1845, a senhora Ashley, de Salt Hill, perto de Slough, ouviu uma série de gemidos aterrorizantes do outro lado da parede. Ao ver um homem saindo apressado pela porta e temendo que houvesse algo de muito errado acontecendo, ela decidiu investigar e deu de cara com sua vizinha, Sarah Hart, espumando pela boca por conta de uma dose fatal de veneno. Em pânico, ela ativou o alarme e um dos primeiros a aparecer em socorro foi um vigário, o reverendo E. T. Champnes, que pegou a descrição do suspeito com a senhora Ashley e imediatamente saiu para procurá-lo na estação de trem mais próxima. Nosso valente herói de colarinho clerical chegou bem a tempo... De ver o culpado subir no vagão da primeira classe e deixar a estação. Tão perto e, ao mesmo tempo, tão longe. Ou não? Por sorte, Champnes era especialista em uma tecnologia de ponta (obviamente, ele devia ser um justiceiro-vigário totalmente por dentro das tendências da época) e pediu para que o chefe da Estação de Paddington enviasse um telegrama alertando a polícia do paradeiro do suspeito.

Assim que o trem chegou a Londres, o sargento Williams estava esperando pelo homem, não para prendê-lo, mas para acompanhá-lo até em casa. No dia seguinte, ao voltar para a Polícia Metropolitana, Williams se ocupou da prisão de John Tawell, um respeitável *quacker*, acusado pelo assassinato de Sarah Hart, que, na verdade, era sua ex-amante. O julgamento foi uma sensação e o veredito, inevitavelmente, acabou em sentença de morte. Em resposta, o *The Times* garantiu que: "Se não fosse pela ajuda eficiente do telégrafo elétrico, tanto em Slough como em Paddington, teria havido uma enorme dificuldade e um grande atraso na prisão [de Tawell]". Não familiarizado com a velocidade da telegrafia elétrica, o público vitoriano ficou absolutamente fascinado por esse aparelho quase mágico, cujos cabos receberam seu próprio *slogan*: "as cordas que enforcaram John Tawell". Mas de onde havia surgido esse artefato anticrime?

Na Grã-Bretanha, o telégrafo elétrico tinha apenas oito anos nesse período, fruto da engenhosidade compartilhada de William Fothergill Cooke e Charles Wheatstone. Eles encontraram uma forma de aproveitar a natureza "vai e vem" dos eletroímãs para apontar em diferentes direções e, assim, usá-los como indicadores direcionais numa tábua em formato romboidal com letras inscritas. Ao ligar essas tábuas aos cabos, era possível enviar mensagens escritas a 300.000 km/h, de dia ou de noite e em qualquer condição climática, transformando a telegrafia conectada em uma tecnologia muito superior em relação a seu antecessor de linha de visão. Assim como os irmãos Kellogg, os dois homens imediatamente entraram em uma discussão sobre comercializar ou não sua invenção, até que Cooke acabou comprando a parte de seu parceiro idealista e lançou o aparelho, que obteve sucesso instantâneo.

Mas o telégrafo elétrico não era apenas um artefato divertido e emocionante para caçadas criminais; ele revolucionou a comunicação global. Em 1856, o jornalista W. H. Russell, que havia ido para Crimeia cobrir a guerra anglo-francesa contra a Rússia pelo *The Times*, pôde publicar suas reportagens em Londres já no dia seguinte. Em comparação, na Índia, onde ainda não havia cabos conectados, as notícias do infame motim de 1857 demoraram 40 dias para chegar à Grã-Bretanha. Uma conectividade como essa acabaria tendo um impacto enorme em nossas vidas comuns, e também aumentaria consideravelmente o ritmo do jornalismo. A Agência de Notícias Reuters, fundada em 1851 pelo alemão Paul Julius Reuter, foi a primeira grande organização de coleta de notícias que buscava furos e os vendia a outros jornais, entregando-os rapidamente por meio de pombos-correios e do telégrafo elétrico. Em uma época na qual as pessoas já estavam habituadas a esperar dias ou até semanas pela cobertura de um evento, receber atualizações diárias era algo realmente maravilhoso.

Na América, a explosão telegráfica aconteceu quase que do dia para a noite, graças ao apoio do governo. Em 1846, havia apenas 60 quilômetros de linhas experimentais entre Washington e Baltimore. Já em 1850, essa extensão aumentou em seiscentas vezes, chegando a 37 mil quilômetros – uma taxa de expansão sem precedentes. No entanto, esse enorme crescimento não foi criado para o aparato de Cooke e Wheatstone, mas para um aparelho semelhante inventado pelo retratista, e inventor em meio-período, Samuel Morse. Sua máquina usava um código de batidas com pontos e traços, com o qual o operador podia "ler os sons" e decifrar dez palavras por minuto.

Ao corrermos os olhos pelo nosso jornal de sábado, acabamos vendo uma notícia sobre jogos de computador violentos e o declínio moral da geração do *selfie*. Nossa falange moderna de colunistas está sempre determinada a nos dizer que a internet está prejudicando a sociedade íntegra e que vamos todos acabar gordos e infelizes. Essa preocupação excessiva e ansiosa, no entanto, não é recente. Quando o trem a vapor para passageiros foi inventado, alguns médicos temiam que a velocidade exorbitante de 30 km/h pudesse causar danos cerebrais, e quando a bicicleta ficou popular entre as mulheres, no final do século XIX, os médicos alegaram que a expressão das moças ficaria permanentemente retorcida no que eles chamavam de "cara de bicicleta", por conta do esforço do exercício. Da mesma forma, quando o telégrafo começou a dominar a América que vivia uma rápida industrialização, o neurologista doutor George Miller Beard surgiu com seu livro *Nervosismo Americano*, argumentando que cada humano nasce com um abastecimento finito de energia nervosa e que a agitação implacável da modernidade o estava esgotando depressa demais, resultando em uma fadiga delirante e causadora de dores de cabeça, chamada de neurastenia. Segundo ele, isso afetaria até mesmo as mentes mais geniais do país.

Para o doutor Beard, basicamente tudo era motivo de esgotamento para o pobre cérebro impotente, mas:

> **O telégrafo é uma causa de nervosismo, cuja potência é pouco compreendida. Antes da chegada de Morse e seus rivais, os mercadores eram muito menos preocupados do que agora... Hoje, os preços de cada porto são conhecidos simultaneamente por todo o planeta. Essa flutuação contínua de valores, e o constante conhecimento dessas flutuações em todas as partes do mundo, são os flagelos dos homens de negócios, os tiranos do comércio, cada redução nos preços... Fica sendo conhecida em menos de uma hora por toda a União; com isso, a concorrência é, ao mesmo tempo, difundida e intensificada.**

A neurastenia ficou mais popular quando foi subitamente renomeada pelo psicólogo William James (irmão do escritor Henry James) como "americanite". No entanto, esse pânico não se limitava apenas aos Estados Unidos. Em 1901, o editor do jornal *London Star* escreveu: "Minimizamos e condensamos nossas emoções... destruímos a memória de ontem com as preocupações de amanhã". Ou seja, a tecnologia estava lançando nossos ancestrais para o avanço a uma velocidade sem precedentes, mas parece que boa parte deles queria parar e descer daquilo que os deixava tão nauseados.

E, no entanto, aqui estamos nós, sentados em uma sala repleta de dispositivos eletrônicos, fazendo exatamente o oposto e nos agarrando à nossa querida vida enquanto seguimos cada vez mais depressa. Gutenberg libertou as pessoas dando-lhes voz, e agora a revolução digital está fazendo o mesmo conosco. Com os governos capazes de recolher dados infinitos sobre cada aspecto de nossas vidas, não demorará muito para que os adeptos da teoria da conspiração comecem a lamentar os bons tempos de quando as mensagens tinham que ser entregues pessoalmente. Mas aqui segue um aviso para eles: isso também tinha suas desvantagens...

O LONGO TRAJETO DAS NOTÍCIAS

Uma lista *Top 100* das mortes mais dramáticas da história provavelmente teria o nome de Fidípides. Em 490 a.C., em busca de uma conquista gloriosa, o vasto exército persa marchou para a Grécia empunhando um mar de lanças. Naturalmente assustado, o povo de Atenas suplicou a ajuda de seus vizinhos espartanos, mas, infelizmente, não havia uma linha de emergência no escritório dos dois reis de Esparta – nem um *bat*-sinal para projetar no céu noturno. Em vez disso, um corredor chamado Fidípides foi enviado para transmitir a mensagem pessoalmente. Dois dias depois, tendo arrastado seu corpo cansado por 240 quilômetros, o salvador solitário da independência ateniense chegou desesperado à cidade com o pedido de ajuda. Mas os espartanos estavam no meio de um festival sagrado e, apesar da gravidade da ameaça, ofereceram apenas uma resposta educada, essencialmente uma versão aprimorada de: "Ah, eu adoraria ir, de verdade, mas é um festival religioso, sabe? Que tal na semana que vem? Você vai estar livre?".

Fidípides correu de volta para casa e se deparou com as tropas da cidade prestes a travar uma batalha épica na cidade de Maratona. Por não ter conseguido convencer os espartanos, ele esperava testemunhar a carnificina inevitável de seu povo e a destruição de sua cidade. No entanto, de alguma forma, os atenienses emergiram do massacre como os vitoriosos inesperados. Embora estivesse sofrendo do que possivelmente foi o pior caso já visto de "mamilo do corredor", o pobre Fidípides foi enviado de novo a Atenas para contar as boas novas. Porém, instantes depois de entrar na cidade para proclamar o triunfo heroico, o exausto corredor fez o que a maioria de nós faria uns 150 quilômetros antes: caiu morto.

Até a chegada do fantástico telégrafo elétrico, em meados do século XIX, o envio de mensagens de longa distância normalmente exigia que um animal ou um humano fizesse a entrega fisicamente e, para um mensageiro solitário, a expansão de um império podia resultar em uma tarefa mais árdua do que empurrar um piano pelas escadas de um arranha-céu. A existência de Fidípides é questionada; portanto, não leve essa história ao pé da letra. De qualquer forma, ele é um bom exemplo de uma profissão muito real: o *hemerodrome*. Esses corredores deviam cobrir algo em torno de 130 quilômetros por dia sobre montanhas e colinas para entregar bilhetes secretos. E, ainda que as mensagens não se autodestruíssem em cinco segundos, como em *Missão Impossível*, o conto preventivo de Fidípides sugere que o mesmo pode não ter sido verdade para os corredores.

A REDE SOCIAL

Todos os dias, enviamos mensagens de texto, e-mails, *tweets*, mensagens instantâneas e afins quando queremos nos comunicar mais depressa. Em Roma, o equivalente era um mensageiro humano chamado de *tabellarius*, que podia ser visto correndo para lá e para cá entre vários pontos da mesma cidade, entregando recados trocados entre amigos e colegas de trabalho. Essas mensagens eram rabiscadas rapidamente em tábuas de cera e podiam ser apagadas e escritas novamente. Porém, enviar mensagens entre as cidades era muito mais difícil. Por exemplo, o Império Persa tinha uma rede postal tão impressionante que fez com que Herodoto exclamasse: "Nem a neve, nem a chuva, nem o calor, nem a escuridão impedem a rápida conclusão de suas rotas indicadas" – quase um *slogan* de empresa –, mas a Roma Republicana não tinha um sistema tão centralizado.

Não demorou para que César Augusto, o primeiro e maior tirano do extenso catálogo de Roma, percebesse que governar um império no qual decretos jurídicos, notícias de mortes importantes e rumores sobre conspirações de usurpação passassem despercebidos por semanas era arriscar demais seu domínio. Quando as notícias de uma invasão chegassem à capital, o exército inimigo já estaria acampado do lado de fora do palácio amolando as espadas. Então, Augusto roubou a ideia dos persas e estabeleceu uma enorme rede de envio de mensagens, o *Cursus Publicus*, que ligava diversas estações de retransmissão. Agora, as mensagens podiam ser enviadas por todo o império a uma maior velocidade através da vasta rede de estradas de Roma, usando carruagens e carrinhos puxados por animais. E, pelo que o nome sugere, o *Cursus Publicus* também era aberto ao uso do povo.

Um usuário particularmente conhecido foi o apóstolo amante de cadernos, São Paulo de Tarso, que não se sentia nem um pouco envergonhado em endereçar suas cartas abertas a congregações cristãs de cidades inteiras no que deve ter sido o primeiro uso do envio de mensagens em massa da história. São Paulo esperava que suas epístolas (os livros do Novo Testamento são predominantemente coleções de cartas) fossem lidas, copiadas e passadas adiante para outras congregações. Ele confiava em um sistema eficaz de duplicação e retransmissão que lhe poupasse o trabalho de perambular pelo império fazendo as mesmas coisas em todas as cidades – tal como um *pop star* em uma exaustiva turnê internacional.

Outra evidência do sistema surgiu das tábuas de Vindolanda, descobertas por arqueólogos nas ruínas do forte romano na Muralha de Adriano. Esses documentos oferecem vislumbres fascinantes da vida diária dos soldados enviados para as gélidas fronteiras do império, mas também revelam como as mensagens podiam ser frequentes e banais. A Tábua 291 é um encantador convite da esposa do comandante do forte para uma festa de aniversário, a 310 é uma mensagem de um soldado para seu camarada Veldeius, que parece ter sido temporariamente enviado para Londres, na qual o amigo pergunta se ele poderia providenciar que as podadeiras que havia comprado fossem enviadas para o norte. A Tábua 311 é de outro soldado, aparentemente irritado por seu amigo não lhe escrever de volta: "Estou em muito boa saúde, e espero que você também esteja, seu negligente que ainda não me mandou nenhuma carta".

Na verdade, esse destinatário preguiçoso pode não ter sido tão preguiçoso assim. Ainda que as comunicações oficiais viajassem pelo *Cursus Publicus* na Grã-Bretanha, o que significa que uma carta podia ir de Vindolanda a Londres em apenas uma semana, os soldados de patente inferior precisavam confiar suas cartas aos viajantes que já estavam a caminho da direção certa, e isso era menos confiável. Por exemplo, na Tábua 343, um ansioso Otávio escreve a Cândido:

Já lhe escrevi diversas vezes para falar que comprei cerca de cinco mil *modii de espigas de grãos, e por isso preciso de dinheiro. A menos que você me envie algum dinheiro... vou acabar perdendo o que dei como garantia, cerca de trezentos *denarii,*** e ficarei constrangido...**

Embora seja possível que Cândido fosse um bandido fujão, ele também pode nunca ter chegado a receber essas cartas.

E não eram apenas os impérios da Eurásia que precisavam se comunicar através da geografia épica. No auge do Império Inca, no início do século XVI, suas terras abrangiam mais de 1.900.000 km^2, se estendendo por quatro mil quilômetros ao longo da cadeia andina, da Colômbia ao Chile (uma impressionante zona de entrega postal). A comunicação entre as cidades obviamente era um pesadelo logístico, mas os incas surgiram com uma solução excelente: uma enorme cadeia de mensageiros situados em pequenas cabanas. Assim, diferente do modelo dos gregos, no qual um único homem precisava cobrir 240 quilômetros, os *chasquis* incas corriam o mais rápido que podiam por distâncias muito mais curtas e, assim que viam um posto de parada, soavam uma corneta de concha para alertar o mensageiro seguinte de sua chegada. Esse mensageiro, então, levava a mensagem para o próximo posto e fazia a mesma coisa. Ah, como seria legal assistir a uma cornetada de 4×100 metros nas próximas Olimpíadas!

É claro, alguns animais são mais velozes que os humanos e, por isso, fazia sentido usar a ajuda deles no sistema de envio de mensagens. Os cavalos são os mensageiros naturais mais rápidos do mundo, basicamente porque ninguém é estúpido o bastante para tentar selar um guepardo. Assim, em abril de 1860, foi lançado o *Pony Express* da América, uma versão equina do sistema de mensagens dos *chasquis* incas. Em apenas dez dias, qualquer um podia enviar uma carta da recém-estabelecida Califórnia para o Missouri, a 3 mil quilômetros de distância, pela transportadora que contava com 400 cavalos galopantes alternados a cada 15 quilômetros. O *Pony Express* era revolucionário, emocionante, a redefinição de uma era... Mas durou pouco. Apenas 18 meses depois do lançamento,

* Unidade de medida usada na Roma Antiga para grãos. (N.T.)

** Pequena moeda de prata da Roma Antiga. (N.T.)

o telégrafo elétrico entrou na história e imediatamente acabou com os valentes caubóis da inutilidade do oeste americano.

Mas cavalos, camelos e humanos são abençoados apenas com pernas. No passado, se você quisesse um serviço realmente veloz, era preciso arranjar um pombo-correio. Os cientistas ainda não entendem o mecanismo biológico que permite que os pombos encontrem seu caminho, mas, seja lá qual for a magia, é incrivelmente fantástico. Sabemos, por exemplo, que durante as Cruzadas, os soldados muçulmanos sitiados e bloqueados usavam pombos para levar mensagens acima das cabeças frustradas de seus inimigos cristãos, incapazes de interceptá-los. Mesmo antes disso, há 2 mil anos, os resultados dos Jogos Olímpicos da Grécia Antiga eram entregues às cidades egeias pelos mercúrios arrulhantes de asas, com mensagens presas nos pés para que pudessem voar para casa a 80 km/h, cobrindo uma extensão em torno de 1.800 quilômetros.

Os pombos-correios também desempenharam um papel fundamental na Primeira Guerra Mundial, com cem mil deles enviados pelos britânicos para as fronteiras, para compensar as falhas caóticas do canal de rádio. Na ocasião, notavelmente, os pombos tiveram um índice de sucesso de 95% das missões, mesmo quando suas bases eram movidas depois que eles saíam. Alguns deles até receberam medalhas e se tornaram heróis, sobrevivendo a ferimentos de balas e ataques selvagens dos esquadrões de falcões alemães, treinados para interceptá-los e impedir a entrega depenada e ensanguentada das súplicas dos soldados desesperados nas trincheiras mortais. Mais recentemente, criminosos foram pegos usando pombos-correios para entregar contrabandos em uma prisão na América do Sul. Com isso, os guardas acabaram capturando animais exaustos que sobrevoavam os pátios da penitenciária com celulares presos às costas. Mal posso esperar pelo lançamento de um adorável filme de animação sobre um pombo corajoso que, contra todas as expectativas, consegue entregar a remessa de heroína para o chefão tatuado da prisão.

Os pombos-correios, no entanto, nem sempre voaram por aí sozinhos. Em setembro de 1870, Paris estava cercada por um vasto exército prussiano composto por duzentos mil homens, e seus telégrafos elétricos estavam danificados. Para eliminar o bloqueio e mandar as notícias para o resto da França, Gaston Tissandier, um cientista treinado em meteorologia aeronáutica, se voluntariou para flutuar pela cidade em um velho e remendado balão de ar quente com 30 mil cartões postais e cartas carinhosamente escritos pelos ansiosos parisienses, incertos do futuro que recairia sobre a cidade. A bordo do balão, iria também uma caixa com pombos-correios. Se a missão desse certo, eles levariam a notícia para a capital. Às 9h50 da manhã, o balão flutuou acima das formações dos liliputianos prussianos, cujas tentativas de acertá-lo só atingiram a chuva de panfletos abusados de Tissandier, escritos em alemão e criados para desmotivar os inimigos da França.

Após um trajeto de mais de duas horas, o balão caiu drasticamente perto da vila de Dreux. Em meio aos animados habitantes locais, o heróico Tissandier arrastou seus sacos para a carruagem ao lado, desfrutou de um almoço oferecido em sua homenagem (um trabalho sempre tem suas vantagens, por mais perigoso que seja) e partiu para o correio local, carregando consigo as esperanças de uma cidade. Incrivelmente, essas 30 mil cartas chegariam aos seus destinos. E, graças aos pombos que voltaram, Paris saberia disso.

*PEN FRIENDS**

Tiramos os olhos do jornal e, de repente, ouvimos um ruído na porta da frente. Parecem ser as cartas, revistas e propagandas sendo jogadas sobre nosso tapete de entrada. O carteiro dá meia-volta e desaparece pela rua, sem nos perturbar. Mas imagine se ele ficasse parado em frente à sua porta esperando o pagamento pelo trabalho? Agora imagine se ele voltasse outras 11 vezes, só hoje, e cada uma delas com a expectativa de receber um pagamento? Por mais estranho que pareça, é exatamente assim que funcionava o sistema de correios britânico no passado. A coleta e a entrega constante de porta em porta implicavam que os moradores tinham que encontrar assunto para conversa fiada com o carteiro até 12 vezes por dia. Não é de se admirar que os ricos tivessem criados para atender à porta. Há um limite de tolerância para o tanto de conversa mole que uma pessoa pode suportar...

* Expressão que hoje, com a internet, praticamente caiu em desuso, mas fez sucesso no passado, inclusive no Brasil. Também chamados de "*pen pals*", trata-se de amigos que trocam cartas com frequência. Literalmente, significa "amigos de caneta". (N.T.)

Então, como surgiu esse curioso sistema de correios? Como sabemos, Roma havia lançado a bola do correio há 2 mil anos, e ainda que esse Império Ocidental tenha sido destruído como um castelo de areia levado pela onda, em Constantinopla, ele sobreviveu obstinadamente como o glorioso Império Bizantino. Ao mesmo tempo, o califado árabe ao sul também ostentava 930 estações postais supervisionadas por um leal diretor. Assim, no leste, o *Cursus Publicus* estava em boas mãos. Infelizmente, as mãos do Ocidente eram consideravelmente mais desajeitadas, e a única rede de comunicação disponível na cristandade medieval era a rede interna entre monges, bispos, clérigos e cardinais da Igreja Católica, o que significa que pessoas como nós não tinham vez. Na verdade, na Idade Média, assim como com os legionários romanos em Vindolanda, enviar uma carta normalmente significava confiá-la a um camarada anônimo que você tinha acabado de conhecer na taberna. É extraordinariamente incrível o fato de que segredos íntimos, pedidos urgentes e assuntos de negócios importantes fossem deixados à mercê de uma infinidade de perigos que os portadores poderiam enfrentar. Você se importaria em deixar um estranho que você conheceu na fila da bilheteria do cinema entregar sua declaração de imposto de renda? Não, nem eu.

Mesmo a respeitável família Paston, uma pequena nobreza de Norfolk no século XV, não estava livre desse problema. Ainda que boa parte de suas cartas sobrevivesse, conforme as evidências das muitas que foram entregues pessoalmente por uma criada de confiança chamada Juddy, os lapsos de comunicação persistiam, podendo causar alvoroço em meio à brutal Guerra das Rosas. Quem poderia culpar Margaret Paston quando ela escreveu ansiosamente ao marido:

> **Enviei uma carta a você por meio de um dos homens de Bernie, de Witchingham, escrita no Dia de São Tomé, no Natal. E não recebi notícias nem cartas suas desde a semana antes do Natal, por isso, estou muito preocupada... Rezo para que você se condescenda e me envie algumas palavras, por mais ocupado que esteja, pois meu coração não vai sossegar até que eu receba notícias suas.**

Com essa total falta de confiança no sistema postal improvisado, podemos compreender por que as cartas eram tão profundamente apreciadas. Elas podiam ser reunidas e guardadas em um local seguro, ou até mesmo transcritas e impressas, e essas coleções normalmente eram mantidas com a família até muito depois da morte dos correspondentes.

Um dos exemplos mais extraordinários do século XVIII foi a amizade de mais de 46 anos entre Horace Mann, um diplomata britânico que vivia em Florença, e o ilustre escritor Horace Walpole, filho do primeiro-ministro Robert, que morava na Inglaterra. Eles se conheceram na Itália quando eram jovens e elegantes, e continuaram a ser *pen friends* durante as cinco décadas que se passaram, acumulando 1.800 cartas que agora estão preservadas para a posterioridade. Algumas delas certamente se perderam ao longo dos anos, mas o obstáculo mais incrível era a distância entre os homens – o equivalente a três semanas de jornada por carta. Em 1745, Mann perguntou sobre a saúde do pai de Walpole, sem saber que Sir Robert já estava no túmulo em decomposição. Um emotivo Horace Walpole respondeu: "Gostaria de ter recebido sua carta na época do falecimento, pois é mais traumático ter que revisitar todos esses sentimentos de novo. Essa é a grande desvantagem de uma correspondência tão distante". Por pior que tenha sido, não vamos nos esquecer também daqueles pobres *pen pals* do século XIX que tinham contatos na Austrália, afinal, não havia sentido em perguntar: "Como está sua dor de cabeça?", se a resposta do outro lado do mundo só chegaria oito meses depois – quatro meses para ir, quatro para voltar.

APENAS UM *PENNY*

Muito antes de Walpole e Mann estarem sujando os dedos de tinta, o serviço postal medieval da Grã-Bretanha havia sido um privilégio do governo, batizado por Henrique VIII de "Correio Real". Mas essa centralização também servia para um motivo mais obscuro: tanto as cartas domésticas como as estrangeiras que chegavam à corte de Tudor eram secretamente abertas, lidas, seladas de novo e levadas adiante por espiões taciturnos que caçavam conspirações terríveis. A filha de Henrique, a rainha Elizabeth I, era particularmente propensa a tamanha intromissão, e seu chefe do serviço secreto extremamente patriota, Sir Francis Walsingham, era um gênio sinistro que sentia imenso prazer em chamar sua rede clandestina de agentes e torturadores. Notoriamente, Maria, rainha da Escócia, perdeu a cabeça por conta dessa armadilha sagaz, mas sem dúvida existiram muitas outras vítimas.

No entanto, o serviço postal não podia simplesmente permanecer como uma ferramenta de segurança nacional, não se a Grã-Bretanha quisesse se tornar uma próspera nação comercial. Na Europa, a aceleração da comunicação entre as cidades havia dado origem ao jornal, e os invejosos mercadores britânicos só podiam observar de longe, com o rosto pressionado contra o vidro, apontando animadamente para todo aquele progresso continental e gritando: "Por que não posso ter aquilo, pai?". E então, depois de muita pressão, em meados do século XVII, o Correio Real abriu suas portas para o público. Ainda assim, a censura e a intercepção das correspondências pelo governo permaneceram inabaladas na Grã-Bretanha até 1844. Bem, e hoje os nossos e-mails é que são lidos. *Plus ça change!*

Inevitavelmente, o monopólio do governo logo foi desafiado pelos espertos mercadores Robert Murray e William Dockwra, que, em 1680, estabeleceram em Londres um *penny post*, isto é, um sistema de envio de correspondências no qual os clientes deixavam seus pacotes em um dos seis escritórios de despacho e a entrega era feita no mesmo dia, por uma taxa fixa de apenas um *penny*. A ideia era brilhante, o que significava que estava fadada ao fracasso. O mal-humorado Duque de York, irmão do rei Carlos II, havia tramado um acordo favorável no qual ele recolhia os lucros do Correio Real. Portanto, o esquema de Dockwra e Murray surgiu como uma ameaça ao seu fluxo de receita. Não acostumado a dividir suas coisas, o duque fez com que o *penny post* fosse fechado e multado, e imediatamente depois lançou sua própria versão londrina da ideia. O Correio Real, portanto, continuou a operar livre do incômodo da competição justa, além de imune à reforma progressista.

Agora, se você mora em um grande país com mais de um fuso horário, tem todo o direito de ridicularizar a área insignificante ocupada pelas terras britânicas. No entanto, levar as correspondências de Londres para a Escócia e para o norte do País de Gales não era uma mera corridinha pela estrada. A entrega podia levar uma quinzena – literalmente tempo o suficiente para que um astronauta moderno chegue até a Lua, aproveite o fim de semana jogando uma partida de golfe lunar e volte para casa. Algo precisava ser feito, mas o quê? Em 1782, um empresário de teatro de Bath chamado John Palmer vendeu sua empresa e começou a atormentar o governo em relação à reforma postal. Antes disso, ele havia pensado em um sistema de transporte de alta velocidade para levar seus atores e cenários pelo país, mas se convenceu de que o correio era mais rápido. Então, em 1784, ele foi autorizado a realizar um experimento: seu carro lotado de correspondências saiu de Bristol às 16h e chegou em Londres 16 horas depois. Pelos nossos padrões, isso é tão rápido quanto uma tartaruga de três pernas com artrite, mas o recorde anterior havia sido de 38 horas, portanto, foi considerado um verdadeiro sucesso!

Pouco tempo depois, os carros vermelhos do Correio Real começaram a circular pelas ruas de pedras em todos os pontos da nação, mas ninguém ficou sabendo de Dockwra e Murray. Os custos ainda variavam muito, dependendo de onde você morava, da distância que sua carta precisava percorrer e se você era muito verborrágico. O valor era calculado por folha, o que fazia com que as pessoas mais pobres e os miseráveis pães-duros escrevessem suas cartas com linhas horizontais e verticais, uma tática de economia de papel chamada de "escrita cruzada", e que se assemelhava a uma palavra cruzada já completa. Por outro lado, os abastados exibicionistas deixavam grandes margens no papel, em uma presunçosa expressão de desperdício deliberado. Mas o mais importante de tudo é que, enquanto os jornais e as correspondências parlamentares dos figurões em cargos de destaque viajavam de graça, tudo o mais era pago no ato da entrega pelo destinatário, e não pelo remetente.

Dessa vez, sem o Duque de York para passar a mão nos lucros e impedir a reforma, os ventos começaram a soprar a favor de um melhor sistema de correios. Saindo das sombras e abrindo espaço para as importantes mudanças estava o especialista em educação progressista Rowland Hill, que, em 1837, publicou um panfleto defendendo o pagamento padronizado do *penny post* para qualquer que fosse a distância percorrida, e que tal valor fosse pago adiantado pelo remetente. Apesar dos dois anos de oposição política pelos conservadores insatisfeitos, Hill foi autorizado a executar seu esquema audaz, o que acabou exigindo a invenção do selo adesivo pré-pago. Essa inovação foi explicada por Hill como: "Um pedaço de papel apenas grande o suficiente para caber o timbre e com uma camada viscosa na parte de trás". Para colá-lo, bastava lamber a parte de trás da cabeça da rainha Vitória, uma novidade que deve ter parecido um tanto traiçoeira para algumas pessoas.

O selo *Penny Black*, lançado em 1840, é hoje bastante procurado por filatelistas atentos e passado de mão em mão por quantias absurdas de dinheiro, mas, na época, ele era menos raro: só no primeiro ano foram vendidos 68 milhões de suas cópias. Após alguns meses, as pessoas perceberam que a tinta vermelha usada para cancelar a validade de um selo usado se apagava muito facilmente, e então começaram a reutilizá-los. Assim, em 1841, o *Penny Black* foi substituído pelo *Penny Red*. Imagine a empolgação de todos aqueles filatelistas emergentes: agora havia dois tipos diferentes de selos para colecionar!

O passo seguinte na restruturação do sistema foi garantir a privacidade do remetente com a introdução do envelope e, em 1853, as pessoas não tinham mais que se preocupar com aqueles entregadores de uniforme vermelho indo e voltando constantemente de suas casas. Em vez disso, agora elas simplesmente depositavam as cartas nas recém-instaladas caixas de correio nas ruas, uma ideia emprestada dos franceses pelo viajado escritor Anthony Trollope, que por acaso tinha um emprego nos correios. Uma pessoa que recebeu a caixa postal de braços abertos foi Oscar Wilde. Ao que se diz, de forma muito semelhante aos otimistas medievais que confiavam seus segredos a estranhos, Wilde lançava uma carta pré-endereçada pela janela, confiante de que alguém na rua a pegaria e, supondo que tivesse sido derrubada sem querer, a enviaria para ele. Ainda não consegui decidir se isso é total genialidade ou mera estupidez.

As reformas de Rowland Hill foram um sucesso, e a Grã-Bretanha tornou-se uma nação de escritores de cartas obsessivos. Em 1839, foram postados 75 milhões de itens, o que parece muito, mas em 1850, esse número já havia quadruplicado para mais de 350 milhões. Com o Império Britânico se expandindo pelo mundo e gerações de emigrantes colonos vivendo fora do país, nunca foi tão difícil manter contato com seus entes queridos. Por outro lado, a criação do sistema de correios nacional em outros países, e a subsequente cooperação entre eles, significou que, apesar da distância física que crescia cada vez mais, a comunicação foi ficando mais fácil.

Ainda assim, nem tudo eram flores. Podemos nos considerar extremamente modernos em nossa luta contra os *spammers* duvidosos nos pedindo dados bancários sem um pingo de consideração pelas regras gramaticais, mas criminosos, arruaceiros e engraçadinhos já existem há muito mais tempo do que pensamos. No século XIX, eles começaram a se aproveitar da revolução postal. Um golpe bem popular envolvia homens fingindo ser pobres senhoras desamparadas pedindo dinheiro através de cartas; outros descobriram um prazer sinistro em enviar cartões postais abusivos a estranhos. Mas talvez a maior fraude tenha sido a *The British-American Claim Agency*, inaugurada por dois britânicos inescrupulosos que viviam em Nova York. Em 1887, eles começaram a escrever para cidadãos inocentes, seduzindo-os com a ideia de que heranças não reclamadas os aguardavam. Para recebê-las, era preciso apenas pagar uma pequena taxa de busca. É claro que não havia herança alguma, e o dinheiro ia direto para o bolso dos salafrários. Quando a polícia os pegou, eles já estavam ganhando quinhentos dólares por dia – o equivalente moderno a ter um novo Mercedes entregue em sua garagem a cada 24 horas.

Ao longo da história, sempre que uma nova tecnologia surgia, carregava junto criminosos exploradores, arrebatando os ingênuos como aves de rapina. Mas, por serem criaturas sociáveis vivendo em sociedades complexas há milhares de anos, as pessoas nunca abriram mão de se comunicarem com seus semelhantes. Compartilhar nossas vidas é algo importante demais para nós. Pensando nisso, provavelmente já está na hora de nos vestirmos para nosso grande evento social da noite. As horas passaram voando e agora corremos o risco de não nos arrumarmos a tempo!

18h

ESCOLHENDO UMA ROUPA

Hoje vamos receber alguns amigos para jantar, então provavelmente temos a obrigação de abandonar nossa confortável calça de moletom e a camiseta velha para dar lugar a um traje de festa mais *sexy*. Ou, no mínimo, a alguma roupa que não tenha manchas de feijão cozido. Ao entrarmos no quarto, abrimos a porta do guarda-roupa e olhamos para aquele conjunto estático de tecidos. Alguns cuidadosamente dobrados, outros pendurados nos cabides, mas a maior parte deles amarrotada e socada em algum lugar sem o menor cuidado. A variedade de cores e estilos nos lembra de que as roupas servem para mais do que apenas uma finalidade prática. Na verdade, elas transmitem nossa condição social, gênero aparente, nossa riqueza ou a falta dela, e até mesmo nossa participação em determinada tribo ou grupo social. O que vestimos funciona como uma mensagem para o mundo, ainda que possamos não perceber o que estamos transmitindo.

Mas, bem lá no início, as roupas provavelmente surgiram como pouco mais do que uma camada externa para impedir que nossos mamilos congelassem.

ELA PREFERE USAR PELE DO QUE IR PELADA...*

Quando falamos sobre a Grande História, as revoluções mais óbvias acabam ganhando mais destaque: a roda, o fogo, o uso do metal, a agricultura, a comunicação em massa. Esses são os bambambãs dos livros de história, mas precisamos incluir mais um na lista: a Revolução dos Fios. Diferente de nossos primos macacos, a maioria dos humanos não tem um cobertor natural de pelo. Embora isso nos dê a vantagem conveniente de poder suar, e assim correr grandes distâncias sem sofrer com o superaquecimento, ficamos em uma situação bastante complicada quando chega o inverno. Por isso, nossos ancestrais começaram a usar roupas.

As agulhas de costura mais antigas já descobertas (até o momento) datam de 60 mil anos e são espécies de ferramentas de ossos finos com furos minúsculos, as quais possibilitavam que as peles dos animais (que antigamente eram usadas como uma espécie de xale) fossem unidas com um fio de tendão e transformadas em roupas apertadas para isolar o busto e os membros. A costura pode não parecer tão emocionante quanto uma briga com um tigre-dentes-de-sabre, mas impedia que os humanos congelassem até a morte na Era do Gelo. Assim, quando os produtores de cinema nos mostraram Raquel Welsh vestindo um biquíni com barrado de pele de animal em *Mil séculos antes de Cristo*, eles não estavam inteiramente errados (bem, a não ser pela presença de dinossauros assassinos).

No entanto, é uma pena que o filme não tenha mostrado a parte da mastigação, com Welsh mastigando suas roupas como um arteiro filhote de cachorro mordendo um chinelo. Por quê? Bem, porque uma das técnicas mais antigas para amaciar o couro é fragmentá-lo usando os dentes e a saliva. Essa é uma solução um tanto rudimentar para o inevitável endurecimento da pele de animal conforme ela vai secando, mas ainda é praticada pelos tradicionalistas inuítes, cujos casacos de pele de caribu os mantêm confortavelmente aquecidos.

Mas havia um processo melhor na Era do Gelo, que consistia em curtir a pele e transformá-la em couro, mergulhando-a em cérebro de

* Trocadilho em referência à campanha da organização *People for the Ethical Treatment of Animals* (PETA), de 1991, para conscientizar as pessoas sobre os animais que sofrem por conta do comércio de peles. O *slogan* original da campanha era *Rather Go Naked Than Wear Fur* (Prefiro ir pelada do que usar pele). (N.T.)

animal e lavando-a com óleo lubrificante. Ou, então, banhá-la em uma pasta feita de água e casca de árvore ácida, o que a deixava macia e flexível. Isso possibilitava que as roupas fossem vestidas por mais do que apenas alguns dias antes de secarem de vez. Extraordinariamente, algumas dessas peças estão até hoje preservadas em museus.

VÍTIMA DA MODA (PRÉ-HISTÓRICA)

Há cerca de 5.250 anos, nos Alpes de Venoste, que agora separam a Áustria da Itália, um homem jazia à beira da morte – mas não por causa de um triste acidente de esqui. Uma flecha com ponta de pedra havia se alojado violentamente em seu peito, e agora ele estava largado na neve, fatalmente perdendo a consciência enquanto o sangue quente escorria de seu ferimento. O nome da vítima ficou perdido para sempre, mas seu caso é mundialmente famoso graças à descoberta acidental do cadáver por dois escaladores em 1991, que viram a parte superior do corpo mumificado como se estivesse tentando sair do gelo derretido. Para os arqueólogos que o estudaram, Ötzi, o Homem de Gelo, é o humano equivalente de Pompeia: uma cápsula literalmente congelada no tempo, incluindo suas roupas.

Então, Ötzi estava exibindo orgulhosamente seu corpo malhado? Não exatamente, mas, sejamos francos, quem poderia culpar um homem empacado na metade da subida de uma montanha coberta de gelo? Sua tanga e seu gibão eram de pele de cabra, sendo este último feito com retalhos de pele costurados e, como ele já havia matado a cabra mesmo, suas pernas também estavam cobertas com a pele do animal, como uma espécie de *legging* peluda, da qual até o senhor Tumnus teria morrido de inveja. Na cabeça, Ötzi usava uma touca de pele de urso e, ao redor da cintura, um interessante cinto de couro. Seus sapatos estavam presos à *legging* com laços de couro de veado. Claramente, para que ele sobrevivesse ao inverno, diversos animais precisaram ter um destino oposto ao seu. Mas isso não quer dizer que todas as roupas da Idade da Pedra precisavam ter uma história sangrenta.

Há fortes evidências, de possivelmente 40 mil anos atrás, de que nossos ancestrais dessa época usavam fibras de plantas entrelaçadas que eram fiadas em teares primitivos. Mas a evidência orgânica da existência de fios, cordões e tecido é rara e ainda não há quem tenha encontrado um cardigã preservado do Período Paleolítico. Dessa forma, os arqueólogos acabaram se voltando para pistas artísticas que corroborassem seus palpites. Por toda a Europa e Eurásia, foram encontradas diversas estatuetas de pedra e cerâmica representando mulheres curvilíneas. Esses belíssimos objetos estão entre os mais antigos exemplos de arte humana, e sua forma consistente, independentemente de onde tenham sido encontrados, sugerem uma persistência cultural através de grandes distâncias.

Mas o que mais chama a atenção dos historiadores da moda é o fato de que as chamadas Estatuetas de Vênus parecem estar vestindo tecidos entrelaçados. A Vênus de Lespugue, da França, aparenta usar uma saia de cordas com uma cinta baixa, enquanto a Vênus de Willensdorf, um gorrinho de malha – do tipo que Bob Marley teria usado se seu estúdio de gravação estivesse em uma caverna da Áustria. Isso sugere que há milhares de anos os humanos não simplesmente se cobriam com carcaça de animal, mas também vestiam artigos de malha.

ESTAMOS VIVENDO EM UM MUNDO MATERIAL

Em 1881, um homem chamado Mohammed al-Rassul traiu seus dois irmãos. Ao longo da década anterior, os três retiraram antiguidades egípcias ilegalmente de uma tumba secreta que encontraram quando estavam perseguindo uma cabra errante (imagine a cena...). Mas, depois que as autoridades levantaram a suspeita e uma investigação os levaram até os rapazes, al-Rassul decidiu entregar seus dois irmãos e ficar com a recompensa. Uma traição como essa sugere que esse cara tinha uma personalidade um tanto sórdida, mas definitivamente o mundo todo ficou agradecido quando ele levou os arqueólogos até o local que abrigava mais de 50 múmias, inclusive a do maior de todos os faraós: o rei Ramsés II.

Mas como isso é relevante para a questão das roupas? Bem, Ramsés estava envolto por um tecido perfeitamente preservado, feito de linho entrelaçado, um tipo de material possivelmente usado há 30 mil anos. Foram os egípcios quem de fato receberam o linho de braços abertos, pois era um tecido leve, fresco e que podia ser facilmente descolorido para sua cor inicial, um agradável tom de creme. E, o mais importante de tudo: era higiênico em uma cultura que prezava pela limpeza. Ramsés pode até ter sido um rei semidivino, mas não trajava belíssimas sedas, veludos e peles:

seu traje funerário era igual ao de qualquer humilde camponês. O linho servia para todos.

E, como sabemos, as camisas e cuecas de linho também eram bastante comuns como roupas de baixo na Europa do século XVII, pois o fato de elas poderem ser trocadas e lavadas com frequência fazia com que as pessoas optassem por usá-las em vez de lavar o próprio corpo com água e sabão. No entanto, mesmo quando os banhos tiveram seu retorno triunfal, o linho não foi deixado de lado, e muitas criadas vitorianas se viram travando uma batalha interminável para manter as roupas e os lençóis branquinhos. Hoje costumamos usar menos artigos de linho e, quando o fazemos, preferimos esticá-los sobre nossas camas e mesas, em vez usá-los em nós mesmos. Mas ele ainda nos segue em todos os lugares, escondido em nossas carteiras, pois, juntamente com o algodão, é parte constituinte de algumas notas modernas. Mas isso não significa que você pode colocá-las na máquina de lavar – "lavagem de dinheiro" não é uma expressão literal.

O algodão, obviamente, também é um tecido bastante antigo. Quando Heródoto escreveu: "E mais adiante [na Índia], há árvores que crescem... Um algodão que supera em beleza e qualidade o das ovelhas. Os nativos fazem suas roupas com esse algodão de árvore", ele estava descrevendo um costume que já era dois milênios mais velho do que ele (o que não é pouca coisa, já que Heródoto viveu na Grécia Antiga e morreu há 2.400 anos). Então, quem eram esses fazendeiros da Idade do Bronze? Eu não me surpreenderia se você chutasse que foram aqueles harappianos inovadores os responsáveis pelo início da jornada do algodão, que acabou se tornando o tecido mais influente na história do mundo. Mas ele não ficou confinado somente na Ásia, pois também era o principal tecido de culturas da América do Sul e da América Central, como os incas e astecas. Estes últimos, por não terem aço, faziam suas armaduras de batalha (*Ichcahuipilli*) com nada menos do que um denso acolchoado de algodão encharcado em água salgada. Surpreendentemente, isso era uma proteção bastante eficaz contra armas pontiagudas, mas não recomendo que você faça sua própria armadura de algodão e saia pela noite como um justiceiro lutando contra bandidos de faca na mão. Você não é o *Batman*, e não quero sua morte pesando na minha consciência.

De forma muito semelhante à Meryl Streep, o algodão é infinitamente versátil. Os hotéis de luxo vivem se gabando de seus lençóis de 400 fios, mas esse é um nível bem medíocre de maciez se comparado ao "ouro branco" da realeza muçulmana – uma variedade de fiações que alcançaram um *status* quase lendário na Índia antiga, com sua delicadeza cintilante de incríveis 1.800 fios por polegada quadrada. Como o poeta medieval Amir Khusrow escreveu: "É tão transparente e leve que é como se não estivesse vestindo nada, e seu corpo estivesse envolto por uma suave camada de água pura". É impossível não imaginar se essa transparência toda não teve certa influência no conto moralista *As roupas novas do imperador*, ou se acabou sendo uma boa desculpa para os nudistas presos por indecência pública: "Não, policial, eu estou usando roupas. É que elas são feitas à mão por fiandeiras indianas, eu juro!".

Importado da Índia no século XVII, o algodão teve um enorme impacto na moda europeia. O *chintz*, um calicô mais rústico com estampa de padrões florais, tornou-se altamente valorizado pela classe média baixa e, entre outras causas, provocou a expansão da indústria de algodão britânica, que transformou a cidade de Manchester na "Algodonópolis" do século XIX. Ao importar o algodão americano e enrolá-lo em grandes teares elétricos nas fábricas de Lancashire, a Grã-Bretanha superou o mercado indiano e transformou esse tecido barato em roupa para as massas. Isso também contribuiu para a ascensão do país como uma potência econômica mundial.

Antes disso, no entanto, a Grã-Bretanha, ou, melhor dizendo, a Inglaterra, havia sido uma nação obcecada por lã. As ovelhas perambulavam por boa parte da paisagem rural, e suas lãs eram exportadas a preços lucrativos para a Itália e Flandres. Esse foi um ponto observado pelo bispo e satirista do século XVII (uma combinação estranha, posso lhe garantir), Joseph Hall, que escreveu: "Há de se levar em conta três maravilhas da Inglaterra, *ecclesia*, *foemina*, *lana* – igrejas, mulheres e lã". Obviamente, os homens ingleses eram de certo modo imperfeitos aos olhos de Hall. E, na verdade, aquele tecido tinha um papel tão importante na Inglaterra medieval que o rei Eduardo III chegou a exigir que seu *Lord Chancellor* se sentasse sobre uma almofada vermelha de lã (*Woolsack*) sempre que se dirigisse ao seu conselho. Isso servia para lembrar a todos de onde vinha o dinheiro da nação, e o *Woolsack* permanece até hoje na Câmara dos Lordes, embora, em 1938, um fato muito curioso tenha sido descoberto: na verdade, ele era estofado com pelo de cavalo! Mentira na política, quem poderia imaginar?!

De forma semelhante ao algodão, a lã podia tanto ser usada para um tecido rústico adequado às vestimentas de um camponês, quanto para um elegante manto vermelho digno de uma princesa. Por ser uma fibra quente e resistente, e variar muito em termos de qualidade, seu uso foi amplamente disseminado por toda a Europa medieval, ainda que na Ásia seja bem provável que os pelos de outros animais, como iaques e cabras, também tenham sido usados como tecido. Mas um material cujas origens podemos atribuir com confiança aos chineses é a seda, um tecido não produzido por ruminantes quadrúpedes, mas pelo estágio larval de uma horrorosa mariposa.

A lenda conta que, há cerca de 5 mil anos, a esposa do Imperador Amarelo da China, a Imperatriz Léi Zŭ, estava tomando uma deliciosa xícara de chá em seu jardim quando uma estranha bolha nojenta caiu de uma amoreira e foi parar dentro da bebida quente como um mergulhador atrapalhado dando uma terrível barrigada na água. Ao tentar capturar o intruso, a imperatriz percebeu que ele estava se desenrolando em sua mão, pois um bicho-da-seda, quando fervido ainda vivo, perde seu fio. Encantada com a descoberta, ela pediu ao marido que lhe desse uma amoreira para seu uso exclusivo, e então começou a fazer experimentos enrolando e tramando a seda. Com isso, iniciou sozinha essa grande indústria chinesa. Essa história é ótima, mas provavelmente uma grande bobagem. Na verdade, há evidências arqueológicas de que a sericicultura (o termo técnico para a indústria da seda) na China data de muito antes da vida da imperatriz Léi Zŭ, cerca de 7 mil anos atrás.

Embora a seda fosse estritamente proibida para as pessoas comuns, os chineses não guardaram o segredo inteiramente para si. Em vez disso, por conta do valor lucrativo do tecido no Ocidente, ele era transportado por quase 6.500 quilômetros de caravana ao longo da difícil Rota da Seda, entre o leste da China e Damasco, de onde era enviado para os romanos, persas, bizantinos e árabes, todos ávidos por colocar as mãos no produto que consideravam mais valioso do que qualquer ouro. Embora desejassem monetizar a exportação, os chineses também tiveram o cuidado de não deixar vazar o segredo da sericicultura. Para eles, o contrabando do produto era considerado um delito pago somente com pena de morte. Mas, ao que parece, no século IV d.C., a Coreia, a Índia, o Japão e a Pérsia desenvolveram suas próprias indústrias e, um século depois, dois monges que trabalhavam para o imperador bizantino Justiniano surgiram com um golpe engenhoso, contrabandeando os bichos-da-seda da China dentro de canas de bambu. Os bizantinos, então, guardaram a sete chaves o segredo recém-adquirido e começaram a vender a mercadoria a preços exorbitantes, até que, finalmente, a metodologia da produção da seda viajou para o oeste e chegou à Europa, de onde, no século XVII, foi levada à Grã-Bretanha pelo protestante francês Huguenots. Deixando suas origens exóticas para trás, a seda logo passou a ser produzida em massa na nem tão exótica Macclesfield.

Historicamente, a seda sempre foi um tecido dos ricos, com exceção da tribo de guerreiros mongóis de Genghis Khan, que assolaram a China medieval, assaltaram os depósitos de seda e, assim, puderam se vestir com os tecidos da elite. Isso era bastante útil na batalha, pois uma flecha podia perfurar a pele, mas era incapaz de rasgar uma camisa de seda (que é absurdamente resistente). Dessa forma, extrair uma flecha era tão simples quanto tirar a camisa. Hoje a seda é consideravelmente mais barata, mas mesmo assim você não costuma ver muitos atendentes de *fast-food* adornados com ela. Em vez disso, costumamos vestir fibras sintéticas que simulam o brilho da seda, mas que podem ser enfiadas na máquina de lavar junto com nossas meias sujas. Esses são os tecidos do mundo moderno, o *nylon* termoplástico e o poliéster sintético, ambos os quais apareceram durante a Segunda Guerra Mundial – o que não é coincidência, já que um conflito de proporções épicas inevitavelmente acabaria exigindo materiais baratos e de produção em massa para objetos como paraquedas, cordas e uniformes. Agora, é claro, a demanda de paraquedas já não é tão grande como outrora, e as fibras sintéticas acabaram por ocupar nossas gavetas e guarda-roupas.

Ah, falando nisso, é hora de escolhermos o modelito da noite, e nada melhor para começar do que com as roupas íntimas.

AS CALÇAS DO FARAÓ

Quando, em 1922, Howard Carter impressionou o mundo com a descoberta do túmulo do rei Tutancâmon, as manchetes dos jornais foram tomadas pelos fatos óbvios: ouro, adornos, o incrível sarcófago e a maldição absurda, digna de um episódio do *Scooby Doo*. No entanto, ninguém falou sobre as cuecas do rei Tut. Isso mesmo, assim como um garoto enviado para o acampamento por uma mãe superprotetora, o rei estava acompanhado por um estoque real de cuecas extras; 145, para ser mais exato. As roupas íntimas da Antiguidade eram uma espécie de tanga, ou *shenti*, semelhante a um guardanapo triangular preso ao quadril. Para alguns camponeses egípcios que davam duro sob o intenso sol saariano, essas tangas eram mais do que apenas roupas de baixo: eram o traje completo deles.

Hoje rapazes e garotas costumam usar roupas íntimas razoavelmente semelhantes – por vezes estilo *shorts*, por vezes mais cavadas – e a maioria das mulheres também usa sutiã. Ele serve basicamente para dar suporte ao busto, mas também para evitar que a sociedade Ocidental cumprimente os mamilos expostos com um longo e sonoro "Ohhhh", e/ou com pura indignação. O conjunto sutiã e calcinha é tradicionalmente considerado um produto de meados do século XX, mas parece que os romanos o inventaram antes. O *subligaculum* era uma peça de roupa unissex feita de couro, disponível como calção ou tanga, e usada pelos gladiadores, atores e soldados. As artistas do sexo feminino, no entanto, parecem ter usado essa peça junto com um tomara-que-caia (um pedaço de tecido esticado) para cobrir o busto, mas não há evidências de que esse tipo de peça fizesse parte do guarda-roupa das mulheres comuns. Na Antiguidade, a maioria delas não usava nada sob suas camadas de roupa, ainda que ambos os sexos provavelmente tenham usado tangas.

Por conta do clima agradável, poucos romanos sentiam a necessidade de usar meias, exceto pelos anciãos, cuja má circulação os obrigava a enrolar bandagens nas pernas, e pelos soldados que eram enviados para defender as gélidas fronteiras do império. No forte de Vindolanda, o acampamento militar ao sul da Muralha de Adriano onde foram encontradas cartas escritas em tábuas de madeira, com detalhes do dia a dia dos soldados, está, entre os achados mais famosos, a Tábua 346, na qual uma boa alma (talvez uma mãe atenciosa) diz ter enviado alguns suprimentos extras para um soldado que deu de cara com o vento congelante da Escócia: "Enviei a você... Pares de meias de Sattua, dois pares de sandálias e duas cuecas". Bom, pelo menos, não eram 145 cuecas...

Para os antigos mediterrâneos, cobrir as pernas era sinal de barbárie ou de falta de masculinidade, mas é fácil falar quando você vive exposto à gloriosa luz do sol. Mais ao norte, no entanto, o clima podia ser mais gelado do que um romance russo, por isso, os camaradas celtas, saxões e *vikings* eram a favor de aconchegantes meias longas, e de isolar seus membros sensíveis com calções de linho bem largos, ou *braies*, que não eram considerados "roupas íntimas", porque não se usava nada sobre eles. As moças, por outro lado, aparentemente usavam uma longa bata sob seus vestidos pesados, mas é provável que elas nem se incomodassem em usar calcinhas.

GANHANDO INTIMIDADE

Estamos bastante acostumados a ver conjuntos estampados de calcinha e sutiã: alguns são *sexy*, outros bonitinhos, outros ridículos. E o fato de que as pessoas continuam fabricando aquelas cuecas samba-canção com tema natalino significa que alguém, em algum lugar, continua comprando. No entanto, durante boa parte da história, as roupas íntimas eram apenas um tecido branco funcional. Na China antiga e medieval, quando a moda era rigorosamente controlada por costumes sociais, a roupa íntima das mulheres podia ser extremamente ornamentada, como uma expressão secreta de identidade pessoal e desejo.

Essas roupas, conhecidas como *moxiong*, normalmente eram elaboradas com desenhos em cores vivas e bordados de tecidos em formato de diamante. Depois, eram colocadas sobre o busto e presas com elásticos resistentes. Isso compunha um *top* justo que cobria os seios e a barriga, mas não necessariamente as costas e, embora fosse possível adicionar uma parte traseira, as moças mais maliciosas preferiam deixar os ombros e o contorno da espinha expostos sob seus longos robes. Ainda que essa moda tenha evoluído ao longo de muitos séculos, e o *moxiong* tenha sido apenas um dentre os vários estilos populares, a beleza ornamental dessa *lingerie* tão íntima sobreviveu apenas até a chegada da Revolução Cultural de Mao, que acabou com toda a diversão.

De volta à Europa medieval do século XII, os *braies* começaram a ser reduzidos até se tornarem cuecas. Estas eram presas a meias que chegavam à altura da coxa e que, ao final do século XV, evoluíram para pares de meiões grossos. Também era comum que um cavalheiro simplesmente enfiasse a camisa dentro dessa cueca, junto com seus testículos, sem se incomodar em usar qualquer tipo de calça. Provavelmente é a isso que o inglês se refere quando diz "*going comando*" ou "*going knight*" (isto é, ficar "à vontade"). Mas, no que diz respeito às mulheres medievais, a história era outra...

WONDERBRA MEDIEVAL?

Em sua estrutura caiada angular com telhado cinza inclinado, o Castelo de Lengberg, no leste do Tirol, é um pitoresco *schloss* do século XII, posicionado sobre um monte defensivo na base de um vale repleto de árvores. Embora seja bonito fotografá-lo do lado de fora, são os interiores desse castelo austríaco que causam surpresa. Enterrada sob o assoalho do século XV, uma cripta oculta foi descoberta durante a reforma de 2012. Nela estavam contidos tecidos já há muito esquecidos, os quais sobreviveram à devastação do tempo e à destruição pelas traças. Entre eles, quatro sutiãs medievais com alças de ombro – algo que pode não parecer grande coisa para aqueles que esperavam reis mortos e o Santo Graal, mas os historiadores da moda reagiram com grande entusiasmo. Até o momento, os sutiãs haviam sido considerados peças de roupa do século XX.

O que diferenciava esses sutiãs do tomara-que-caia romano não eram apenas as nossas conhecidas alças, mas o bojo para sustentar os seios. Será que foi isso que Henry Mondeville, um cirurgião do século XIV, quis dizer quando escreveu: "Algumas mulheres [...] inserem duas bolsas nos vestidos, bem ajustadas aos seios, e colocam [os seios] nas [bolsas] todas as manhãs e os prendem sempre que possível com uma tira combinando"? Ao que parece, o tal do *Wonderbra* já tem 600 anos de existência, o que significa que aquele seu *slogan* original "*Hello, boys*!" ("Olá, garotos!") deve ter sido algo como: "*Gooday, gentle syrs*!" ("Bom dia, gentis cavalheiros!").

Mas as revelações não param por aí. Os historiadores agora não param de pensar nas calcinhas medievais (não de um jeito pervertido!), pois também foram encontradas duas peças de roupa íntima com fitas na cintura. A grande pergunta é: será que elas eram usadas por homens ou por mulheres? É mais provável que fossem dos cavalheiros, já que há pouquíssimas referências às calcinhas nesse período histórico, exceto por aquelas relacionadas à menstruação. Raras traduções da Bíblia mencionam "trapos de menstruação" no Livro de Isaías, mas é difícil ter certeza. O que sabemos é que as italianas abastadas do século XVI usavam uma peça semelhante às ceroulas, mas elas eram a exceção. Em boa parte da Europa, mulheres usando calças era algo totalmente fora dos limites aceitos socialmente.

Em vez disso, grande parte das moças continuava a usar uma bata comprida (ou *chemise*, para os pretensiosos falantes de francês da corte inglesa), que continuou na moda até a Era Vitoriana. Na verdade, entre os séculos XVII e XIX, havia um popular esporte na Grã-Bretanha conhecido como "*smock race*" (corrida de batas), que consistia numa corrida entre jovens solteiras vestidas apenas com essa peça de roupa, enquanto uma multidão de espectadores comemorava. O prêmio da vencedora, por mais estranho que pareça, era uma bata nova, supostamente para substituir aquela que fora estragada na competição. Claramente, não havia lógica alguma nisso, mas muitos homens se reuniam para assistir, encantados com a possibilidade de ver as mocinhas suando em suas roupas de baixo. Basicamente, era como o "concurso gata molhada".

Mas voltemos à nossa escolha de roupas. Ainda estamos decidindo se vamos usar aquela velha-porém-confortável samba-canção, ou se devemos nos apertar naquela cueca levanta-bumbum para disfarçar a flacidez de nosso velho traseiro cansado. Enquanto consideramos as opções, vamos pegar um par de meias.

MEIA-BOCA

Em meados do século XVI, as meias se tornaram o acessório "queridinho" da aristocracia europeia e, subitamente, a superioridade da seda foi declarada acima de todos os outros tecidos, por conta de seu valor e suavidade. A rainha Elizabeth I da Inglaterra foi presenteada com seu primeiro par de meias de seda nos anos 1560 e, depois de compará-las com as suas meias de lã, declarou imediatamente: "Gosto tanto das meias de seda, pois são agradáveis, finas e delicadas, por isso, de agora em diante, não usarei mais meias de pano". Logo depois, ela começou a comprar suas próprias meias pelo valor extravagante de duas libras o par, o que na época era aproximadamente o salário anual de um criado em início de carreira. No entanto, para ostentar sua grande riqueza, ela só as usava por uma semana e depois as doava para suas damas de companhia. Ser presenteada com a roupa suja da rainha era uma grande honra, talvez como pegar a camiseta suada de um astro do *rock* no meio da multidão, mas eu, pessoalmente, ficaria um pouco ressentido se minha chefe me desse suas meias usadas no Natal (sem ofensa, Caroline...).

Ironicamente, em 1571, Elizabeth aprovou uma lei que exigia que a maioria de seus vassalos usasse chapéu de lã aos domingos, para contribuir com o comércio desse tecido no país – uma atitude um tanto hipócrita para uma amante da seda, que havia declarado abertamente sua renúncia à lã. Na verdade, as meias de seda estavam muito além do orçamento das pessoas comuns, e as de tricô eram muito mais usadas. As das moças chegavam até os joelhos, enquanto as dos homens (chamadas de *nether-sockings*), quase à cintura, cobrindo suas partes secretas. Para os aristocratas, essas meias eram costuradas em calções acolchoados e decorados com um alçapão para tampar a abertura da braguilha – uma espécie de bolsa protuberante que cobria as partes baixas do cara, parecido com o protetor genital usado nas artes marciais. Porém, em nenhum momento eles seriam surpreendidos com golpes baixos, então o item consistia puramente de uma tendência estética, uma peça machista para exaltar a potência sexual do camarada. Esse era o equivalente tudoriano do personagem Derek Smalls, da banda fictícia *Spinal Tap*, que enfiou uma abobrinha enrolada em papel alumínio nas calças e tentou passar pela segurança do aeroporto...

De qualquer forma, agora que calçamos nossas meias pretas finas, voltamos ao dilema das cuecas.

CUECA DA SORTE

Mas, afinal, quando surgiu a roupa íntima moderna? Tendo usado camadas de anáguas durante anos, a maioria das mulheres ocidentais só começou a adotar as calcinhas no início do século XIX, as quais eram *pantalettes* um tanto ousadas – uma espécie de versão feminina das ceroulas. Já nos anos 1840, essa peça de roupa exibia barrados decorativos sob as panturrilhas das moças. As cuecas, por outro lado, se é que eram usadas, não passavam de *shorts* compridos. Sabemos que, no final do século XVII, o rei Carlos II usava calções de seda de 30 centímetros de comprimento, presos em torno de sua cintura com fitas. Já o diminuto rei Guilherme III, que chutou do trono o irmão católico de Carlos, Jaime II, ao que se diz, ia para a cama usando grossas ceroulas de lã, meias verdes e um colete vermelho, o que o deixava parecido com um duende ajudante do Papai Noel.

Ao longo dos 150 anos seguintes, a maioria dos homens simplesmente enfiava a camisa sobre as cuecas, com exceção, ao que parece, do grande filósofo Jeremy Bentham. Quando esse brilhante – e excêntrico –

homem morreu, aos 84 anos, em 1832, seu testamento exigia que ele fosse transformado em um "autoícone", ou seja, um espantalho humano, e que fosse doado para a University College London, a instituição educacional que ajudara a fundar. Assim, ele poderia passar a eternidade supervisionando o progresso da universidade, se comportando como uma espécie de zumbi pedagógico benevolente. Surpreendentemente, ainda hoje ele está lá, embora sua cabeça tenha sido substituída por uma de cera, com apenas alguns fios do cabelo original. De qualquer forma, durante as verificações mais recentes sobre seu estado de decadência, constatou-se que o cadáver trajava calções de lã debaixo das calças – uma raridade para os anos 1830.

Bentham morreu durante o reinado de George IV, a monarquia mais gorda da Grã-Bretanha (ele, Henrique VIII e a rainha Vitória usavam roupas para cinturas com 137 centímetros de circunferência) e, de forma memorável, o rechonchudo rei George costumava vestir um espartilho para disfarçar seu estômago saliente. Isso, no entanto, não era tão raro na moda insana da era georgiana. Muitos *macaronis* – um apelido pejorativo dado aos homens vaidosos e ligados à moda naquela época – chegaram a se enfaixar em espartilhos de barbatana de baleia para atingirem a silhueta perfeita, e, mesmo quando esses cavalheiros foram substituídos por almofadinhas, os espartilhos continuaram na moda. Mas, enquanto a barriga era espremida, outras partes da anatomia, como as panturrilhas e as nádegas, acabavam, com aquelas várias camadas de tecido, sendo realçadas. Um prato cheio para que um sociólogo de observações sarcásticas comentasse sobre o fato de essas pessoas serem inteiramente dependentes de seus acessórios de "boa forma" e, sem eles, parecessem ser "de uma espécie totalmente diferente".

AS MULHERES "TANAJURA"

Embora os *macaronis* fossem ridicularizados, eram só sua credibilidade e seu saldo bancário que saíam prejudicados. As mulheres, no entanto, podiam acabar feridas por conta da tendência do *tight-lacing*: um espartilho bem apertado com um laço, usado para alterar drasticamente a silhueta através da redução da cintura. Essa prática chegou ao fundo do poço no século XIX, quando a silhueta feminina ideal passou a ser considerada uma cintura fininha e quadris largos. A maioria das moças que andava na moda se esforçou para alcançar uma cintura com 53 centímetros de circunferência, mas somente a atriz franco-argelina Émilie Marie Bouchaud, cujo nome artístico era Polaire, ficou famosa por seu busto avantajado de 96 centímetros, e sua minúscula cintura de 40 centímetros.

Inevitavelmente, o *tight-lacing* podia causar danos irreparáveis ao corpo. Para a maior parte das moças, os hematomas eram uma presença constante, respirar era uma tarefa delicada e subir um simples lance de escadas era o suficiente para lhes causar tonturas. Além disso, algumas delas usavam os espartilhos até mesmo durante a gestação. Outros sintomas comuns dessa prática eram a atrofia muscular do abdômen e das costas, a redução da fertilidade natural e, nos piores casos, a falência dos órgãos. Embora raras, não eram desconhecidas as histórias sobre mulheres, até mesmo meninas pré-adolescentes, que perderam a vida por conta dessa peça de roupa restritiva. Alguns médicos contemporâneos ficaram horrorizados com a prática, e a autora de um livro de 1837, chamado *Beleza feminina**, foi direta em sua preocupação:

> **Mulheres que usam espartilhos muito apertados reclamam de não conseguirem manter a postura ao se sentar quando não os estão usando; e são obrigadas a usar espartilhos noturnos para dormir... O efeito dos espartilhos não apenas causa danos à silhueta, mas também gera consequências mais graves.**

Com o passar do tempo, no século XX, a moda do espartilho de osso foi desaparecendo, deixando para trás apenas aquele corpete de tecido usado ao redor da cintura, preso ao sutiã e com cinta-liga para segurar as meias sete-oitavos. Essa peça, popular na década de 1950, também foi abandonada nos anos 1960 pelas jovens modernas que, em vez disso, optaram por mostrar o umbigo e adotar a simplicidade do conjunto de sutiã e calcinha. Mas a moda é cíclica, e o *look* retrô está com tudo. Meias sete-oitavos, espartilhos, bustiês e cintas-ligas sobreviveram como *lingerie* íntima usada para sedução ou como figurinos "picantes". Além disso, o retorno do espartilho apertado, agora na forma das atuais cintas

---

* Não há referências a esse livro em português. Seu título original é *Female beauty*. (N.T.)

modeladoras, nos mostra que nunca chegamos a superar a obsessão histórica por barrigas lisinhas. Apesar disso, há um consolo: por serem de elástico, e não de ossos, ninguém vai morrer por causa disso.

PEGO DE CALÇA CURTA...

Existe uma história bem conhecida e muito apreciada pelos historiadores da moda, que trata de um famoso incidente relacionado às calças e que aconteceu em Londres, no Período Regencial. Certa noite, possivelmente em 1814, o ilustre Duque de Wellington chegou à porta do *Almack's Assembly Rooms*, um clube privado frequentado exclusivamente pela nata da sociedade londrina. Em questão de poucos meses, o duque realizaria seu feito heroico ao derrotar Napoleão Bonaparte na Batalha de Waterloo, e seria laureado como ícone nacional de masculinidade. Mas, naquela noite, ele nem chegaria a entrar na festa. Isso porque, em um ato de ingenuidade, Wellington acabara vestindo calças compridas, mas a norma do clube era usar culotes (calções que iam até o joelho). Na verdade, essa história é bastante contestada e, provavelmente, ele foi rejeitado por ter chegado atrasado, mas o fato é que usar calças compridas com as barras soltas naquela época era uma atitude um tanto ousada. Seus próprios soldados só haviam começado a usá-las em combate alguns anos antes, e elas ainda estavam engatinhando em direção à moda do dia a dia; mas, para um traje noturno mais formal, os culotes e as calças compridas justas (com uma tira nos pés para impedir que ficassem enrugadas) eram as únicas opções aceitáveis.

Hoje estamos tão acostumados a ver calças que pode ser difícil acreditar: elas só têm 200 anos mesmo? Bem, não. Exceto pelos trajes militares, os gregos e os romanos achavam que as calças compridas (*braccae* em latim) não lhes eram dignas, mas essa não era uma opinião compartilhada por seus inimigos e vizinhos. Tanto as calças largas (*vajani*) como as justas (*churidar*) eram bastante comuns na Índia, e os supostamente bárbaros persas – os quais, na realidade, fariam Christian Dior parecer um palhaço desgrenhado – eram apaixonados por suas calças de cores vivas (*anaxyrides*). Elaboradas com estampas de algodão ou cânhamo tingido, essas peças podiam se ajustar perfeitamente ao contorno das pernas, ou ter um caimento mais largo redor do tornozelo e do joelho, como nossos confortáveis pijamas atuais.

De forma parecida, os árabes posteriores, que se lançaram do deserto para esmagar os persas e expandir o islamismo pelo mundo, também eram adeptos das calças compridas. O *sirwaal* consistia de um modelo bem largo usado para manter o frescor e a higiene sob as temperaturas sufocantes da Arábia. Por outro lado, os *vikings* e os saxões usavam calças compridas ou enrolavam faixas finas ao redor das pernas, como múmias egípcias, para se manterem aquecidos, já que viviam em climas muito mais frios. No entanto, na Europa medieval, as calças compridas saíram de moda, ainda que tenham permanecido comuns no Oriente.

Por quê? Há quem tenha sugerido que as calças predominaram nas culturas de cavaleiros, particularmente naquelas com grandes exércitos. O motivo disso é um tanto óbvio: basicamente elas são mais práticas para soldados de cavalaria do que as saias, então não é surpresa que citas, turcos, partos, persas e mongóis fossem adeptos de uma boa pantalona, ao passo que as calças do Oriente Médio fossem notoriamente largas o suficiente para humilhar até mesmo o MC Hammer, o maior precursor das gigantes calças de *hip hop*. Os romanos, gregos, chineses e japoneses, no entanto, costumavam travar suas lutas a pé, e se, a contragosto, acabassem montando numa sela (normalmente em uma resposta desesperada ao enfrentamento dos terríveis cavaleiros de calças), então eles rapidamente também trocavam seus saiotes por elas.

O BOM E VELHO *JEANS*

Ao analisarmos as opções para o nosso traje da noite, empacamos no eterno dilema da classe média: casual ou esporte fino? Se escolhermos o primeiro, então poderemos nos safar com um tecido considerado por alguns antropólogos tão globalmente difundido que cerca de metade dos humanos o estão usando neste exato momento. E, no entanto, a despeito de sua onipresença, o *jeans* tem uma trajetória difícil de traçar. Ninguém tem certeza de onde surgiu o denim (ou brim), já que a história tradicional de ele ter derivado de Nîmes, na França (daí o nome "denim"; *de Nîmes*) foi questionada recentemente com evidências do denim azul em pinturas italianas do século XVII; na verdade, há uma teoria sólida de que a palavra "*jean*" deriva de Gênova. Mas uma coisa é certa: aquele denim resistente e seguro era adorado pelos caubóis do século XIX, que passavam meses sentados nas selas cavalgando por terrenos inóspitos e dormindo à luz das estrelas.

O camarada que começou a fazer essas roupas resistentes era um imigrante bávaro chamado Loeb Strauss, que deixou seu nome muito mais legal ao mudá-lo para Levi Strauss quando abriu uma loja têxtil em São Francisco, em 1850. Seu estabelecimento atendia às multidões de buscadores de ouro que chegavam à Califórnia sonhando em colocar as mãos nas brilhantes pepitas encontradas no chão. Ainda que muitos tenham se decepcionado, ao menos tiveram a satisfação de descobrir que o *jeans* reforçado de Levi estava à altura da tarefa, muito embora o tecido ainda não tivesse recebido seus famosos rebites. A honra dessa invenção ficou para o parceiro de negócios de Levi, Jacob Davis, um alfaiate que patenteou sua técnica de rebitagem em 1873, a qual consistia em prender o tecido com um recurso mais resistente do que os simples pontos de costura.

Juntos, os dois vestiram os valentes pioneiros do velho oeste americano e, quando Hollywood começou a fazer filmes com essa temática, o estilo dos caubóis pegou: o *jeans* passou a integrar o guarda-roupa de todas as pessoas, inclusive daquelas que nunca tinham visto uma vaca. Como sabemos, a moda é cíclica (quem nunca sentiu vergonha vendo fotos antigas em que estamos com modelitos "superfashion" da época ainda vai sentir) e o *look* caubói teria começado a ficar ultrapassado não fosse a chegada do *rock 'n' roll*, nos anos 1950. Quando essa cultura jovem surgiu, com brilhantina nos cabelos e gingando enlouquecidamente os quadris, foram aquelas Levis resistentes, criadas para suportar os castigos, que os motoqueiros pegaram de seus guarda-roupas, dando ao *jeans* um novo papel de uniforme daquela louca e *sexy* rebelião.

Hoje, obviamente, o *jeans* é o uniforme desse mesmo pessoal cansado de meia-idade, cheios de dores nas juntas, embora, estranhamente, não tenha sido abandonado pelos jovens. De alguma forma, ele chegou a uma superposição quântica em que pode ser considerado tanto descolado como o completo oposto disso – algo como o gato de Schrödinger das passarelas.

AS CALÇAS REVOLUCIONÁRIAS

Considerando que os culotes dominaram até o início do século XIX, então como as calças compridas voltaram à moda no Ocidente moderno?

Talvez os mais notáveis pioneiros que adotaram essa moda tenham sido os *sans-culottes*, isto é, os franceses revolucionários de 1789 que vestiam chamativas calças listradas na altura dos tornozelos.

Surpreendentemente, as listras têm uma história controversa. Na moda medieval, elas eram desprestigiadas, provavelmente por conta de uma condenação no Livro de Levítico, segundo a qual ele proíbe o uso de dois tipos de tecido. Consequentemente, as listras só eram usadas por leprosos, bastardos, carrascos e excluídos da sociedade. Não é à toa que os prisioneiros muitas vezes eram vestidos em pijamas listrados. Outro ponto fascinante é que a palavra alemã *strafen* (punir) é muito semelhante a *Streifen* (listras). Aos poucos, no entanto, seu significado foi mudando e passou a ser associado a uma condição mais servil, após o que, durante o Iluminismo, foi completamente transformado em um símbolo positivo de radicalismo, culminando na bandeira orgulhosamente listrada dos recém-independentes Estados Unidos.

Ainda que as calças compridas de barras soltas fossem consideradas ordinárias nos anos 1790, depois que as listras francesas foram removidas e o Duque de Wellington fez suas aparições com elas, em pouco tempo, acabaram substituindo os culotes e, nos anos 1820, se tornaram o traje aprovado para todos os homens. Desde então, continuam sendo a peça de roupa padrão dos cavalheiros. Mas e as calças das mulheres? Na história moderna, a primeira grande campanha para promover o uso de calças por elas aconteceu na América do Norte, em 1851. Amelia Bloomer era uma *quacker*, sufragista e defensora da sobriedade, para quem o tipo de roupa destinado às mulheres as limitava, tanto física quanto simbolicamente. Para lidar com essa questão, sua resposta foi adotar as grandes calças turcas, batizadas então de *bloomers* em sua homenagem. As ideias em relação às mulheres naquela época ficam bem claras quando sabemos que a reação a isso foi um protesto de fúria moralista. A revista *Punch* alegou que tal atitude resultaria em uma sociedade na qual as mulheres literalmente vestiriam as calças no relacionamento, e ainda completou: "Logo ele terá que vestir camisola se não fizer com que ela se livre das calças *bloomers*".

No fim, a oposição hostil mostrou-se forte demais e foram necessárias mais três décadas para que as *bloomers* fossem adotadas, mas não como roupa casual, e sim como traje esportivo. Assim como os soldados cavaleiros haviam trocado as saias pelas calças, com o surgimento da bicicleta, no final do século XIX, e o aumento da popularidade de esportes entre as mulheres, elas acabaram abandonando aquelas saias pouco práticas em favor de um "traje racional" (*rational dress*). As *bloomers* e as pantalonas permitiam que as moças se movimentassem com mais segurança, sem o risco de prender as anáguas na roda da bicicleta e acabar batendo com a cabeça em uma árvore. Isso, aliado ao fato de esses veículos também permitirem que as mulheres andassem desacompanhadas, revela que as calças desempenharam um papel importante no processo de libertação feminina.

A primeira *designer* a criar calças de uso noturno para as mulheres foi a francesa, rainha da elegância, Coco Chanel. Suas calças de marinheiro, usadas com tanto entusiasmo na década de 1920, foram o símbolo de uma nova era em que a moda feminina brincava atrevidamente com as tradições masculinas. Afinal de contas, as mulheres já estavam batendo o ponto nas fábricas, assumindo os cargos dos homens durante a Primeira Guerra Mundial, e as moças da classe alta haviam começado a deixar os cabelos curtinhos, em um *look* deliberadamente andrógino. Mas as festas da sociedade nos Hamptons eram uma coisa, e uma rua comercial em Bolton, Lancashire, era outra, completamente diferente. Inevitavelmente, o alcance de Coco Chanel mal chegou a invadir os costumes das classes trabalhadoras e, ainda que as moças de *Pit-Brow** das minas de carvão de Wigan já estivessem usando calças debaixo das saias desde meados do século XIX, foi só durante a Segunda Guerra Mundial que as mulheres puderam desfilar de calças compridas em uma avenida sem atrair olhares de reprovação. E, pasmem, em Paris, até 2011, era tecnicamente contra a lei que as mulheres usassem calças para qualquer outra atividade que não fosse andar de bicicleta ou a cavalo.

SAIAS PARA ELE E PARA ELA

Mas e se usar calças não for a sua praia? Talvez hoje seja um bom dia para uma saia ou um vestido, afinal, há uma longa história sobre ambos terem

* As chamadas "*Pit-Brow ladies*" trabalhavam na superfície das minas de carvão de Wigan, e sua importância se deve ao fato de que sua história alimenta o debate sobre a postura machista do século XIX em relação ao emprego das mulheres, contradizendo a necessidade da mão de obra feminina na época. (N.T.)

sido usados pelos dois sexos. Tradicionalmente, os regimentos das *Highlands* do Exército Britânico eram merecedores de sua reputação apavorante por causa de sua coragem e ferocidade. Mas isso deixando de lado o fato de que eles lutavam usando *kilts* e, na Primeira Guerra Mundial, até chegaram a se aventurar com meias-calças para proteger a pele dos efeitos dos ataques de gases.

Na Índia, trabalhadores e fazendeiros usaram, durante muito tempo, o *lungi*, uma saia tubular na altura da panturrilha; ou o antigo *dhoti* dos harappianos, uma tanga comprida amarrada na parte da frente, da mesma forma que os homens costumam enrolar a toalha de banho na cintura. As saias também eram o traje da classe nobre dos antigos babilônios, e os reis egípcios frequentemente desfilavam um sarongue na altura dos calcanhares, por vezes franzido no famoso estilo *kaunake*, para imitar a textura "cheia" da lã animal. E, em vez de saias, as mulheres egípcias mais abastadas usavam vestidos longos e justos, afunilados nos quadris, coxas e panturrilhas; e seus seios ficavam sempre visíveis através da malha transparente que fazia o vestido. Mas outras posturas, digamos, liberais em relação à nudez, também eram recorrentes em diversos locais na Idade do Bronze. Na ilha mediterrânea de Creta, os antigos minoicos tinham um estilo inconfundível. Embora a maioria das pessoas comuns usasse túnicas simples, evidências artísticas mostram que os homens da classe alta provavelmente haviam se inspirado no *He-Man*, pois andavam por todos os lugares usando pouco mais do que uma tanguinha e um cinto metálico. As mulheres elegantes, por outro lado, usavam saias bufantes incrivelmente modernas, que quase nos fazem lembrar aquela moda parisiense dos anos 1870. Essas saias eram feitas através de uma elaborada trama com estampas extravagantes, e algumas contavam com tiras de cores diferentes costuradas juntas, para criar um efeito de mudança de tonalidade. Semelhante a uma peteca virada ao contrário, isso permitia que os babados em formato de A ficassem soltos até os tornozelos, mas fossem bem presos na cintura, onde um semicorpete curto espremia o diafragma e deixava os seios livres, compondo um generoso e belo decote.

Assim, se você fosse a uma festa da alta sociedade na Creta minoica, provavelmente veria homens de cuecas e mulheres com os seios à mostra – muito semelhante a uma festa universitária e, infelizmente para os habitantes da Creta moderna, provavelmente o que precisam testemunhar todo verão, quando os jovens britânicos hedonistas invadem a ilha.

VESTIDOS E TÚNICAS

Em muitas partes do mundo, inclusive em Creta, Mongólia, Escandinávia, Grécia e Roma, o vestido – ou a túnica – era o traje mais comum para ambos os sexos. Para os gregos, as duas variedades básicas eram o *chiton* (unissex) e o *peplos* (apenas feminino), os quais, à primeira vista, eram bastante parecidos. O mais simples era o *chiton*, um vestido tubular composto pela união de um tecido frontal e um traseiro, ambos costurados nas laterais, como uma camiseta comprida, e franzido no meio para passar o cinto. As mulheres quase sempre usavam a versão longa, enquanto os homens parecem ter gostado mais do *chiton* na altura do joelho, talvez por causa dos constantes acidentes, embora suas mães provavelmente os tenham orientado a não correr com a espada na mão. Vai saber, né?

Em comparação, o *peplos* feminino consistia em uma única faixa de tecido largo enrolado ao redor do corpo, provavelmente semelhante àqueles cobertores com mangas que aparecem nos canais de compra, exceto pelo fato de que, normalmente, eles deixavam um dos ombros à mostra. Além disso, era possível que um lado inteiro do corpo ficasse maliciosamente exposto, oferecendo um rápido vislumbre da perna e do quadril. Então, mais do que ser preso no ombro, às vezes ele também era fechado com um broche (*fíbula*) para impedir olhares furtivos indesejados. Já as mulheres muçulmanas, seguindo uma tradição de recato, usam a *burqa*, uma peça de roupa individual que cobre o corpo inteiro, com somente uma abertura retangular para os olhos; ou a *abaya* de cores escuras, um robe fechado até o pescoço que pode ser incrementado com o véu, *niqab*, e/ou o lenço, *hijab*.

Os homens muçulmanos tradicionalmente também usam o corpo coberto, e sua peça de roupa mais comum é o *thawb* de algodão: uma túnica longa e de mangas compridas, mais antiga do que a fé islâmica. Originalmente, ela não foi criada por questão de recato, mas para proteger a pele do sol escaldante da Arábia e regular a temperatura corporal através da circulação do calor interno com uma brisa suave. Com a significativa expansão do islamismo a partir de suas raízes desérticas, o *thawb* agora pode ser visto no mundo todo, mas com algumas variações regionais. No Marrocos, por exemplo, as mangas tendem a ser mais curtas e, em outras partes da região do Golfo, recebeu outros nomes, como *dishdasha*. Vale lembrar, no entanto, que esse traje é usado por todas as classes, desde o simples pastor de ovelhas até o bilionário do petróleo dono de uma construtora e de um clube de futebol. Ele é tão genérico que a palavra *thawb* literalmente significa apenas "roupa".

ISSO É UM LENÇOL!

Ao vasculharmos nosso guarda-roupa, procurando desesperadamente por aquela peça preferida, encontramos, por acaso, aquele lençol que usamos há alguns anos como um vestido elegante. Era uma fantasia de emergência para uma festa combinada às pressas, e enrolar nosso corpo naquele estranho projeto de toga nos fez amaldiçoar os romanos e seu estúpido senso de moda. Mas não devemos nos zangar com todos eles, já que apenas os cidadãos tinham o direito de usar a toga e, mesmo assim, somente a elite do fim da república e do início do império, de forma que a maioria dos romanos usava túnicas na altura do joelho, assim como os gregos. Mas isso não quer dizer que as túnicas eram um traje da ralé, pois mesmo senadores e imperadores as usavam por baixo da toga, certamente porque só dava para manter aquele pedaço de pano gigante no lugar se a pessoa ficasse com o braço esquerdo esticado na altura da cintura como se estivesse equilibrando uma bandeja imaginária. Considerando que eram necessários dois escravos para colocar a porcaria do traje, provavelmente bastava um simples tropeço para que a toga escorregasse de novo e caísse aos pés da pessoa, deixando-a vergonhosamente em meio àquele monte de pano.

Os romanos basicamente roubaram a ideia da toga dos etruscos, mas, na verdade, a moda de envolver o corpo com pano já esteve presente em vários lugares e períodos. Ela foi levada com desembaraço por homens e mulheres da aristocracia babilônica e assíria, e hoje podemos pensar em algo semelhante na cultura indiana, onde o tradicional *sari*, um longo e elegante tecido envolto sobre um dos ombros e ao redor do tronco e das pernas, ainda é usado pelas mulheres sobre uma blusa justa e curta, chamada de *choli*. Incrivelmente, existem umas cem formas diferentes de vestir um *sari*, o que faz o marketing daquela "versátil jaqueta dupla-face" parecer um abuso calamitoso do termo "versátil".

CRIMES CONTRA A MODA

Em 1681, durante o Período Edo da história japonesa, quando Tóquio (Edo) foi estabelecida como a nova capital, um instante de terrível constrangimento social formou uma onda considerável nas águas calmas da história da moda. O novo governante do Japão, o quinto Xogum Tokugawa Tsunayoshi, estava jogando conversa fora com uma mulher elegantemente vestida, motivo pelo qual ele supôs que ela fosse um membro legítimo da nobreza. Tudo parecia correr bem, exceto pelo fato de que ele havia cometido uma gafe gigantesca, equivalente a quando um cara hetero da década de 1970 acidentalmente abordava outro cara hetero ao se confundir por aquela nova moda de homens com cabelos longos. Então, quem era essa moça? Uma prostituta? Uma criminosa? Uma *drag queen*? Não, era muito pior. Ela era a esposa de um mercador.

A partir do final do século XIX, a aristocracia ocidental basicamente passou a se vestir com as mesmas roupas da classe média, mas com uma costura melhor – assim como hoje a diferença aparente entre um duque e um banqueiro não é assim tão óbvia. Mas, antes, a moda havia funcionado como um rótulo evidente de *status*. No mundo todo, as chamadas leis suntuárias foram introduzidas para proibir que as classes mais baixas se vestissem como seus superiores, mesmo que pudessem pagar por isso. Por exemplo, na Inglaterra medieval, o rei Eduardo IV exigiu que tecidos roxos, dourados e prateados fossem restritos à realeza. E, para se safar com o veludo, só sendo da classe dos cavaleiros. Por outro lado, nos anos 1570, o papa Pio V achou que a cor azul, que havia se tornado popular entre as classes de artesãos humildes, não era prestigiosa o suficiente para ser incluída no uso litúrgico católico; para ele, a visão de uma cor tão comum no altar diminuiria o poder religioso.

Mas as leis suntuárias não se aplicavam apenas à Europa. Um *tsunami* de ouro havia atingido o Japão do século XVII, criando uma classe burguesa de novos ricos que desafiavam a ordem tradicional e imitavam os estilos dos *samurais* proprietários de terras. Assim, o Xogum Tokugawa Tsunayoshi ficou tão irritado por ter conversado acidentalmente com uma plebeia que acabou criando a primeira de muitas leis para restringir a opulência da moda da classe média. Essa lei afetava diversos aspectos da exibição social, mas, em particular, buscava suprimir a repentina popularidade do belíssimo *kosode* de seda (que agora chamamos de quimono), aqueles robes abertos de mangas curtas e presos na cintura com uma faixa. O problema não era tanto o traje, mas a forma como ele estava sendo decorado: os exibicionistas mercantis os usavam repletos de imagens incrivelmente vívidas e detalhadas, extraídas da mitologia e do mundo natural. É como se nós víssemos um grupo de corretores de imóveis, normalmente vestidos em simples trajes preto e cinza, subitamente se exibindo por aí em vestes de alta-costura feitas de papel alumínio.

Mas os decretos do Xogum eram fracos e começaram a ser apelidados de "leis de três dias". Isso porque as pessoas imediatamente os contornavam usando os tecidos proibidos escondidos debaixo de seus despretensiosos *kosode* em estilo *iki*, uma versão mais restrita e de acordo com as novas regras. Outros parecem ter guardado seus robes mais chamativos para ostentá-los em particular, ou então aproveitando a emoção secreta de vesti-los durante sessões de sexo com prostitutas – um golpe duplo na escala do atrevimento. Além disso, muitas dessas estampas "fora da lei" eram meramente copiadas da seda do *kosode* para a pele da pessoa, o que posteriormente acabou criando uma técnica de tatuagem chamada de *Irezumi*, pela qual o corpo inteiro era marcado com esses desenhos fascinantes.

Essa tendência ainda é bastante conceituada em alguns pontos do Japão, e soube que há um museu em Tóquio que oferece um dinheiro para as pessoas sob o acordo de que, quando elas morrerem, sua pele tatuada seja retirada do corpo para ser exibida como uma pintura de Botticelli. As leis proibitivas sempre resultam em consequências incomuns, mas duvido que qualquer um dos conselheiros do Xogum tenha previsto a existência de galerias de arte repletas de pele humana...

QUANTO MAIOR, MELHOR

Não se engane. Se você é mulher e tem em seu guarda-roupa um vestido bufante, no melhor estilo princesa da Disney, e o guarda para usar somente para ocasiões especiais, saiba que nem sempre foi assim. Na Era Medieval eles eram trajes do dia a dia, usados por mulheres relativamente humildes, mas isso não significa que eram práticos. Ainda que os vestidos medievais europeus fossem longos e cobrissem os braços e as pernas, o excesso de tecido não era uma tentativa de torná-los deliberadamente elegantes. Sim, é verdade que o caimento nas costas tinha alguma harmonia, e aquelas mangas de feiticeiro pendiam dos pulsos como asas dobradas, mas a maioria deles seguia a linha do corpo e se espalhava suavemente aos pés.

Isso começou a mudar no século XV, que chegou atento às tendências da moda, quando as preferências se voltaram radicalmente para o excesso de luxo. As donzelas da aristocracia começaram a usar longos *houppelands* com caudas que se arrastavam e se amontoavam aos seus pés, como reluzentes poças de água iluminadas pelo sol. Mas até mesmo isso não era nada se comparado com o que estava surgindo no horizonte. Na Inglaterra de Elizabeth I, no fim do século XVI, a moda da classe alta começou a enlouquecer. Fazendo conjunto com o corpete que espremia o tronco das moças, a saia-balão – o equivalente a encaixar um pneu ao redor da cintura e jogar um tecido sobre ele – dava às nobres donzelas um quadril pomposo e um andar que fazia parecer que suas pernas tinham sido substituídas por um barquinho a motor. Obviamente, a intenção era exagerar, por isso, a parte de trás das saias escondia várias camadas de tecido para dar às moças "um bumbum do tamanho de um barril", que fizesse com que "suas nádegas ficassem monstruosamente redondas".

Essa moda perdurou pelos 300 anos seguintes e, ao final do século XVII e meados do XVIII, a preferência pelo excesso de drapejamento fez com que as mulheres da aristocracia circulassem como se fossem varais ambulantes, cobertas por camadas e camadas de drapeados, capas, xales e saias. Mas o estilo mais pomposo sem dúvida era o colossal vestido *mantua*, usado na corte real. Tratava-se de um modelo suspenso sobre uma armação oculta que se projetava para os lados do quadril, semelhante àquelas bolsas laterais para bicicletas que você suspende deixando uma em cada lado da roda, e que deixava as mulheres muito estranhas. O *Weekly Journal* de 1718 publicou: "Vi muitas moças refinadas de baixa estatura que, ao perambularem pelo ambiente em suas saias armadas, pareciam crianças com andadores".

Nos anos 1740, esses vestidos da corte se tornaram tão grandes que as mulheres precisavam atravessar as portas de lado, como siris, uma de cada vez; caso contrário, ficavam presas. Só podemos imaginar a dificuldade que elas tinham para subir em uma carruagem, ainda mais se levarmos em conta suas perucas grandes, pesadas e elaboradas e o fato de que não havia nenhum tênis debaixo daquelas anáguas todas. As chances de elas passarem vergonha devem ter sido imensas. Além disso, vestidos tão elaborados como esses exigiam uma ajuda considerável para serem vestidos, por isso, as donzelas ficavam paradas enquanto uma equipe de assistentes se ocupava ao redor delas, encaixando peça por peça como se elas fossem um carro de Fórmula 1 sendo preparado pela equipe de mecânicos no *pit stop*.

Talvez fosse inevitável que essa estranha moda tenha desaparecido rapidamente depois da sangrenta Revolução Francesa, quando as nervosas aristocratas se viram abandonando suas camadas de tecido e perucas, tão características da monarquia destituída, e adotando penteados mais naturais e vestidos mais leves, conhecidos por nós pelas adaptações cinematográficas dos romances de Jane Austen. Ironicamente, no entanto, esse estilo mais simples originou-se com ninguém menos do que a amante dos vestidos pomposos, rainha Maria Antonieta, que tinha o *hobby* curioso de fingir ser uma simples pastora em um parque temático rústico especialmente criado para isso: o *Hameau de la Reine*, erguido ao lado do Palácio de Versalhes. Lá, longe das armadilhas da pompa real, ordenhava vacas, como em uma espécie de fantasia bucólica de mudança de vida. Com camponeses e fazendeiros andando para lá e para cá, ela e suas filhas se divertiam em humildes vestidos de musselina, alheias à revolução que em breve recairia sobre a corte.

VESTIDAS PARA MATAR

E, no entanto, a despeito da simplicidade de Jane Austen, em meados do século XIX, as vitorianas novamente adotaram os vestidões, remetendo às saias-balão elizabetanas, mas com as novas e aprimoradas estruturas de crinolina, que eram rígidas gaiolas colocadas sob as anáguas. Isso evidenciava o ideal de fertilidade feminina: cintura fina e quadris largos, criando um contraste entre o delicado tronco e o vasto oceano de tecidos no quadril.

As crinolinas eram definitivamente elegantes, mas tinham lá suas desvantagens. Por conta de sua estrutura de "paraquedas", uma sutil rajada de vento podia facilmente levantar as saias até a cabeça de uma moça. Sendo assim, provavelmente você consegue imaginar por que as *pantalettes* – aquela espécie de ceroula feminina com frufrus nos calcanhares – logo entraram na moda. Ficar com a bunda de fora basicamente era a coisa mais constrangedora que podia acontecer a uma mulher em uma sociedade que se chocava com o mero vislumbre de um tornozelo. Mas expor as partes íntimas não era o único perigo. As crinolinas também podiam representar um terrível risco à segurança, já que muitas delas eram feitas de celuloide altamente inflamável, uma espécie de termoplástico antigo mais conhecido por seu uso na indústria cinematográfica. Dessa forma, a menor faísca de um cigarro ou de uma lareira desprotegida podia transformar uma donzela em uma gigantesca bola de fogo – o que literalmente resultaria em algumas vítimas da moda.

Felizmente, a saia-balão foi mais um motivo de riso do que de horror. Tendo se tornado extremamente populares até mesmo entre as mulheres da classe trabalhadora, as crinolinas se transformaram em uma ameaça incômoda para a produtividade econômica. Em 1863, as trabalhadoras de uma fábrica de cerâmica inglesa causaram um acidente que custou 200 libras, ao derrubarem os objetos com seus enormes vestidos.

E A HISTÓRIA SE REPETE...

O fim da Era Eduardiana presenciou uma mudança drástica no corte dos vestidos. Deixando para trás a rigidez, as proporções exageradas e a fixação em drapejamentos dos séculos XVIII e XIX, os quais enfatizavam as curvas femininas com espartilhos e enchimentos artificiais, os loucos anos 1920 chegaram com exatamente o oposto. O nascimento do *glamour* de Hollywood subitamente transformou as garotas miudinhas no epítome da moda – toda aquela rigidez e pompa foram trocadas por vestidos sem mangas na altura dos joelhos que reluziam sob as luzes dos salões de dança. Esse é um exemplo interessante de como a história da moda se faz por uma mudança constante de tendências, que tanto rejeitam como adotam o que já foi usado antes.

VESTINDO A CAMISA

Se optarmos por vestir uma calça *jeans*, então será preciso escolher uma parte de cima para completar o *look*; caso contrário, nossos amigos vão se sentir um tanto incomodados durante o jantar. Já descobrimos que a túnica era o que sustentava a moda no passado; uma peça de roupa versátil usada por homens, mulheres e crianças durante milênios. Na Europa do século XVI, a versão masculina encolheu e acabou se transformando no gibão, que chegava somente até os quadris e tinha botões frontais. Ela era então ligada ao culote ou às calças através de suspensórios. Era uma ideia perfeitamente sensata, mas não exatamente ideal para aqueles que tinham o intestino solto ou uma bexiga nervosa, pois o camarada precisava ter um bom nível de destreza para conseguir tirar as calças.

No estilo aristocrático, o gibão tudoriano do século XVI tinha um enchimento pesado para estufar o peito dos rapazes dando a eles a postura de um pombo obeso que acabou de fazer um banquete com as migalhas do parque. Para todos os outros, essa peça era mais uma camada externa sob a qual eles podiam usar um colete e, abaixo dele, uma camisa de linho com punhos nas mangas (o recurso típico para evitar mangas sujas), embora a maioria dos camponeses optasse por uma bata de lã comum e o gibão. Nem a camisa nem a bata dispunham de botões, mas a camisa tinha um pequeno colarinho de virar, o qual, para a nobreza, notoriamente acabou se transformando no rufo sanfonado removível, feito de linho engomado e que dava uma volta ao redor do pescoço. O estranho resultado era uma cabeça que parecia estar flutuando fora do corpo, como se tivesse sido arrancada e estivesse sendo oferecida sobre um guardanapo ornamentado.

Esses rufos cresceram tanto que, ao final do século XVI, pelo que se conta, algumas pessoas precisavam usar colheres alongadas para se alimentar, já que não conseguiam aproximar a mão do rosto. A própria rainha Elizabeth I, sempre ditando moda, optou por cortar a seção da frente e levantar a parte de trás acima de sua cabeça. Com isso, ela podia destacar boa parte – se não todo – do seu busto real.

O rufo saiu de moda nos anos 1620 e o colarinho modesto voltou a ela, mas, no século XVIII, as camisas começaram a ganhar um babado no pescoço, que ficou conhecido como *jabot*, e foi se tornando cada vez mais cheio e decorado. O famoso ditador de moda da regência britânica, George "Beau" Brummell, era um perfeccionista obsessivo que trocava de camisa três vezes por dia, usava colarinho alto e complementava o *look* com um plastrão, ainda que esse simples acessório deva ter sido quase que um desafio diário insuperável para ele. Uma história famosa conta que um amigo de Brummell entrou em seu quarto e viu um monte de plastrões descartados no chão, enquanto seu criado alisava outro cuidadosamente. Confuso, o rapaz apontou para a pilha e perguntou o que estava acontecendo, ao que seu elegante amigo declarou: "*Sir*, aquelas são nossas falhas". Você certamente não ficará surpreso ao saber que o maior almofadinha da Grã-Bretanha era tão meticuloso que limpava seus sapatos com champanhe, e supostamente rejeitou uma mulher porque a tinha visto comer repolho.

Ainda assim, apesar da grande atenção que Brummell dispensava aos detalhes de sua camisa, ela não seria vista por ninguém, pois, exceto pelo babado e pelo colarinho, deixar qualquer outro pedaço da roupa à mostra era considerado completamente indecente. E, não nos esqueçamos, a camisa continuou a ser considerada roupa de baixo até o início do século XX, quando recebeu os botões. Mas aqueles que não podiam usar camisa, como soldados e marinheiros, as recebiam em outra versão.

UMA CAMISETA CHAMADA PECADO

Rente nos bíceps e recortada no pescoço, a camiseta surgiu a partir das camisas de baixo de flanela branca, usadas pelos marinheiros americanos do século XIX. Embora suas origens sejam contestadas, sabemos que ela se tornou o traje obrigatório da marinha americana em 1913. Ela também foi adotada nos anos 1930 como o traje de corrida dos atletas, mas para todos os outros, era simplesmente roupa de baixo. Mas isso não significa que você não veria rapazes só de camiseta em um dia quente, mas esses eram os membros da classe trabalhadora, e nenhum deles jamais se exibiria em um bar com o peito coberto apenas por esse traje de algodão. Para que a camiseta conquistasse o direito de ser usada como roupa comum, era preciso uma porção do *glamour* de Hollywood e, em 1951, esse momento havia chegado em grande estilo.

Na clássica adaptação da peça de Tennessee Williams, *Um bonde chamado desejo*, Marlon Brando tomou conta do telão como símbolo de masculinidade. Seu Stanley Kowalski era um homem animalesco e musculoso, dono de uma carga erótica que possivelmente daria para energizar uma cidade inteira. O *look* era fundamental para seu magnetismo: uma camiseta branca e justa, com a costura toda esticada para conter sua frustração apaixonada e, embora ele fosse um cara suado, furioso e com problemas psicológicos, o público simplesmente não conseguia tirar os olhos daquele anti-herói. Quase que da noite para o dia, a juventude americana soube exatamente qual seria o futuro da moda... E com certeza não eram aqueles rufos babados.

Certo, agora que finalmente escolhemos nossa roupa e demos uma rápida voltinha na frente do espelho, é hora de começarmos a preparar as coisas para a chegada de nossos convidados. Já deixamos a comida pronta na noite passada (graças a Deus por essa prudência!), então tudo o que precisamos fazer é abrir uma garrafa de espumante e pôr a mesa.

19h

UMA CHAMPANHE DE APERITIVO

A festinha desta noite será em comemoração ao aniversário de uma boa amiga. Nossos convidados estão chegando, animados e deslumbrantes, e, conforme eles entram na sala de jantar, oferecemos uma taça de champanhe a cada um. Afinal, essa é a bebida típica de reuniões comemorativas. Mas nem sempre foi assim...

O VINHO DO DIABO

Aqui vai uma história encantadora para você. No dia 4 de agosto de 1693, um velho monge beneditino chamado Dom Pierre Perignon estava parado na bodega de vinhos da Abadia de Hautvillers com um sorriso estampado no rosto. Ele gritou animadamente para que seus irmãos monásticos se reunissem a ele, dizendo: "Venham depressa! Estou bebendo as estrelas!". Ele tinha todo o direito de estar entusiasmado. Após anos de experimentos, Dom Perignon finalmente havia descoberto o segredo para produzir o champanhe. Infelizmente, essa adorável anedota não passa de uma completa bobagem. A ideia de que Dom Perignon decidiu inventar o vinho branco espumante é um mito do marketing do século XIX, e a origem da bebida mais sofisticada do mundo deriva da combinação de uma descoberta acidental e – certamente para o horror de minha mãe, que é francesa – da ingenuidade dos ingleses.

O champanhe não é um tipo de vinho específico. Na verdade, Champagne é uma região produtora de vinhos da França – o Cava espanhol e o Prosecco italiano são bebidas razoavelmente semelhantes. Os champanhes medievais costumavam ser naturalmente não espumantes e acinzentados, nada parecidos com os borbulhantes clarinhos que temos hoje. Embora fossem respeitados na época, eles não se comparavam à nobre reputação dos produtos superiores de Bordeaux, mas, por crescerem a certa proximidade da Notre-Dame de Reims, onde os reis eram coroados, os fabricantes de Champagne puderam ao menos se aproveitar do patrocínio real. Certo, então as origens do champanhe eram decentes, embora não espetaculares, mas podemos assumir que ele tenha sido o primeiro vinho espumante do mundo? Não, esse título vai para o Blanquette de Limoux, produzido em 1531 pelos monges beneditinos de St. Hilaire, não muito longe da cidade-fortaleza de Carcassonne, ao sul do país. E, não, Dom Perignon não aprendeu a arte da vinicultura lá – esse é apenas mais um dos diversos mitos que acompanharam a campanha publicitária de "bebendo as estrelas". *Pardonne-moi, maman*!

Na verdade, o gás presente em nossa taça foi a ruína da vida de Dom Perignon. O motivo pelo qual ele o odiava tanto é que os gases eram um indício de falha no processo de fabricação, uma anomalia enlouquecedora. Para o monge, o champanhe era *le vin du diable* (o vinho do diabo). Hoje sabemos que não era culpa das interferências do demônio, e sim um capricho da química orgânica. A região de Champagne, ao norte do país, sucumbe todos os anos a invernos rigorosos, e a geada anual acabou interrompendo temporariamente a reação química da levedura que transforma o açúcar em álcool, isto é, o processo de fermentação. Em vez de terminar no outono, o processo ficou aguardando o momento certo. Quando a nova safra foi engarrafada, em março, o sol de verão reativou as leveduras dormentes, produzindo um surto repentino de dióxido de carbono dentro da garrafa e, consequentemente, os gases.

Mas a história ainda fica pior. Em função da má qualidade dos vidros franceses, essa pressão interna fez com que algumas das garrafas explodissem, causando um desastre caro e vergonhoso para Dom Perignon. As pessoas que entraram na adega precisaram usar enchimentos de proteção e máscaras faciais para que não fossem feridas pelos cacos de vidro. As garrafas que não foram estilhaçadas, talvez porque não estivessem hermeticamente fechadas pelos pauzinhos de cânhamo embebidos em azeite ou pelas rolhas de madeira, foram rapidamente enviadas para clientes da França e, mais importante, da Inglaterra. Quando descarregado do barco, o champanhe normalmente era reengarrafado pelos ingleses para garantir uma maior duração, mas suas garrafas eram produzidas em fornaças mais quentes, que queimavam carvão mineral em vez de madeira, resultando em um vidro mais resistente. Outro ponto é que os ingleses preferiam usar rolhas de cortiça, o que significava que algo novo logo aconteceria: o vinho levemente gasoso foi ficando cada vez mais espumante, conforme o gás se pressionava contra a rolha e o vidro mais forte.

Dado que o gás era sinônimo de mau controle de qualidade, você pode achar que os ingleses tenham ficado bravos por terem comprado mercadoria duvidosa de seus inimigos cíclicos, mas o gás foi recebido como uma emocionante novidade pelos britânicos festeiros do reinado de Carlos II. Dom Perignon certamente se dedicava em melhorar a qualidade da produção, pois havia conseguido produzir um vinho branco não espumante a partir de uvas rosadas e estava fazendo vários experimentos misturando as variedades de uvas, mas em momento algum imaginou que seria inundado por pedidos do vinho do diabo vindos do além-mar. Em pouco tempo, sua clientela francesa também começou a pedir os champanhes espumantes, de forma que o monge, perplexo, acabou sendo forçado a se adaptar ao seu novo mercado.

FRISANTE REAL

Quando Dom Perignon morreu, em 1715, suas vinícolas produziam vinhos espumantes e não espumantes, mas a versão gasosa é que foi servida na taça do Duque D'Orleães quando ele se tornou regente da França, naquele mesmo ano. Esse foi o ponto de início, a primeira vez em que o champanhe foi aclamado pelas celebridades. Em pouco tempo, os mercadores em ascensão começaram a procurar por oportunidades no comércio de espumantes. Nicolas Ruinart, sobrinho de um amigo íntimo de Dom Perignon, Dom Thierry Ruinart, criou a primeira marca de champanhe em 1729, e foi seguido, em 1743, pelo grande comerciante de lãs, Claude Moët, que, de alguma forma, conseguiu conquistar a amante do rei Luís XV, a Madame de Pompadour, como sua cliente fiel. Ela declarou: "Champanhe é o único vinho que deixa uma mulher linda depois de bebê-lo" – eis o tipo de propaganda que promete mais do que o produto oferece. Conforme outros mercadores começaram a se aventurar no mercado dos espumantes, ficou claro que um pequeno mercado aristocrático não daria conta de todas aquelas novas vinícolas. O champanhe precisaria ampliar a demografia de seus clientes.

Depois de terem finalmente descoberto o segredo do vidro mais resistente e das rolhas de cortiça, os produtores de champanhe começaram a enviar suas bebidas para lugares mais distantes sem que as garrafas explodissem espontaneamente. Ao final do século, o champanhe já estava presente nas taças do refinado Czar Pedro, o Grande, e do super-herói republicano da América do Norte, George Washington. De repente, ele havia se transformado na bebida do poder, da elegância e do luxo, mas não era preciso ser um monarca para degustá-lo. Na verdade, as campanhas de publicidade do século XIX apostavam com sagacidade na opulência aparente da bebida, mas direcionavam o produto com sutileza para a classe média em ascensão. No entanto, algumas marcas estavam totalmente fora do alcance dos meros mortais. O champanhe Cristal, produzido por Louis Roederer, era engarrafado exclusivamente para os czares da Rússia e permaneceu indisponível para o povão até o final da Segunda Guerra Mundial.

Hoje não estamos degustando um Cristal, já que seu preço ainda só cabe nos bolsos dos *rappers* e dos jogadores de futebol. Porém, quando percorremos o corredor de bebidas do supermercado em busca de uma garrafa, tivemos diversas opções à disposição. O antigo vinho cinza adocicado da França medieval agora está disponível como o açucarado (*doux* e *demi-sec)*, a variedade seca (*sec* e *brut)*, ou até mesmo o extremamente seco (*extra-brut)*. E, é claro, há aqueles feitos com uvas brancas (*blancs de blancs*), uvas rosadas (*blancs de noirs*), os sedutores *rosés* e o estimado *cuvée de prestigie*, feito predominantemente da safra de um único ano. Mas o que nunca muda e claramente define o champanhe é sua efervescência. Os gases são para o champanhe o que as bandanas são para o *rock* dos anos 1980: a emocionante essência que os define, sem a qual a experiência seria completamente decepcionante.

Então, com as taças cheias, vamos brindar à aniversariante e dar continuidade à noite.

19h45

JANTAR

Com a festa em andamento e todos tagarelando alegremente, o emocionante bipe do *timer* do forno nos avisa que o jantar está praticamente pronto. Verdade seja dita, não estamos servindo nenhuma obra-prima gastronômica, mas pelo menos ninguém se sentiu insultado quando revelamos o *menu*. Afinal de contas, não é por causa da comida que estamos reunidos aqui hoje, e sim pelo prazer de nossas companhias. Estamos aqui para compartilhar.

QUANTO MAIS, MELHOR?

A Era do Gelo foi, como seu próprio nome indica, um período um tanto gelado para se viver. Não estamos falando exatamente de extremos da Antártica, mas à noite os habitantes da Europa Central precisavam enfrentar temperaturas abaixo de zero, além da constante ameaça de terríveis predadores. Nos profundos vales glaciais de Moravia, onde agora fica a República Tcheca, há 30 mil anos, é possível que o vento tenha açoitado a região. Por isso, não é surpresa que os arqueólogos que escavaram a vila de Dolní Věstonice tenham encontrado fortes evidências de corações queimados. O fogo não apenas serve para aquecer o corpo, mas cozinhar a carne faz com que ela libere quimicamente suas calorias extras, o que aumenta a resistência de nossos corpos ao resfriamento e acelera a digestão. Dessa forma, na Era Glacial, as refeições quentes faziam parte do dia a dia das pessoas.

Mas esses caçadores-coletores não se amontoavam ao redor de fogueiras, e simplesmente ignoravam uns aos outros. Aqueles corações provavelmente foram o motivo de uma reunião social. *Focus* é a palavra latina para "coração", e durante milênios a fogueira funcionou como um órgão vital para o compartilhamento. Além disso, cozinhar não apenas deixa o alimento mais saboroso e nutritivo, mas também amolece as fibras que estariam além da força de mastigação de crianças e idosos banguelas. Sabemos através de fósseis pré-históricos que as pessoas com deficiência física não eram abandonadas para morrer de fome; havia quem cuidasse delas. Dessa forma, cozinhar também era uma forma de proporcionar o sustento para os mais vulneráveis e reunir todos em volta das chamas, em um convívio social. Usamos a palavra "companheiro" para nos referirmos a um parceiro de vida, um cônjuge, mas sua origem está intimamente ligada à comida. Em latim, ela refere-se à pessoa com quem temos o prazer de compartilhar nosso pão.

VOU QUERER O MESMO QUE ELA

Fazer refeições em conjunto sempre foi um costume amplamente disseminado que data de tão longe quanto as evidências nos levam e, às vezes, a necessidade de consumir calorias não tinha nada a ver com isso. Na Colina de Hambledon, no condado inglês de Dorset, há um impressionante forte da Idade do Ferro, construído sobre uma montanha de 200 metros e criado como forma de proteção contra as tribos rivais. Mas não são os defensores celtas que nos interessam aqui, e sim o povo do Período Neolítico e do final da Era do Bronze, que usavam a colina como estação de encontro; uma espécie de espaço de festa combinado a um cemitério antigo. Ao final do verão, eles aproveitavam os dias mais longos para convidar pessoas de muito longe para se reunir ali, em um banquete de carne de vaca, veado e o que mais pudesse parecer delicioso nos campos da região.

Era, ao que parece, uma espécie de *Lollapalooza*: as pessoas chegavam, se divertiam, deixavam uma bagunça astronômica e voltavam para casa – mas talvez os banheiros fossem um pouco mais civilizados. O motivo pelo qual eles faziam isso é um mistério. Seria um festival religioso? Uma simples festa anual para os parentes? Ou uma espécie de serviço de namoro intertribos, culminando em casamentos entre os recém-enamorados pombinhos? Sinceramente, não fazemos ideia. Mas a ausência de casas no local nos diz claramente que esse era o *point* da galera no fim de julho, e a única coisa que sobrava lá em dezembro eram os ossos cuidadosamente enterrados dos animais comidos e de humanos velados.

Fazer uma refeição, portanto, podia ser divertido, e não uma mera questão de sobrevivência, além de representar um importante papel social ao lubrificar as engrenagens das comunidades. Na Mesopotâmia da Idade do Bronze, uma refeição compartilhada era uma assinatura contratual para aprovar uma negociação babilônica, de forma que os documentos legais da Antiguidade sempre mencionam que "comeu-se pão, bebeu-se cerveja e os corpos foram ungidos com óleo", sugerindo um ritual muito mais sacana do que realmente era. Em particular, o sal e o vinho eram abertamente compartilhados entre os parceiros, como símbolo de uma nova fraternidade, e recusar a oferta não apenas era falta de educação, mas também podia acabar com os negócios. O banquete mesopotâmio era como um aperto de mãos dos jogadores de futebol em frente às câmeras quando passam a integrar um novo time – não estritamente essencial, mas esperado.

Esse momento de união, fosse para negócios ou casamento, pode nos parecer trivial, mas nossos antepassados consideravam um voto no jantar algo extremamente sério, a ponto de se tornar válido ao longo de gerações. No célebre poema de Homero, *A Ilíada*, os guerreiros Glauco e Diomedes se enfrentam cara a cara no campo de batalha e estão prestes a se esfaquear, como era de costume, quando um deles reconhece o nome do outro e imediatamente oferece sua armadura como presente. Encantada, a ex-vítima abaixa a espada e retribui o favor, e ambos concordam em acabar com a raça de algum outro bastardo infeliz. Será que em algum momento aqueles dois juraram um voto regado a uma boa taça de vinho? Não, mas seus avôs, sim, muitos anos atrás. Um gesto de *xenia*, ou hospitalidade, era para os gregos tão hereditário quanto a calvície, e podia durar tanto quanto a memória lhes permitisse.

Como você provavelmente pode imaginar, os romanos e os gregos acreditavam que comer junto – ou, o que podemos chamar de convivência – era a forma mais profunda de socialização, uma maneira de se comunicar com os outros. E, ainda que houvesse boatos de que os bárbaros arruaceiros e os animais ferozes estavam comendo a certa proximidade, para os romanos, eles não dispunham das regras e da etiqueta que tornam a refeição um ato civilizado. Como elegantemente coloca o escritor Plutarco: "Não nos sentamos à mesa apenas para comer, mas para comermos juntos". E assim, todos os dias, os romanos abastados desfrutavam de um banquete com carne chamado de *cena*, em grupos de até cerca de 12 pessoas, embora um banquete realmente épico fosse chamado de *convivium*, e um banquete religioso especial fosse um *epulum*.

É claro que, como acontece conosco, suas barrigas também reclamavam antes e depois dessa majestosa refeição, de forma que muitas vezes eles compartilhavam lanches frios chamados de *prandium*. Mas estes serviam puramente para o sustento, visando evitar que as pessoas desmaiassem por causa de uma crise hipoglicêmica, ao passo que a *cena* era uma refeição sagrada, responsável pela socialização. É difícil saber se os romanos mais pobres imitavam as classes superiores nessas refeições, mas sabe-se que eles se viravam com as *popinae* (basicamente restaurantes de comida "para viagem"), e com as grandes e agitadas *tabernae*, onde bebida, comida, jogos de aposta e prostituição estavam à disposição dos clientes menos distintos.

ONDE SE SENTAR?

Como anfitriões respeitáveis, a iminência de nossa refeição implica que devemos começar a fazer gestos para os nossos convidados, tirando-os educadamente dos sofás e levando-os até a mesa de jantar. Como não usamos nenhum tipo de plaquinha, há um momento de hesitação entre nossos amigos, que começam a se perguntar onde cada um vai se sentar. Vemos os casais considerando se devem ficar lado a lado ou um de frente para o outro, para que possam se comunicar com olhares e caretas sutis – uma tática adquirida após anos de convivência. Outros ponderam se faremos uma disposição alternando menino/menina/menino, enquanto a vegetariana de cintura fininha se oferece educadamente para pegar o lugar mais apertado da ponta, já que é mais esbelta que o resto de nós.

É um momento trivial de indecisão conjunta, mas que gera alguns sorrisos constrangidos. Esse breve teatro de estranheza social revela por que a maioria das culturas na história tinha regras sobre onde cada pessoa se sentaria e quais traseiros não eram sequer bem-vindos à mesa. Plutarco, em sua obra *Simposíaca*, considera se seria responsabilidade do anfitrião indicar o lugar aos convidados ou se deveria deixá-los escolher. Mas a maioria dos outros anfitriões romanos preferia interferir, usando o espaço de jantar como uma imagem da estratificação social. Nesses cenários, onde não havia uma mesa compartilhada e as pessoas se reclinavam em sofás, o anfitrião normalmente se sentava à frente da sala, com os convidados de honra mais próximos. Já os desesperados parasitas, tios inoportunos e funcionários públicos desinteressantes eram banidos para os sofás nas extremidades mais distantes, seguramente fora do alcance da voz dos convidados VIP.

Para deixar ainda mais claro que sua presença não era muito desejada, esses convidados menos importantes podiam ser servidos com alimentos inferiores e vinho mais barato. Eles estavam cientes disso, já que assistiam a um desfile de comida boa, zombeteiramente fora de alcance. Participar de uma *cenae* como essa no papel de um convidado inferior deve ter sido como entrar acidentalmente em uma cabine na primeira classe de voo internacional e confrontar-se com o vinho decente e as deliciosas refeições que, ao voltarmos para nosso assento apertado, fazem aquela lasanha pré-cozida que recebemos ter gosto de polietileno.

Os homens gregos das classes altas jantavam juntos em uma sala chamada *andron*, ou "sala dos homens". Nesse lugar, suas esposas demasiado sérias não eram bem-vindas, mas isso não os impedia de convidar cortesãs, dançarinas e mocinhas flautistas, que eram convidadas para entretê-los, flertar e possivelmente oferecer serviços mais empolgantes. Mas os romanos parecem ter sido menos restritivos do que seus vizinhos egeus, e suas esposas costumavam ser autorizadas a se sentar educadamente em cadeiras mais formais, enquanto seus maridos se esparramavam nos sofás. Ser convidada para um dos assentos horizontais provavelmente era um prazer raro para as moças comuns.

Fora do mundo "civilizado", o escritor Ateneu descreveu os celtas – a quem as fontes clássicas invariavelmente citam como bárbaros estranhos e incômodos para César, com a pele pintada de azul e bigodes curvados – como um povo marcial que exaltava a violência machista acima de todas as coisas. Desse modo, seus jantares eram dispostos de forma que o generoso anfitrião e o guerreiro mais forte ficassem no centro, enquanto os homens menos importantes e as mulheres se reuniam ao redor deles como satélites, bebendo cerveja e comendo carne e vegetais em pratos de cerâmica e cestos de vime. No entanto, se avançarmos alguns séculos para a

Idade Média, as pinturas de grandes banquetes em salões majestosos mostram que as mulheres às vezes nem compareciam a esses eventos, e acabavam comendo juntas em outros lugares, como também era o caso das mulheres da aristocracia no Japão e na China medieval. Ou, ainda, elas se reuniam na extremidade distante de um banco, forçadas a ficar ao largo das festas como se fossem convidadas de última hora.

De forma muito semelhante aos esnobes romanos que condenavam seus conhecidos indesejados às extremidades da sala, o banquete medieval inglês normalmente era estruturado de forma que o anfitrião e seus convidados mais próximos se sentassem à mesa permanente (*table dormant*), elevada sobre uma plataforma e posicionada horizontalmente na extremidade distante do salão. Esse é um arranjo que ainda costumamos ver nos casamentos britânicos. De lá, ele podia observar todos os seus convidados agrupados em mesas de cavalete dispostas em sentido longitudinal. Essas pessoas tinham o prazer de receber a mesma comida do anfitrião, mas eram consideradas "abaixo do sal", o que significava que não eram dignas da mesa elevada, a qual ostentava um belíssimo saleiro, normalmente feito de prata e, às vezes, encrustado de joias reluzentes. Alguns desses saleiros tinham o formato de um navio, chamado de *nef* e, no século XVI, até dispunham de peças mecânicas e pequenas rodinhas, para que rolassem pela mesa.

Mas, em outros lugares da Europa, era igualmente comum que o anfitrião abandonasse a plataforma e continuasse a tradição celta de assumir o lugar do centro, sentando-se orgulhosamente ao meio de uma longa mesa, com seus convidados irradiando para fora em ordem de importância. Não posso deixar de imaginar se os indesejados que se sentavam nas extremidades (e que bem podiam ser as mulheres) resmungavam irritados sobre sua posição humilhante ou se, como estagiários mal pagos que são convidados para o jantar de confraternização da empresa, se sentiam felizes por simplesmente estarem presentes... Mas essa clara divisão passou por várias transições sutis e, posteriormente, no século XVII, os aristocratas abandonaram essa idiossincrasia em massa por completo, optando por jantares mais seletivos com pequenos grupos de nobres. Mesmo nessas ocasiões, um duque sempre seria servido antes de um mero visconde.

Ainda assim, esse tratamento preferencial nem sempre esteve presente fora do ilustre mundo da elite. Se estivéssemos sentados em um agradável restaurante, em vez de em casa, nenhum de nós se sentiria forçado a se levantar e mudar de lugar quando alguém que ganha mais entrasse no recinto. Na Inglaterra, pelo menos, essa informalidade começou nas cafeterias do século XVII, que, como vimos, tornaram-se pontos de encontro de poetas, escritores, cientistas e mercadores. Da mesma forma, em uma subcultura que prezava por novas ideias acima de tudo, os velhos costumes de fazer reverências e mesuras aos superiores foram abandonados, e em 1674, um novo guia de boas maneiras na cafeteria explicou em termos claros:

Ministros, senhores e comerciantes, todos são bem-vindos,
E podem, sem afronta, sentar-se juntos,
Preeminência de lugar, ninguém aqui deve se importar,
Mas pegue o próximo lugar que encontrar,
E ninguém precisa, se alguém mais distinto chegar,
Levantar-se para lhe dar o lugar.

Outra surpresa para os viajantes europeus era que os ingleses aceitavam que mulheres respeitáveis jantassem com eles nas tabernas, e os escritos do diário de Samuel Pepys revelam que ele convidava regularmente sua esposa para refeições em grupo nos estabelecimentos interessantes de Londres. Apesar disso, é pouco provável que costumassem optar pela disposição alternada entre menino/menina, já que, mesmo um século depois, a publicação *Honras da mesa**, de John Trusler, declara isso como sendo novidade em 1788: "Um novo modo promíscuo de se sentar [começou com] um cavalheiro e uma donzela sentados alternadamente ao redor da mesa, sendo isso para a melhor conveniência da moça que está sendo atendida e servida pelo cavalheiro ao lado dela". De forma semelhante, na Paris de meados do século XVIII, o restaurante surgiu como um novo local para jantar, e começavam a servir mulheres junto com homens, em vez de expulsá-las para suas próprias cabines privadas. Pouco a pouco, algumas das antigas regras estavam começando a ser deixadas para trás...

Mas não todas...

* Não há referências a essa obra em português. O título original é *Honours of the table*. (N.T.)

"DEPOIS DE VOCÊ..." "NÃO, DEPOIS DE VOCÊ..."

Agora que nossos convidados já escolheram seus lugares, aguardamos até que todos se sentem, sem nos atentarmos para a ordem em que isso acontece. Mas o relatório de Trusler de 1788 deixou claro que, para as classes superiores, as tradições de hierarquia permaneciam: "As donzelas, estejam acima ou abaixo, devem ser servidas por ordem de posição social ou idade, em seguida, os cavalheiros, seguindo a mesma ordem". Isso parece simples o bastante, até olharmos para a incrível complexidade da hierarquia social britânica, com seus lordes, damas, condes, duques, barões, cavaleiros, condessas, príncipes e princesas – todos com variadas descendências de título, apenas esperando para assumirem suas posições hereditárias. Além disso, sempre que alguém se casava ou enviuvava, podia subir ou descer na ordem de precedência da mesa de jantar – forçando o anfitrião a jogar mentalmente uma espécie de *Super Trunfo* em que os convidados se enfrentavam em diversas batalhas de mérito e prestígio, até que uma hierarquia evidente fosse determinada.

Curiosamente, o oposto se aplicava à etiqueta tradicional chinesa, em que os convidados quase que literalmente tentavam empurrar uns aos outros para deixá-los entrar primeiro na sala de jantar, e todos os envolvidos se desesperavam para fazer com que a outra pessoa se sentasse antes. Para quem é de fora, isso certamente parece uma cena bizarra de *Monty Python*, em que a educação se transforma em uma competição quase com violência física, sem que ninguém queira realmente ferir o outro. Era uma farsa na qual todos sabiam seu papel, e assim que o ritual chegava a um momento de estranheza, alguém – normalmente um convidado mais velho – soltava a adorável frase "Melhor obediência do que deferência", e os convidados atendiam imediatamente ao convite, assumindo seus lugares.

Voltando para o Ocidente, outro campo minado de boas maneiras surgia quando alguém oferecia um *soirée* no qual os convidados detinham uma posição social acima da sua. Isso expunha o anfitrião a acusações de tentar pretensiosamente subir de *status*, ou a ameaças de que o alimento, os talheres e a conversa estavam abaixo do padrão exigido pelos convidados superiores. Ou, ainda, que os criados simplesmente não eram treinados o suficiente para servir um jantar impecável sem derramar sopa quente sobre uma condessa viúva. Oferecer um jantar vitoriano passava ao anfitrião o mesmo terror dramático que sentimos ao ver um equilibrista na corda bamba fazendo malabarismo com facas – a qualquer momento, o menor deslize pode ser catastrófico, e gerar consequências que podem durar anos.

Por fim, havia também a curiosa superstição sobre quantas pessoas podiam estar ao redor da mesa. Os cristãos parecem ter se preocupado com isso durante séculos, por causa de Cristo e seus 12 apóstolos comendo pesarosamente na malfadada Última Ceia. Assim, na França do século XIX, se você convidasse 13 pessoas para jantar, e uma delas desse para trás de última hora, era possível contratar um convidado de emergência, conhecido como *quatorzieme* (o décimo quarto), para garantir que seu banquete não fosse alvo de azar. Esse camarada vestia seu paletó e ficava em seus aposentos das cinco horas da tarde em diante, esperando pelo chamado heroico – como se fosse um galante super-herói da classe média olhando para o céu em busca de um sinal de perigo.

Essa triscaidecafobia (medo do número 13) religiosa era tão comum que, nos anos 1880, certo Capitão William Fowler, veterano militar da Guerra Civil dos Estados Unidos, fundou o Clube dos Treze de Nova York, com a nobre intenção de condenar a superstição. Ele e seus 12 convidados, que ao longo dos anos incluíram cinco presidentes americanos, planejavam seus eventos para que fossem iniciados às 19h13 do dia 13 de janeiro. Além disso, serviam 13 pratos e faziam 13 brindes, enquanto regozijavam seu racionalismo ao deliberadamente fazer coisas que davam azar, como passar por baixo de escadas, derramar sal, quebrar espelhos, abrir guarda-chuvas dentro de casa, decorar o ambiente com esqueletos, crânios e ossos cruzados e pendurar faixas nas quais se lia: "Nós, que estamos prestes a morrer, o saudamos". Em outras palavras, eles não apenas desafiavam o destino, mas o cutucavam incansavelmente, seguros do conhecimento de que sua morte eventual não seria causada por um assassino sobrenatural com uma foice, mas provavelmente como resultado de um ataque cardíaco decorrente de seus abusos.

SENTANDO-SE À MESA

Depois de muita lengalenga, finalmente estamos todos sentados em um perímetro perfeitamente alinhado de corpos ao redor de uma comprida mesa retangular. Isso, para a maioria dos ocidentais, é a disposição padrão de um jantar. Compartilhamos a mesma superfície para comer, sobre a qual possivelmente haverá uma toalha ou um jogo americano, velas e talheres. E todas as pessoas sentadas eretas em suas cadeiras. Mas nem sempre foi assim.

No início da dinastia egípcia, cerca de 4 mil anos atrás, as classes superiores recostavam-se em esteiras de junco trançado ou em grandes almofadas, com suas bebidas no chão e o jantar sobre uma mesinha baixa. Se colocássemos uma televisão na frente deles e os vestíssemos com um agasalho de moletom, seria uma cena muito parecida ao que acontece em casa quando estou sozinho. No entanto, na época do rei Tut e de Ramsés, o Grande, as cadeiras de encosto alto começaram a invadir a sala de jantar, então claramente as preferências estavam se desenvolvendo, ainda que as minhas não tenham.

Os gregos e romanos, pelo contrário, não optaram por nenhuma dessas mobílias. Bem, pelo menos não os endinheirados. Em vez disso, como já mencionamos, eles preferiam os sofás reclináveis (*kline*, em grego), sobre os quais os convidados se deitavam de lado apoiados no cotovelo esquerdo, com várias almofadas, e os joelhos dobrados, para criar uma postura estável. Nessa pose provocante, eles permaneciam estáticos, mas podiam se inclinar para frente e pegar a comida com a mão direita, conforme os escravos iam passando com mesinhas baixas, levando os deliciosos petiscos ao alcance limitado deles.

Nós nos reunimos em volta de uma grande mesa central, mas os romanos não adotavam essa disposição. Sua sala de jantar era conhecida como *triclinium*, chamada assim porque tradicionalmente contava com três grandes *klines* (ou *lecti*, em latim) dispostos em forma de U para permitir que comessem juntos, enquanto os criados iam e voltavam com uma abundância de bebidas e lanches. É claro, se alguém quisesse fazer uma festa épica, então era preciso um cômodo maior para abrigar mais sofás, cada qual colocado entre outros dois convidados deitados languidamente. Mas Plutarco era contra colocar muitas mesas e sofás em um único grande ambiente, pois isso inevitavelmente causaria uma algazarra detestável.

Quando falamos de refeições famosas na história, uma, em particular, vem à mente de qualquer pessoa que tenha sido criada na cultura cristã. A imagem da *Última ceia*, com Cristo e seus discípulos diante de uma comprida mesa de cavalete comendo pão, enquanto Jesus faz o famoso gesto de braços abertos, é, na verdade, um fac-símile dos costumes de jantar da Itália medieval. Aliás, é muito mais provável que os antigos judeus palestinos comessem no chão e, caso participassem de um banquete, se apoiariam no cotovelo, como Plutarco e seus camaradas. Sabemos disso porque o Evangelho segundo João nos diz:

> **Ora, um de seus discípulos, a quem Jesus amava, estava reclinado no seio de Jesus. Então Simão Pedro fez sinal a este, para que perguntasse quem era aquele de quem ele falava. E, inclinando-se sobre o peito de Jesus, disse-lhe: Senhor, quem é?**

Caso não fique claro pela prosa do século XVII, Jesus estava dividindo um sofá com outro homem que, inclinado à frente dele, descansava a cabeça em seu peito e, para falar com seu salvador, o discípulo precisava virar o corpo e esticar o pescoço.

Séculos depois, nos grandes salões medievais, o nobre anfitrião e seus mais ilustres convidados tinham a honra de ficar de costas para a lareira, podendo, assim, se aquecer durante o jantar, enquanto todos os demais se empoleiravam em banquinhos e torciam para que um calorzinho residual lufasse em sua direção. Para os mais rústicos, aqueles para quem os banquetes em salões eram somente uma fantasia, as mesas consistiam de uma raridade doméstica, assim como as velas e lamparinas caras. Isso revela que o jantar provavelmente acontecia perto da porta da frente ou diante da lareira, para que as pessoas pudessem ao menos enxergar o que estavam comendo. Se não houvesse mesa, se sentavam em um pequeno banco (*buffet*), e a comida era posta diante deles. Por vezes havia apenas uma cadeira para o senhor da casa, e o restante da família se acocorava em banquinhos e esteiras de palha.

Obviamente, nossos traseiros não estão sobre sacos estofados com palha seca, mas essa é uma mudança um tanto recente. Para as massas, as cadeiras de jantar só começaram a aparecer com certa regularidade no século XVI, adquiridas pelas famílias abastadas da Renascença para cercar suas novas e elegantes mesas, as quais ainda contavam com uma extensão para oferecer mais lugares. Essas mesas costumavam ser protegidas por tapetes grossos de estampas detalhadas, chamados de tapetes turcos, em homenagem ao seu país de origem. Ironicamente, alguns deles serviam, na verdade, para a prática de orações islâmicas. No entanto, naquela época, ninguém percebia essas coisas, então surgiu essa curiosa excentricidade dos cristãos europeus, que durante boa parte do século travaram uma guerra amarga com os turcos otomanos: eles comiam seus jantares sobre um pano que era sagrado para os muçulmanos.

Mas a decoração das mesas não parou por aí. Hoje estamos acompanhados por algumas velas e um pequeno buquê de flores, mas, no século XVIII, era extremamente chique que as pomposas salas de jantar da Europa se concentrassem em enfeites ornamentados e memoráveis. Podia ser um grande buquê de flores recém-colhidas ou, melhor ainda, de flores artificiais feitas de seda. E também outros objetos belíssimos, criados para atrair olhares e motivar conversas, como: esculturas de vidro e metais preciosos, jardins artificiais em miniatura espalhados sobre pratos rasos de prata, desenhos artísticos em bandejas de areia e, o mais exótico de todos, um abacaxi. A fruta era de uma raridade tão misteriosa que as pessoas não se atreviam a comê-lo; elas apenas o expunham sobre a mesa de jantar para surpreender os convidados com tamanha maravilha.

EXAMINANDO O CARDÁPIO

Certo dia, possivelmente em 1810, a sofisticada elite da Paris napoleônica se reuniu na grandiosa morada do embaixador russo, o Príncipe Alexander Borisovich Kurakin, para o que prometia ser um banquete excêntrico. Ele era conhecido como o Príncipe Diamante da Rússia, por conta de seu gosto incrivelmente caro para roupas, de forma que todos esperavam nada menos do que um luxo absoluto. O que ninguém contava, no entanto, era entrar em uma sala de jantar desprovida de comida. As decorações estavam lá, os talheres também, mas o jantar estava, notavelmente, ausente.

A mesa diante de nós agora é basicamente igual. Quero dizer, não é talhada em um belíssimo mogno, mas você entendeu o que eu quis dizer. Hoje os pratos serão pré-servidos, como é de costume na maioria dos restaurantes, mas os convidados chocados de Kurakin esperavam diversos pratos espalhados, em um padrão uniforme por toda a mesa, para que pudessem experimentar um pouco de tudo. Esse habitual *service à la française* criava uma cena majestosa, na qual os canapés, que inicialmente não eram aperitivos, mas acompanhamentos (o termo usado era *"hors d'oeuvres"*, que significava "fora da obra"), flanqueavam o perímetro enquanto os diversos pratos principais eram colocados no centro da mesa. O costume variava, mas os banquetes realmente luxuosos costumavam servir 12 vezes mais pratos do que o número de convidados, o que significava que as mesas podiam ranger com o peso colossal das centenas de travessas, embora nem todas fossem servidas exatamente ao mesmo tempo.

O primeiro prato normalmente costumava servir sopas em terrinas, o segundo trazia carnes, peixes, vegetais e sobremesas doces – essencialmente, tudo o que hoje consideramos uma refeição completa. Em seguida, a toalha de mesa era levantada, revelando uma nova toalha por baixo, após o que se seguia uma terceira e última rodada de queijos, frutas e mais sobremesas (o termo em inglês "*dessert*" deriva de "*de-served*", que significa limpar a mesa). Atravessar esse oceano de comida levava horas, deixava as barrigas inchadas, gerava um desperdício enorme e inevitavelmente fazia com que o alimento esfriasse, mas era um estilo de banquete teatral que proclamava a enorme generosidade do anfitrião.

Porém, o *service à la Russe* de Kurakin – em que apenas os talheres estavam postos e cada prato vinha separadamente – entrou rapidamente na moda e, nos anos 1880, foi aceito como costume. Por quê? Bem, a praticidade ajudava: a comida passou a ser servida quente, em vez de morna, e uma refeição levava meros 90 minutos, em vez de uma exaustiva prova de resistência de quatro horas. Além disso, a necessidade constante de servir as pessoas exigia mais criados levando e trazendo a comida, o que significava que a redução dos pratos era compensada pelo aumento do número de empregados. Assim como acontece com as celebridades modernas, o tamanho do séquito do anfitrião se transformou no novo símbolo de riqueza.

ABENÇOE ESTA COMIDA

Ao terminar de servir a entrada para todos os convidados, nos sentamos à mesa para começar a comer. Mas, se fôssemos religiosos devotos, antes de levarmos a primeira garfada à boca, murmuraríamos uma prece para agradecer à generosa dádiva da comida. Muitos cristãos (embora tradicionalmente não os britânicos) fazem uma oração de agradecimento antes das refeições, algo breve e simples, ao Todo-Poderoso. Os hindus também praticam algo semelhante, ao passo que os judeus proferem o *Birkat Hamazon* após uma refeição em que tenham comido pão. Já os muçulmanos se garantem com a combinação do *Bismillah* (em nome de Alá) antes da refeição, e o *Alhamdulillah* (preces sejam feitas a Alá) depois. Vale observar que os muçulmanos do Período Medieval tinham que esperar que todos terminassem de comer, pois proferi-lo enquanto outra pessoa ainda estivesse comendo dava a impressão de que você queria acabar logo com isso e tinha coisas mais importantes para fazer.

Mas os rituais antes das refeições nem sempre foram de natureza religiosa. Na Mesopotâmia da Era do Bronze, sabemos que o banquete não podia começar até que todos os presentes tivessem sido ungidos com óleo temperado com murta, gengibre e cedro – o que deixava suas mãos com um cheiro tão delicioso quanto o do jantar. Já os egípcios, romanos e gregos preferiam purificá-las com água – como o pessoal da Era Medieval –, e a elite do Vale do Nilo ainda aparecia para jantar usando uma guirlanda de flores e um cone de cera aromatizado na cabeça. Estranhamente, durante a refeição, esse cone começava a derreter, liberando um cheiro agradável de suas perucas estilosas – uma espécie de *Bom Ar* humano.

Os gregos não adotaram esse costume interessante, mas também usavam guirlandas para lembrá-los de Prometeu, o titã mítico que criou humanos de argila e roubou o fogo dos deuses para dá-lo a nós. Mas, em função desse furto altruísta, ele pagou o preço com uma tortura perpétua: todos os dias uma águia comia um pouco de seu fígado, que regenerava e era novamente comido. De qualquer forma, graças ao mito de Prometeu, acreditava-se que os deuses podiam comer a gordura de um animal sacrificado, desde que ele tivesse sido assassinado em seu nome sagrado. É por isso que um grande banquete na Era Clássica no Mediterrâneo começava com o ato religioso de queimar gordura animal. O ritual era acompanhado por música e taças de vinho. Isso, aparentemente, era o suficiente para apaziguar a ira divina, o que era esplêndido, pois toda aquela carne e as bebidas acabavam ficando para o deleite dos mortais.

O ato de lavar as mãos já era bastante comum há milênios, dado que era a solução óbvia para o pouco uso que se fazia dos talheres, mas os poderosos não temiam apenas a sujeira em suas comidas. Na França medieval, uma corneta soava nas casas dos nobres um pouco antes do banquete, para que as pessoas soubessem que era o momento de esfregar os dedos nos jarros de água que ficavam próximos à mesa. Enquanto faziam isso, um testador de alimentos oficial examinava os pratos com técnicas vagamente mágicas, ou de alquimia, usando dentes de tubarão, partes de sapos ou cristais reluzentes, a fim de verificar se não havia veneno na comida. Substâncias sangrando ou mudando de cor indicavam a presença de veneno e de um assassino provavelmente à espreita! Para os convidados mais prestigiados, a comida era testada por um cachorrinho chamado *chien-goûteur*, mas nem mesmo isso acabava com a paranoia completamente. O rei Luís XIV comia quase sempre sozinho, ou apenas com a rainha, e seu jantar era entregue em recipientes trancados e escoltados desde a cozinha por mosqueteiros, para garantir que chegasse até ele em segurança. Infelizmente, quando vamos a um restaurante, não há nenhum soldado armado para impedir que o garçom cuspa em nossas sopas, o que é uma pena...

BOM DE GARFO

Filóxeno era um homem excêntrico. Poeta e filósofo durante o dia; um estômago em busca de alimento durante a noite. Ele era um glutão, conhecedor da boa comida e, para alimentar seu vício, desenvolveu uma estranha técnica para garantir acesso total ao banquete de suas próprias festas. Ao que parece, ele se sentava nos banhos gregos e escaldava as mãos e a língua na água quente, para que elas perdessem a sensibilidade ao calor. Em seguida, orientava seus escravos a cozinharem a comida em temperaturas extremas, e servi-la enquanto ainda estivesse soltando vapor. Então, os convidados em seus sofás se esticavam para pegar a comida, queimavam os dedos e recuavam perplexos e com dor, enquanto o esperto e esfomeado Filóxeno, com suas mãos de asbesto e sua língua à prova de fogo, pegava os melhores alimentos e os mandava para dentro sem o menor problema. Sua ganância era tanta, que ele estava disposto a danificar suas terminações nervosas só para ter alguns segundos a mais de vantagem indisputada no jantar.

Esta noite, não nos espelhamos em Filóxeno por diversos motivos, e um deles é que, obviamente, ele era um esquisitão. Mas a diferença mais evidente é que estamos usando talheres, ao passo que em muitas sociedades antigas, como os romanos, babilônios, gregos, judeus e egípcios, as pessoas comiam predominantemente com as mãos. E, se chegassem a usar talheres, provavelmente seriam colheres, para líquidos, e facas, mas nada de garfos para espetar os pedaços e levá-los em direção à boca. Evidentemente, eles usavam uma vasilha de barro para servir a comida. O famoso Tesouro de Tivoli é um belíssimo exemplo dos utensílios de prata da elite romana, criados para banquetes elaborados e sessões de bebidas. Na verdade, a era dos imperadores viu surgir também uma grande moda de vasilhas de vidro elegantemente decoradas, embora os romanos pobres tivessem que se virar com a terracota sem graça.

No século I d.C., quando Calígula, Nero e outros célebres imperadores estavam ocupados firmando suas reputações como dementes depravados, a colher romana existia em duas formas: a grande *ligula*, usada para sopa e sólidos moles, e a *cochlea*, que consistia numa pequena vasilha na extremidade de um cabo fino, semelhante a um cachimbo, e que era mais adequada para frutos do mar, ovos e outras iguarias delicadas. Curiosamente, o termo *cochlea* é a palavra latina para "concha de molusco", e é bastante possível que a história da colher tenha começado na Idade da Pedra, com nossos ancestrais cavando o interior das conchas de ostras tal como crianças brincando na praia. Essa não é uma ideia tão inverossímil, e acredita-se que as "espátulas" de osso encontradas em Paviland, no sul do País de Gales, possam ser utensílios que datam de 26 mil anos.

Os inventores dos talheres romanos eram um tanto criativos. Prova disso é que o Museu Metropolitano de Arte de Nova York conta com uma coleção de talheres antigos que inclui um híbrido reversível de colher e garfo (com três dentes em uma extremidade, e uma cavidade em forma de concha na outra), e uma colher que costumava ter uma lâmina secreta desdobrável sob o cabo. Será que isso não seria algum truque sagaz de um assassino, tramando se infiltrar na festa da vítima para esfaqueá-la? Não, claramente não. Mas é interessante imaginar um assassino com uma colher, não é? Imagine isso sendo noticiado na televisão!

Mas, voltando aos garfos. No período romano, esses utensílios provavelmente destinavam-se apenas a servir, e acabaram desaparecendo das mesas de jantar da Europa Ocidental na Idade Média, com apenas uma famosa exceção. Em 972 d.C., o herdeiro do Sacro Império Romano, o príncipe Oto, recebeu sua recém-importada noiva bizantina. A princesa Teofânia era o *Rolls Royce* das esposas políticas: elegante, sofisticada e terrivelmente cara. Considerando-se que o próprio Príncipe Oto também não era lá pouca coisa, esse megacasamento entre as dinastias significava um grande golpe para os germânicos. O Império Bizantino vivia sua segunda Era de Ouro, e a deslumbrante chegada de Teofânia foi como aquele momento em 2008, quando o Manchester City contratou o brasileiro *superstar* Robinho, deixando todos os fãs de futebol da Inglaterra totalmente perplexos.

O dispendioso cortejo e a caríssima coleção de vestidos de Teofânia não foram surpresa para ninguém, mas foi à mesa de jantar que ela chocou a corte reunida, quando se recusou a comer com as mãos e, em vez disso, "usou duas pontas douradas para levar a comida à boca". A reação provocada por tamanha extravagância não foi nada bonita, e a reputação do garfo, bem como a da princesa, ficou imediatamente manchada na Europa. Porém, pouco a pouco os italianos amantes de macarrão começaram a perceber que o garfo era um antídoto maravilhoso para a inevitável sujeira de se comer um *linguine* com as mãos e, assim, no século XV, o garfo passou a ser aceito nas mesas de jantar. Na verdade, foi na Itália, em 1608, que o viajante inglês Thomas Coryat encontrou o garfo e o levou para casa quando retornou para publicar suas aventuras. A resposta, no entanto, não foi muito positiva.

Os ingleses imediatamente ridicularizaram esse utensílio continental, afirmando que ele era afeminado e desnecessário: "Por que uma pessoa precisaria comer com um garfo se Deus lhe deu as mãos?", escreveu um dos céticos. E até mesmo os amigos eruditos de Coryat, John Donne e Ben Jonson, zombaram dele abertamente. Mas o viajante difamado observou que os italianos haviam adotado o garfo como uma solução higiênica, já que "os dedos de todos os homens não são igualmente limpos" – um argumento forte em uma era em que os penicos portáteis tinham acesso livre às salas de jantar. Aos poucos, então, a lógica de Coryat ganhou força, e os garfos foram adotados pelos abastados, e tornando-se, posteriormente, belíssimos e valiosos objetos. No início, eles eram pequenos e finos, e com dois dentes retos. Geralmente eram usados para comer doces e alimentos pegajosos ou que pudessem manchar os dedos, embora haja indícios de que as pessoas costumavam espetar o alimento com o garfo, depois o pegavam com as mãos e enfiavam na boca, o que, de certa forma, contradiz toda a lógica do negócio.

Se olharmos para o garfo que temos em mãos, veremos que ele tem quatro dentes, o que, aparentemente, é o número perfeito – mas que levou um tempo para ser desenvolvido. No século XVIII, os garfos adquiriram um terceiro dente e uma leve curvatura, de forma que a função da colher não era mais necessária. O quarto dente chegou no século XIX, pelo menos na Europa. Quando Charles Dickens visitou os Estados Unidos, nos anos 1840, ficou surpreso ao descobrir que os garfos americanos continuavam a ser uma raridade e, nas poucas vezes em que eram usados, ainda eram daquele modelo reto e com dois dentes. O mais preocupante, segundo ele declarou, é que esses objetos assustadores eram enfiados goela adentro, o que fazia com que seus acompanhantes no jantar se parecessem com aqueles artistas de circo que engolem espadas. Levou mais algumas décadas para que os americanos se juntassem ao clube dos usuários de garfos de quatro dentes, e, no final, ninguém foi enganado pelo valor duvidoso do fracassado garfo de cinco dentes uma atualização desnecessária que nos lembra das tentativas da *Gillette* de nos empurrar aqueles barbeadores cada vez com mais lâminas.

Mas, enquanto o garfo passava por sua longa metamorfose, deixando de ser um objeto aleatório para espetar comida e se tornando um complemento fundamental para a mesa, outro utensílio desfrutava de um sucesso constante. As lâminas de pedra afiada, usadas pelo *Homo heidelbergensis* para cortar a carne, têm suas origens localizadas há 1,6 milhão de anos, e a faca permaneceu na moda desde então. Durante a Idade Média, ela era tão importante a ponto de que os convidados costumavam levar suas próprias facas para o jantar. Sim, de forma semelhante ao elenco de *Amor, sublime amor*, todo mundo andava com uma faca, inclusive camponeses e monges. E o famoso fundador da Ordem Beneditina, São Benedito, ainda foi além, lembrando seus monges de não dormirem com suas facas ao lado, pois poderiam rolar por cima delas e acabar machucando os testículos.

Como não estamos usando facas de bife, a lâmina em nossa mão é lamentavelmente cega, e, se a atirássemos na parede, ela não furaria o reboco com um agradável som metálico, como naquela cena emocionante de *A máscara do Zorro*. Mas as facas medievais eram bastante afiadas. Na verdade, eram adagas pontiagudas que serviam a todo tipo de finalidade, criadas para autodefesa, caça e afazeres práticos. É por isso que é falta de educação apontar com a faca para os convidados à mesa de jantar, ou segurá-la com o punho fechado como se fosse uma arma. No mundo medieval, as punhaladas eram o crime mais comum e, como todos no ambiente tinham acesso a uma lâmina afiada, ter uma quantidade copiosa de bebida disponível nem sempre era uma boa ideia.

Considerando como os talheres podiam ser ameaçadores (e não vamos nos esquecer da terrível colher assassina!) não é de se estranhar que o cardeal de Richelieu, que dedicava parte do tempo para castigar os mosqueteiros imaginários, e em tempo integral era conselheiro do não-tão-imaginário rei Luís XIV, tenha, em 1669, banido todas as facas pontiagudas das mesas de jantar. Isso resultou na lâmina larga curvada para dentro, presa a um cabo de pistola que se curvava na direção oposta, dando à faca um suave formato ondulado. Esse *design* não só era seguro, mas também contribuía para uma articulação mais confortável do pulso para levar à boca alimentos como ervilhas e bolo usando a lâmina chata, em vez da colher ou do garfo.

MEXENDO OS PAUZINHOS

Hoje estamos usando o garfo de enrolar macarrão, tal como os venezianos medievais, mas um jantar semelhante na Ásia teria pauzinhos, provavelmente o utensílio de comer mais usado do mundo, depois das mãos. Na China, essa tecnologia simples já foi chamada de *Zhu*, mas agora é conhecida como *Kuaizi*, que significa "pauzinhos rápidos" ou "parceiros velozes" – ambos nomes fantásticos para um time de hóquei, caso você queira formar um. De qualquer forma, os pauzinhos parecem ter sido originados na China, talvez há 5 mil anos, quando as pessoas cozinhavam em grandes vasilhas térmicas e provavelmente usavam varetas para pegá-la, quando já estivesse bem quente.

Para o desgosto dos historiadores, esse período arcaico é mais obscuro do que os políticos das eleições italianas. Um antigo manual de etiqueta conhecido como *O livro dos ritos (Lǐji)* menciona que o último rei da Dinastia de Shang (1600–1046 a.C.) usava elegantes pauzinhos de marfim, mas esse texto foi escrito muitos séculos após a sua morte, de forma que sua veracidade é questionável. Felizmente, a arqueologia veio para nos salvar, e as escavações das Ruínas de Yin – a antiga capital de Shang, que agora fica a alguns quilômetros de distância da cidade de Anyang, na província de Henan – revelaram um adorável conjunto de pauzinhos de latão que datam de mais de 3 mil anos.

Mais adiante na história, outros materiais também foram usados. Os pobres sempre ficavam com os de madeira e bambu, mas os ricos podiam escolher entre ouro, ágata, laca, latão, jade e prata, sendo que este último supostamente mudava de cor na presença do veneno cianeto (um artifício útil para os paranoicos). No entanto, sua total falta de fricção quando molhado fazia com que a comida escorregasse, dificultando a alimentação. Essa, aliás, é a ideia para meu novo livro sobre dieta, com o título apelativo de *Frustrado e magro! A revolução dos pauzinhos de prata.*

No século VI d.C., os pauzinhos se espalharam para outras partes da Ásia e, embora inicialmente fossem reservados para banquetes religiosos, no Japão assumiram seu próprio estilo e passaram a ser basicamente de madeira – por vezes belissimamente envernizados, talvez arredondados, em vez de retangulares, ou ainda, com uma pontinha afiada. Eles também tendiam a ser um pouco mais curtos do que os pauzinhos chineses de 23 centímetros, sendo que os das mulheres eram menores do que os dos homens. Ao final do século XIX, os japoneses já haviam até desenvolvido os pauzinhos descartáveis – aqueles que se dividem em dois, o equivalente asiático aos talheres de plástico molengos que atiramos despreocupadamente na lixeira depois de uma refeição comprada na rua.

FAZENDO SUJEIRA

Nossa entrada de *bruschetta* e carne curada pode ter sido relativamente fácil de comer, mas, ao trazermos o prato principal de frango à espanhola servido com um rico molho de tomate, todos imediatamente se tornam conscientes do fato de que nossas roupas em breve correrão o risco de serem manchadas. Quase que ao mesmo tempo, desdobramos ansiosamente nossos guardanapos e perguntamos em tom de brincadeira se seria vergonhosamente infantil enfiá-los no colarinho. Há quanto tempo será que esses escudos de proteção fazem parte da experiência do jantar?

O guardanapo, supostamente, data do período dos romanos, que usavam uma toalha em comum para secarem as mãos, mas também recebiam um paninho individual chamado de *mappa*, para limpar a boca e os dedos. Pelo que se conta, o imperador Nero certa vez deu início a uma corrida de biga no Circo, ao atirar seu guardanapo pela janela. É provável que os romanos às vezes usassem a toalha de mesa, mas foi na Idade Média que ela se tornou mais comum, usada para absorver a sujeira das mãos engorduradas dos convidados. Isso não era tão bem-visto pelos anfitriões, dado que essas toalhas muitas vezes eram peças de herança costuradas à mão, passadas de mãe para filha como parte do contrato matrimonial, e arruiná-las com gordura de porco e manchas de vinho não era exatamente algo que você esperaria de um jantar sofisticado. Mas as pessoas também não podiam justificar deixá-las enfiadas no armário, já que a toalha de mesa (*longerie*) adquiriu um poderoso simbolismo como algo que ligava todos os que estavam sentados à mesma mesa, independentemente da posição social. Portanto, seria uma tremenda humilhação se o anfitrião pedisse para um guarda desembainhar sua espada e cortar a toalha à direita e à esquerda de um convidado, pois isso o excluiria metaforicamente do convívio social. Era o equivalente medieval de quando uma criança come sozinha durante o recreio, enquanto os outros ficam olhando e apontando.

Os dedos engordurados e as mangas sujas fizeram com que muitos lordes medievais começassem a investir em caminhos de mesa (ou *sur-nappes*, tendo o termo *nappe* evoluído de *mappe*) para cobrir as duas extremidades da toalha, onde a maioria dos acidentes costumava acontecer. Na verdade, essas manchas de gordura nem sempre eram acidentais. O brilhante humanista Erasmo, do século XVI, encontrou um tempo em sua agenda lotada para escrever um manual de etiqueta, no qual sugeriu: "É igualmente indelicado lamber os dedos engordurados ou limpá-los nas roupas. Você deve limpá-los com o guardanapo ou na toalha de mesa". O igualmente famoso ensaísta francês Michel de Montaigne admitiu também ter passado seus dias arruinando guardanapos por fazer "pouco uso da colher ou do garfo". Esses eram alguns dos mais sofisticados estudiosos da Europa, de forma que esse aparente desleixo era considerado "boas maneiras". Dito isso, o Padre João Rodrigues, um missionário português, observou que os ditadores de moda do Japão daquele mesmo século ficaram "muito surpresos com nossos costumes de comer com as mãos e limpá-las nos guardanapos, deixando-os cobertos de manchas de comida, o que lhes causava náuseas e repulsa". Ao que parece, mesmo o culto Montaigne teria parecido aos japoneses tão grosseiro quanto o incrivelmente rude senhor Creosote, de *Monty Python*, jantando em um restaurante.

Montaigne e Erasmo produziram seus escritos no século XVI, numa época em que cada convidado já recebia seu próprio guardanapo de pano, chamado de "*diaper*" ou "*serviette*", com um metro de comprimento e de largura, o que dificultava seu manuseio. Ao final do século, o rufo (aquele enorme colarinho engomado) entrou na moda, forçando os elegantes convidados a enfiarem os guardanapos no pescoço, para impedir que a gordura escorrendo pelo queixo sujasse aquela magnífica gola sanfonada. Esse costume sobreviveu mesmo após os rufos terem sido abandonados, pois também acabou servindo para proteger as camisas de babados dos séculos XVII e XVIII. Na verdade, foi apenas no século XIX, quando os talheres se tornaram mais confiáveis em sua função de levar a comida à boca, que o guardanapo (já bem menor) tornou-se um acessório familiar colocado sobre o colo.

CONVERSA DE MESA

Embora estejamos jantando calma e satisfatoriamente, precisamos admitir que a atmosfera de aniversário promove boas conversas e muita animação. Isso teria impressionado o escritor romano Plutarco, que se esforçava muito para garantir que seus convidados tivessem momentos agradáveis. Ele não queria se sentar para jantar e ter que ouvir rivais invejosos cutucando um ao outro, pois acreditava que a refeição deveria ser um momento democrático que unisse a todos. Por isso, sugeriu tópicos de conversa proveitosos, como o clássico paradoxo: "O que veio primeiro, o ovo ou a galinha?", e também recomendou que, na possível presença de algum marinheiro, as pessoas lhe pedissem para contar emocionantes anedotas de suas viagens, o que viria a calhar se a conversa começasse a ficar meio chata.

Outro famoso escritor, Marco Terêncio Varrão, pensou: "A conversa [...] não deve ser sobre assuntos inquietantes ou desconcertantes, mas [deve ser] divertida e animada". Na obra *Simpósio*, de Xenofonte, um personagem grego afirma estar acostumado a receber convites para jantar, por ser um piadista sagaz, a verdadeira alma da festa. Mas pobre daquele que tentasse fazer uma piada e ela acabasse soando terrivelmente mal, fazendo o cara querer se enfiar debaixo da terra para fugir daquele insuportável constrangimento social como se fosse um Larry David de toga. Claramente tendo testemunhado ele próprio algumas gafes espetaculares, Plutarco também orientou que se tivesse cuidado ao tentar dar uma de engraçado: "O homem que não for capaz de fazer um gracejo em um momento propício, com discrição e habilidade, deve evitar fazê-los de modo geral". E ainda tem mais: as piadas tinham que ser: "casuais e espontâneas, e não [...] preparadas com antecedência como forma de entretenimento". Em outras palavras, Plutarco queria estar na companhia de gênios do humor, e não de *Seinfelds* medíocres apresentando discursos banais do tipo: "Então, qual é o lance das bigas...?"

Na China, era mais comum que a conversa acontecesse antes da refeição e que as pessoas comessem rapidamente após serem servidas, enquanto, no Japão, os banquetes tradicionais começavam um tanto silenciosos e as conversas eram iniciadas pouco a pouco, até que todos estivessem mais à vontade. Ao longo do tempo e das regiões, também foi costume que as pessoas desfrutassem de algum tipo de entretenimento durante um banquete, por exemplo, com malabaristas, músicos, cantores ou até mesmo gladiadores. Mas aqui, é pouco provável que alguém vá começar uma luta, portanto, cabe a nós tentarmos entreter uns aos outros. Devemos, no entanto, ser cuidadosos com os assuntos iniciados, já que não queremos parecer estúpidos ou tediosos, mesmo que estejamos entre bons amigos.

Afinal, ainda que Montaigne fosse um brilhante filósofo, ele também era gente como a gente, e achava frustrante quando as pessoas tentavam implacavelmente iniciar discussões intelectuais durante o jantar: "O quê? Por que eles tentariam calcular a quadratura do círculo enquanto fornicavam com as esposas? Odeio quando nossas cabeças estão nas nuvens e nossos corpos na mesa...".

Por outro lado, o aristocrata lorde Chesterfield, do século XVIII, orientou seu filho a nunca ser visto rindo em público, já que os cavalheiros deveriam apenas esboçar um mero sorriso em apreciação ao humor. Considerando-se que Chesterfield não tinha a maioria dos dentes, acredito que sorrir também não fosse lá muito recomendável no caso dele. Naqueles tempos, os jovens deveriam permanecer em silêncio, e as moças normalmente eram treinadas para se comportar com a máxima discrição. Assim, a maior parte dos conselhos para o jantar se voltavam para os homens mais rudes. Normalmente, eles eram orientados a não serem narcisistas obcecados; não mencionarem casos constrangedores; não insultarem os demais convidados; não fazerem piadas indecentes; não lançarem citações clássicas entediantes em línguas extintas; e muito menos dar opiniões excessivamente dogmáticas sobre política e moralidade. Basicamente, o conselho era simples: "Não seja um babaca sem-noção".

No final do século XIX, pelo menos na Grã-Bretanha, os manuais de etiqueta estavam se tornando cada vez mais populares, conforme as classes médias começavam a imitar os costumes da aristocracia. Muitos deles eram escritos por mulheres, o que significa que, algumas vezes, os conselhos vinham com uma emenda espirituosa para os sexistas casuais:

> **O cavalheiro deve dar [à mulher] a cortesia de parecer considerá-la capaz de um entendimento igual ao seu... Quando você "se rebaixa" a banalidades ou inicia uma conversa trivial com uma mulher inteligente [...] ou ela reconhece a condescendência e o despreza por isso, ou a aceita como o maior esforço intelectual do qual você é capaz e o julga como tal.**

Ui, essa doeu!

TENHA MANEIRAS!

A comida está deliciosa; o vinho, melhor ainda. Todos começam relaxar e entrar em uma leve onda de embriaguez, enquanto o falatório vai ficando mais alto. No entanto, devemos ter o cuidado de não cair na armadilha da falta de educação. Os convidados podem ser nossos amigos complacentes, mas isso não é desculpa para arrotar ou coçar a bunda na presença deles. As boas maneiras à mesa são uma daquelas coisas que os antropólogos acham absolutamente fascinantes, porque variam de cultura para cultura, mas normalmente unem o grupo na censura ao indivíduo. Em outras palavras, a etiqueta é uma forma de autocontrole socializado, criado para evitar aborrecer aqueles que estão ao nosso redor. Fazemos sacrifícios para que não nos excluam no trabalho ou nos desconvidem para o casamento e, em troca, ganhamos o prazer contínuo da companhia das pessoas (ou, se for o nosso chefe, garantimos o emprego).

Um bom exemplo disso vem da China, onde o antigo *Livro dos ritos* sugere que nunca se deve tocar a comida com a mão esquerda, pois isso é historicamente associado a atos profanos, como limpar a bunda. A palavra "esquerdo", em latim, "*sinister*", nos diz muito sobre a negatividade inerente que costumava ser associada à condição de canhoto, e o mesmo se aplicava ao mundo medieval islâmico. Aqui, no entanto, as regras eram um pouco mais leves e era permitido segurar o pão ou qualquer outro alimento do prato comunal com a mão esquerda. Supostamente, a lógica era que, se alguém quisesse arriscar a própria sorte com seus dedos de cocô, azar o dele. Só não saia espalhando fezes pelo jantar das outras pessoas também.

De forma semelhante, a etiqueta chinesa e japonesa para o uso dos pauzinhos orientava que as pessoas não ficassem caçando os melhores bocados, porque assim contaminavam a tigela toda com os pauzinhos cheios de saliva. Em vez disso, o recomendado era pegar a primeira coisa que os pauzinhos tocassem. Também era considerado falta de educação comer direto dos pratos onde a comida era servida: um convidado bem-educado primeiro transportaria a comida para a tigela de comer. E também era preciso ficar atento para não encostar seus pauzinhos nos das outras pessoas. Esta última regra de etiqueta era um pouco mais tranquila, o que sugere que o contato acidental entre os pauzinhos era uma gafe comum que todos aprenderam a aceitar com um sorrisinho amarelo e seguir em frente, em vez de usá-la como desculpa para uma briga no estacionamento.

Algumas normas de etiqueta históricas nos soam um tanto familiares. O escritor grego Hesíodo explicou calmamente que cortar as unhas à mesa de jantar era nojento, e Erasmo observou que ficar se mexendo no lugar possivelmente faria com que as pessoas achassem que você estava soltando um pum disfarçadamente, então era melhor ficar parado. Em contraste com a visão de Hollywood de um banquete medieval barulhento, o livro de etiquetas do século XII, *Cinquenta regras* à *mesa*,* do poeta milanês Bonvesin de la Riva, orientava o leitor a não falar de boca cheia, não discutir assuntos perturbadores, não fazer perguntas quando alguém estivesse tentando beber, não emitir ruídos irritantes, nem tagarelar incessantemente sobre fofocas triviais. Resumindo, a regra era: "Comporte-se bem à mesa, seja cortês, elegante, alegre e despreocupado". Outros autores apareceram com sugestões ainda mais sensatas: não espirrar nas pessoas; não acariciar animais à mesa; não gritar; não ser prepotente; não mastigar com a boca aberta; não pegar comida com as mãos; sentar-se com uma boa postura; não cruzar as pernas; não colocar os cotovelos

* Não há referências a esse livro em português. O título original é *The fifty rules of the table*. (N.T.)

sobre a mesa; não cutucar os dentes com os dedos ou com facas; não lamber o prato, os lábios, nem os talheres. E, definitivamente, não peidar!

Erasmo, no entanto, era mais complacente do que esses escritores. Para ele, não havia problema em arrotar, tossir, espirrar ou soluçar, desde que fossem reflexos involuntários do corpo, pois: "suprimir um som trazido pela natureza é característico de gente boba que dá mais importância às boas maneiras do que à boa saúde". Nisso, ele estava seguindo o decreto do imperador romano Cláudio, segundo o qual ele autorizava que os homens peidassem em sua presença, caso fosse necessário do ponto de vista médico. Essa decisão foi tomada após o imperador declarar ter ouvido a história de um homem que preferiu morrer a soltar um pum diante de seu glorioso governante.

Menos familiar aos nossos costumes modernos era a liberdade para cuspir. Apenas os persas antigos parecem ter rejeitado esse hábito corriqueiro, e os gregos e romanos decidiram que não havia problema em cuspir, contanto que fosse sutilmente. Erasmo concordou, dizendo que desde que as pessoas não estivessem fazendo uma competição, não haveria problema. E o conteúdo nem precisava ir para um recipiente; o próprio chão era perfeitamente aceitável.

No século XIX, a prática do cuspe alcançou um novo patamar na América do Norte, quando o tabaco virou um passatempo nacional e até o presidente Andrew Jackson solicitou que fossem instaladas escarradeiras de latão na Casa Branca, para que ele pudesse mascar seu tabaco à vontade e sair cuspindo pelos corredores. Surpreendentemente, foi apenas no século XX que as preocupações de saúde, alimentadas pelo medo de doenças contagiosas, fizeram com que o cuspe se tornasse um tabu condenado pela classe média, de forma que nenhum de nós nesta mesa sequer pensaria em lançar uma cusparada durante o jantar. Na verdade, como os vitorianos, ainda nos desculpamos educadamente por nossas falhas, mesmo quando não precisamos; por exemplo, quando precisamos cuspir elegantemente um pedaço mastigado de cartilagem no guardanapo, e então murmuramos um "desculpe..." para todos que estão ao redor.

Outro ponto que todos devemos concordar é que não somos uma raça de devoradores mortos de fome. Estamos aqui para apreciar a comida, mas também para interagirmos como um grupo, e nenhum de nós se atreveria a retirar os pratos da mesa no instante em que o primeiro terminasse de comer. Curiosamente, isso era exatamente o que acontecia quando a rainha Vitória jantava. A etiqueta real exigia que ela fosse servida primeiro, e, no momento que a comida era colocada em seu prato, ela começava a mandar tudo para dentro bem depressa. Enquanto todos os outros ainda estavam sendo servidos, a rainha já havia limpado o seu prato em tempo recorde, o que talvez explique por que ela acabou ganhando tanto peso.

Infelizmente, o protocolo também ditava que, assim que ela tivesse terminado, todos os outros pratos deveriam ser retirados, muito embora boa parte dos convidados ainda mal tivesse tocado na comida. Em certa ocasião memorável, o excêntrico lorde Hartington viu seu prato de lombo de carneiro ainda pela metade desaparecer de vista, e gritou, em uma explosão de ira: "Aqui! Devolva!". Não tenho dúvidas de que todos os presentes tenham ficado brancos feito cera com o susto, mas a rainha Vitória se divertiu com a evidente frustração do homem e, generosamente, ordenou que o prato fosse devolvido ao dono faminto. Até uma monarca sabe que um bom anfitrião coloca os desejos de seus convidados antes dos seus.

Tendo terminado o prato principal, agora é hora de apagar as luzes, trazer o bolo de chocolate e cantar parabéns para nossa amiga enquanto ela assopra as velinhas. Até o momento a noite foi ótima e estamos todos muito contentes, mas não precisamos parar ainda. Somos todos adultos aqui e, além disso, hoje é sábado. Está na hora de abrirmos nosso armário de bebidas.

21h30

BEBIDAS

Enquanto nossos convidados deixam a mesa e seguem para os sofás confortáveis, nossa tarefa como anfitrião é oferecer as bebidas. Ao analisarmos o ambiente, percebemos que eles têm gostos bem diferentes: há os conhecedores de vinhos, os que adoram cerveja e os amantes de destilados. Então, vamos até o armário de bebidas e listamos as diversas opções disponíveis. Deixar uma coleção de bebidas à mostra é um costume um tanto recente na Grã-Bretanha; uma tendência da classe média que surgiu na década de 1970. Antes, as pessoas simplesmente iam até o *pub*. Mas estaríamos totalmente errados em acreditar que os humanos não consomem bebidas alcoólicas há milênios. Na verdade, é possível até mesmo que a bebida alcoólica tenha precedido o surgimento de nossa espécie.

ANIMAIS FESTEIROS

Digite "alce bêbado" no Google e você será recompensado com fotos hilárias tiradas na Suécia de um alce inebriado depois de encher a barriga de maçãs em processo de fermentação. Ao cambalear embriagado até uma árvore para alcançar as frutas mais altas, ele ficou preso entre os galhos. Por mais que você goste de elaborar sua lista variada de bebidas disponíveis, uma bebida alcoólica é basicamente açúcar fermentado, o que significa que até mesmo animais selvagens desfrutam daquela sensação vertiginosa de estar chapado. Nesse caso, parece uma hipótese sensata a de que, ao longo da Idade da Pedra, os humanos também tenham se deleitado com a embriaguez comendo fruta podre, não apenas por ser divertido, mas porque há mais calorias em um grama de etanol do que em um grama de proteína ou carboidrato. Além disso, essa parece ser uma forma muito mais interessante de comer suas cinco porções de frutas diárias.

Mas quando começamos a produzir bebidas alcoólicas, e por que há tantas opções?

FAZENDEIROS OU FERMENTADORES?

A primeira evidência de uma birita fabricada pelo homem é de cerca de 9 mil anos atrás, durante a Era Neolítica. Em Jiahu, na província de Henan, na China, a análise química de um utensílio antigo de cerâmica detectou traços de bebidas fermentadas feitas de arroz, mel e frutas. Como no caso do famoso alce sueco de olhar vidrado, o mel e as frutas eram deixados para fermentar naturalmente, mas o arroz exigia outro processo. Ele precisava ser mascado para que sua estrutura molecular fosse quebrada pela saliva humana. Depois, era cuspido de volta em um jarro e bebido. Isso não parece muito apetitoso, e a sopa espumosa resultante do processo também não era exatamente agradável aos olhos. Mas a bebida, que precisava ser tomada com um canudinho, oferecia uma embriaguez adocicada e calorífica, com um teor alcoólico de cerca de 10%. Depois de algumas tigelas, isso provavelmente era o suficiente para fazer com que as pessoas até se esquecessem de como o negócio era feito.

Mas o mais fascinante é a rapidez com que agricultura e bebedeira se tornaram sinônimos. Em uma era que precedeu a invenção da roda, as pessoas estavam entornando o caneco muito antes de *usarem* canecos. Alguns arqueólogos nem mesmo acreditam que tenha sido coincidência. Uma teoria defende que a fermentação foi o que motivou a revolução agrícola neolítica. Assim, não foi o álcool que surgiu como um agradável subproduto da plantação, mas as plantações que surgiram como uma ramificação proveitosa da produção de álcool.

O COMPLEXO *SAKE*

O arroz permaneceu sendo o principal ingrediente alcoólico em lugares como a Índia, China, Coreia e, é claro, Japão, onde o vinho de arroz agora é conhecido como *sake*. As receitas tradicionais podiam ser tão simples quanto adicionar saliva humana ao grão fervido e deixá-lo descansar por uma semana, ou, então, envolver procedimentos mais complexos que poderiam ser usados para testar a paciência de um santo. Aqui vai um guia passo a passo, caso você tenha interesse em produzir um lote em casa:

1. **Limpe o arroz das impurezas, lavando-o diversas vezes.**
2. **Deixe-o mergulhado em lúpulo por uma semana.**
3. **Cozinhe por uma hora e depois despeje água fria sobre ele.**
4. **Despeje o conteúdo sobre esteiras de bambu, para secar; depois, coloque tudo em uma grande panela de água.**
5. **Despeje leveduras e enzimas naturais, adicionando diferentes variedades de arroz que também tenham sido lavadas.**
6. **Deixe a mistura fermentar em um jarro aquecido durante 70 dias.**
7. **Pasteurize o lote adicionando "dois pedaços de cera de abelha, cinco fatias de folhas de bambu e meia cápsula de árum dentado".**
8. **Ferva e deixe esfriar aos poucos.**
9. **Beba!**
10. **Fique embriagado!**
11. **Reclame de dor de cabeça!**
12. **Repita a operação!**

Essa pasteurização repleta de bactérias permitia que o vinho fosse armazenado em jarros por até dez anos. No momento, estamos vendo que nosso armário também esconde garrafas igualmente envelhecidas de algumas bebidas estranhas, adquiridas em férias passadas no exterior. Infelizmente, a sala cai em completo silêncio quando gritamos: "Quem quer um conhaque croata de ameixa de 2003?" Derrotados, tentamos uma opção mais popular: "Certo, então quem quer cerveja?".

EU QUERO UM *PINT*!*

No oeste do Irã, na parte sudeste do vale do Rio Kangavar, jaz um gigantesco monte de terra, atrás do qual é possível ter uma vista cinematográfica das Montanhas Zagros. Esse morro era um convite provocante para os arqueólogos e, nos anos 1960, ele se tornou o foco das escavações de uma equipe norte-americana que, em pouco tempo, descobriu as ruínas enterradas de um vilarejo antigo, Godin Tepe, fundado há 7 mil anos. As escavações continuaram durante três décadas até que, certo dia, em 1992, os pesquisadores descobriram vasilhas de argila que datavam de 3500 a.C.; e uma análise mais detalhada revelou que elas eram as evidências mais antigas já encontradas de uma das bebidas mais importantes da história: a cerveja.

Godin Tepe era um pequeno nó na ampla rede de comércio que ligava as primeiras cidades sumerianas, tal como Uruk; mas seu tamanho modesto não significa que a cidade tivesse importado a cerveja de longe. Os habitantes do local estavam produzindo por conta própria, e o processo não era tão simples. Era preciso umedecer os grãos, deixá-los secar até que brotassem, depois secá-los de novo em um forno quente e, por fim, pulverizá-los grosseiramente usando uma pedra de basalto. Depois, adicionar água para criar uma pasta mole e aquecer a mistura – provavelmente com água fervente – para iniciar o processo de fermentação no qual os açúcares do malte começariam a caramelizar. Parece complicado, não é? E ainda não acabou...

Um subproduto natural da produção de cerveja é um precipitado castanho chamado de oxalato de cálcio, às vezes apelidado "*beerstone*" (pedra de cerveja). Hoje essa substância é cuidadosamente eliminada, já que pode causar enjoo às pessoas, por todos os motivos errados e nenhum dos motivos divertidos. Mas, há 5.500 anos, não havia um processo industrial para extraí-la, assim, os cervejeiros do Período Neolítico surgiram com uma solução mais simples: eles faziam sulcos no fundo dos jarros de cerâmica de boca larga, e deixavam que o *beerstone* precipitasse nesses espaços, enquanto o resto da cerveja permanecia "limpo". Por fim,

* O *pint* é uma unidade de medida que foi usada na Europa no passado. Atualmente, ela é mais usada para cerveja e, no Reino Unido, um *pint* de cerveja significa um copo grande de 568 ml. (N.T.)

o lote podia ser misturado com outros ingredientes, para produzir diversos tipos de *lagers* nutritivas e *ales* adocicadas.

Obviamente, isso exigia muito mais esforço do que cuspir no arroz ou deixar uma maçã no sol, mas os primeiros cervejeiros das Montanhas Zagros claramente compartilhavam da filosofia de Homer Simpson de que a cerveja é como uma mulher: "É cheirosa, bonita e você é capaz de passar por cima da sua própria mãe para colocar as mãos em uma".

PÃO LÍQUIDO

Graças à invenção da escrita, depois que a cerveja foi descoberta, era pouco provável que ela fosse esquecida novamente. O fato de que entre os primeiros escritos produzidos pela humanidade estão os registros da produção de cerveja nos diz muito sobre a importância do álcool. Mas não apenas porque nossos ancestrais eram beberrões incontroláveis que perambulavam pelas cidades antigas agarrando estranhos e dizendo: "*Cara, voxxxê é meu melhorrrrr amigo...*". Não, a tradução do nome da cerveja suméria era "pão líquido", e ela era considerada um alimento diário para trabalhadores de toda a Mesopotâmia e o Egito. Novamente, assim como o vinho de arroz de Jiahu, ela era tomada de canudinho – como se fosse um *milk-shake* –, e havia pelo menos 19 variedades disponíveis: oito de cevada, oito de trigo e três de grãos variados. Isso é consideravelmente mais do que você encontrará em um bar moderno, mesmo que seja um lugar onde todos os itens do cardápio são "*gourmet*".

Foi o entusiasmo experimental humano que deu ao mundo essa bebida maravilhosa, mas é compreensível por que todo o crédito tenha ficado para a deusa Ninkasi, musa da mais antiga canção do mundo sobre uma bebida. O *hino a Ninkasi* até que é um esforço decente, mas nem de perto é tão boa quanto a *Whiskey in the Jar*, da banda *Thin Lizzy*. Mas, sejamos justos, afinal, a canção foi escrita há 3.800 anos, antes mesmo de terem inventado o solo de guitarra gêmea. Além disso, ela também foi útil para os arqueólogos da cerveja (sim, essa profissão existe!), pois alude ao processo de fabricação da bebida, ainda que seja um tanto vaga nos detalhes, o que significa que o processo sumério é como as recentes sequências de *Star Wars*: tão decepcionante que você começa a questionar a qualidade dos originais.

A despeito de sua nobre reputação no Egito, a cerveja adquiriu uma má reputação no mundo Mediterrâneo antigo, já que era a bebida preferida por aqueles bárbaros que usavam calças e moravam nas florestas, perambulando ameaçadores às margens da civilização. Por nunca terem sido conquistadas pelos romanos, as tribos germânicas do norte continuaram a ser grandes fãs da cerveja, mas também adoravam uma bebida adocicada chamada hidromel. Essas duas bebidas desempenharam um papel importantíssimo na cultura social e política daqueles que posteriormente ficaram conhecidos como *vikings* e anglo-saxões. Na verdade, a importância do hidromel era tamanha que o salão de banquetes – o centro do poder político – pode ter sido batizado em homenagem a ele. É uma pena que não tenhamos dado continuidade à tradição; e parece que ninguém quer assinar minha petição para renomearmos as Casas do Parlamento Britânico de "Saguão Nacional do Gim-Tônica".

Então, o que acontecia no salão do hidromel saxão?

O HIDROMEL

Você está no campo, um prado, para ser mais preciso, e diante de você há um grande muro de vigas de madeira através das quais se ouve um alvoroço. Você segue adiante, passa pela porta e é imediatamente confrontado por fileiras de homens barbados sentados em banquinhos de jardim (*medubenc*),* bebendo avidamente de seus copos de hidromel (*meduscenc*), e rindo loucamente pela bebedeira causada por ele (*medugál*). Você fica por lá, depois de algumas horas as pessoas comem alguma coisa e a atmosfera fica um pouco mais agressiva. Logo, um cara de língua solta, embriagado pelo hidromel (*meduwanhoga*), acidentalmente insulta outro, também bêbado por ele (*medhátheort*) e, com sorte, consegue escapar de ser vítima de um assassinato causado pelo barato induzido por aquele lance (*medumanslieht*). Com a crise resolvida, todos retomam a festa, mas em determinado momento a bebida (*meduscerwen*) acaba e se instala o desespero geral.

* Em inglês, o termo "*mead*" significa tanto "hidromel" como "prado", por isso o termo "*mead-bench*" (banco de jardim) é usado aqui para referência (e seu respectivo termo anglo-saxão também é iniciado por "*med*"). (N.T.)

Como você pode perceber, os anglo-saxões realmente gostavam de suas sessões de bebedeira – uma das provas disso é que a língua deles era repleta de expressões relacionadas ao hidromel ("*med*"). Assim, quando a Igreja Cristã partiu para tentar convertê-los, a questão da bebida acabou sendo deixada fora de negociação. Em vez disso, a Igreja começou, a contragosto, a aceitar também a cerveja, ainda que o vinho – o milagroso sangue de Cristo – fosse a libação oficial. Na verdade, além de Cristo ter transformado água em vinho no século V, a milagrosa irlandesa, Santa Brígida de Kildare, supostamente transformou água em cerveja. Em pouco tempo, os reis medievais irlandeses estavam até distribuindo cerveja na Páscoa, o feriado mais sagrado do ano. Inevitavelmente, não demorou muito para que a Igreja começasse a fazer mais do que apenas permitir a cerveja; ela também começou a produzi-la.

A CERVEJA MONÁSTICA

A produção de bebida monástica pode parecer um tanto inusitada – é quase como se Dalai Lama lançasse sua própria marca de cigarros chamada "Santo Fumo". Mas a *small beer*, uma cerveja fraca produzida na segunda fervura da mistura da cevada era, na Idade Média, mais segura para beber do que água. Assim, por toda a cristandade as pessoas bebiam cerveja em grandes quantidades, mesmo aqueles que haviam feito votos sagrados de abstinência, simplesmente porque não havia opção mais saudável. E, cara, como eles bebiam! Algumas regras monásticas permitiam que cada monge bebesse até cinco litros de *small beer* por dia, o que, mesmo sendo em fraca concentração, certamente devia ser o suficiente para deixar o pessoal "alegrinho". O consumo de cerveja era aliado ao de vinho, e São Benedito de Aniae declarou que seus irmãos podiam tomar o dobro da primeira em relação ao que tomavam do segundo. Considerando essa generosidade toda no consumo de cerveja, seus monges definitivamente entraram na categoria Ernest Hemingway de alcoolismo de alto nível funcional. Mas devemos agradecer a eles, pois foram os primeiros a adicionar lúpulo à variedade *ale*, criando a cerveja que hoje conhecemos e amamos.

Alguns de nossos amigos aceitaram a cerveja que oferecemos, mas ainda há várias pessoas com copos vazios. Será que esse pessoal está a fim de algo mais adocicado?

UMA SAFRA EXCELENTE

Retiramos uma garrafa de *merlot* de nossa pequena adega e lemos o rótulo. Aparentemente é frutado e vai bem com carne vermelha, mas, como sabemos se é bom? Afinal, custou só cinco libras no supermercado, então pode muito bem ter gosto de desentupidor de pia. É claro, os franceses têm um sistema de classificação justamente por esse motivo: há o *vin de table* comum, o *vin de pays*, o *appellation d'origine vin de qualité supérieure* e, acima de todos, o melhor *appellation d'origine contrôlée*. Sim, há muitas sílabas impronunciáveis aí, especialmente se você já está trançando as pernas, mas o sistema parece funcionar.

E nossos antepassados? Será que eram igualmente rigorosos em suas distinções ou para eles todos os vinhos eram baratos e indistinguíveis? Bem, os esnobes egípcios usavam um sistema de três níveis. Se o vinho fosse bom, era *nfr*. Se fosse muito bom, era *nfr-nfr*. E se fosse excepcionalmente bom era... Bem, aposto que você consegue adivinhar. Sim, *nfr-nfr-nfr*. É bom saber que pessoas bêbadas sempre foram repetitivas. Um paladar tão sofisticado como esse pode nos surpreender, mas as classes mais abastadas do Egito levavam o vinho a sério, investindo muito dinheiro tanto para produzir seu tipo preferido, como para importá-lo de Israel, perto dali. Na religião deles, essa bebida era o presente do grande deus Osíris, e os endinheirados mal tocavam em outra. Não é à toa que os arqueólogos tenham encontrado ânforas de vinho com inscrições do ano e da procedência do conteúdo, o que significa que não são apenas os enófilos modernos que leem o rótulo antes de sacar a rolha.

Mas, avançando alguns milênios, em Roma, o campeão incontestável dos vinhos era o Falerno, produzido a partir de uma safra dos vinhedos de Monte Massico, durante uma geada. Tratava-se de uma bebida poderosa e adocicada, cujo poder de embriaguez (um teor alcoólico de 16%), fez com que Plínio, o Velho, alegasse ser inflamável. Mas, mais importante que isso, era o Cristal do mundo romano, o tipo de coisa que o Imperador Nero servia em suas festas majestosas. Existia em três variedades: "o encorpado, o adocicado e o ralo", e a melhor safra de todos os tempos havia sido colhida em 121 a.C., um século antes de o império ter substituído a república. Então, podemos supor que Nero nunca tenha chegado a experimentar essa safra tão magnífica?

Não, porque o Falerno tinha uma reputação de envelhecer maravilhosamente bem, então aqueles que puderam pagar seu preço absurdo ainda puderam aproveitá-lo durante muitas décadas após sua produção. Júlio César provavelmente desfrutou da bebida durante algum momento agradável em 60 a.C., o que seria o equivalente de hoje a degustarmos um Chateau Lafite Rothschild 1955. Mas, um século depois, Plínio se decepcionou ao experimentar o que acabou sendo um vinagre excessivamente caro, de 180 anos. Mas ele não foi o único que caiu na armadilha. O satirista Petrônio, autor do escabroso *Satíricon*, garantiu que seu rude personagem, um ex-escravo chamado Trimalquião, que havia se dado bem na vida, servia o mesmo Falerno da safra de Opímio para impressionar seus convidados. Essa era uma forma de dizer ao público que Trimalquião era um imenso babaca, mas um babaca cheio da grana.

A fama do Falerno inevitavelmente resultou em algumas imitações baratas, sendo que uma taberna de Pompeia alegava oferecê-lo pelo equivalente de uma moeda *sestertius* – um negócio tão bom quanto um *Rolex* sendo anunciado a 50 libras por um camarada chamado João Honesto. Mas Pompeia é um excelente exemplo de como o vinho era adorado por um grande público. Em uma cidade de cerca de 20 mil pessoas, arqueólogos encontraram mais de cem bares (*propinae*) e tabernas (*cauponae*); e, embora boa parte deles também possa ter funcionado como bordel, é provável que a maioria vendesse bebidas alcoólicas para clientes pagantes. O que não é nenhuma surpresa, na verdade, já que Pompeia era uma espécie de cidade produtora de vinhos e, portanto, os produtos locais devem ter sido oferecidos a preços baixos. Resumindo, quando Vesúvio entrou em erupção, provavelmente muitos dos pompeianos já estavam de fogo.

Então, os egípcios e os romanos foram os primeiros a plantar vinhas? Não, para decifrar esse mistério, precisamos voltar para o Irã...

VÁLIDO ATÉ...

O vilarejo de tijolos de barro de Hajji Firuz Tepe não fica tão longe de Godin Tepe, e aparentemente não há muita diferença entre eles. Mas o que faz Hajji Firuz Tepe ser fascinante é que lá as evidências de vinho precedem a produção de cerveja em 1.500 anos, pois foram recuperados jarros manchados de vinho datando de 5000 a.C. É o vinho mais antigo já conhecido, mas o que mais nos impressiona é a simples escala da operação.

Demonstrando o típico planejamento avançado da Era Neolítica, os aldeões armazenavam o vinho em jarros de cerâmica de nove litros, vedados com uma rolha de argila. Seis dessas garrafas foram descobertas em uma única cozinha, o que sugere que havia uma produção em massa no local. Embora seja tentador pensarmos que esses 54 litros de vinho seriam consumidos de uma única vez, talvez no equivalente pré-histórico a uma festa de fim de ano do escritório nos dias de hoje, a análise científica dos recipientes encontrou traços de resina de árvores de pistache, provavelmente adicionada para conservar o vinho e aumentar sua vida útil. Essa resina certamente penetrava nas uvas em fermentação – o que nos traz a imagem encantadora de esnobes enófilos do Período Neolítico cheirando a bebida e comentando animadamente sobre o aroma de nozes, meio amadeirado, enquanto suas esposas entediadas reviravam os olhos.

Essa foi uma técnica que deu certo. Os gregos também se esforçaram para preservar o vinho, mas, se você entregasse uma taça da melhor safra de Atenas para um enófilo moderno, ele provavelmente cuspiria tudo nos seus sapatos e lhe lançaria um olhar perplexo e ofendido. Isso porque não apenas eles adicionavam seiva de árvore às uvas, mas também temperos, ervas, pedaços de plantas ou mel. Depois de tudo isso, o vinho ainda era diluído com neve da montanha – uma bebida refrescante em um dia quente de verão – ou, o que era ainda menos convidativo, com água do mar. Para os gregos, apenas os bárbaros e os tolos o bebiam puro, basicamente porque ele tinha um efeito poderoso sobre a mente...

IN VINO VERITAS

Tendo desfrutado de um vinho durante a refeição, nossos convidados já estão todos mais alegrinhos e descontraídos, e a perda de nossas inibições nos deixa mais brincalhões e confiantes. Para os gregos antigos, o vinho (*oinos*, de onde deriva o termo inglês "*wine*") era o estímulo da criatividade humana, uma bebida digna de guerreiros, reis, filósofos e poetas. Mas proibido para mulheres, escravos e jovens, pois eles não queriam que esse pessoal problemático começasse a pensar em mexer com a hierarquia social. Essa bebida era a libação crucial de cerimônias religiosas e juramentos poderosos entre aliados e inimigos, e até recomendado por médicos para recuperar as energias de um paciente enfermo, mas, sobretudo, era a marca da distinção cultural.

E, no entanto, orientava-se que as pessoas tivessem cuidado em relação à quantia a ser consumida em uma única sessão. As propriedades do álcool eram consideradas obscuramente mágicas, já que podiam induzir as pessoas a revelarem segredos ocultos, o que deu origem ao aforismo romano "*In vino veritas*" (No vinho está a verdade). O escritor grego Ateneu colocou a questão com ainda mais elegância, dizendo que o vinho era "o espelho da mente". Dessa forma, por motivos um tanto cínicos, era esperado que os oradores políticos de Atenas estivessem um pouco bêbados quando proferissem seus discursos, para que não pudessem esconder qualquer intenção vil da multidão reunida. Aqueles que se recusassem a cumprir essa ordem, tal como o grande Demóstenes, eram publicamente ridicularizados por serem "bebedores de água", ainda que houvesse um debate fervoroso sobre se seria sensato incentivar a bebedeira para os responsáveis por tomar as decisões. O poeta satírico Amplis escreveu: "Há, admito, muito sentido no vinho. E estúpidos são aqueles que bebem água no jantar". Mas Eubulo orientou que "o vinho obscurece e turva a mente". Dito isso, todos concordaram que ficar totalmente embriagado, e desenvolver uma pança, não seria algo muito próprio para um estadista. Os atenienses certamente não teriam votado em Boris Yeltsin.

Entre o correto Demóstenes e os favoráveis ao alcoolismo estava a zona habitável da embriaguez ideal. O termo "*philopotes*" era usado para descrever os "amantes da bebida" e, no entanto, não era um insulto eufemístico para um alcoólatra problemático, mas uma afirmação positiva do modo de vida de uma pessoa. As festas de bebidas dos homens, chamadas de *symposia*, eram razoavelmente inebriantes, mas não chegavam a ser orgias selvagens. Seu foco eram as discussões filosóficas e, muito semelhantes aos jantares da classe média moderna, essas reuniões regadas a vinho eram repletas de perigosas armadilhas de etiqueta. Mesmo o recipiente de bebida (*kylix*), uma tigela de boca larga com duas alças, era irritantemente difícil de ser levada aos lábios sem que o vinho escorresse pelo queixo, o que forçava a beber bem devagar. Essa tigela também podia ser decorada com o desenho de um olho humano – como um lembrete de que a sociedade estava atenta caso alguém ficasse um pouco "alegre" e achasse engraçado fazer xixi em uma estátua sagrada ou roubar um navio de batalha...

A ÁGUA DA VIDA

A palavra álcool deriva do árabe "*al-kohl*", que se refere ao pó negro produzido pela sublimação química do antimônio. Isso, à primeira vista, é uma etimologia um pouco estranha, já que nenhuma bebida alcoólica é feita de metais pesados e, além disso, a maioria dos muçulmanos nem as consome. Outro ponto é que "álcool" só começou a se referir às bebidas recreativas a partir do século XVIII. Então, qual é a explicação?

Tudo começou com a excêntrica e fascinante história da alquimia, um movimento intelectual da Idade Média que misturava ciência, religião e filosofia em busca de mais conhecimento e poderes mágicos obscuros. A maioria dos alquimistas almejava o elixir da juventude eterna, ou a pedra filosofal, e, a despeito do intelecto inquestionável desses caras, seus experimentos podem parecer ridículos aos olhos modernos. Veja, por exemplo, o aristocrata italiano Bernardo de Treviso, que desperdiçou sua fortuna e boa parte da vida tentando transformar chumbo em ouro ao cobri-lo com uma mistura asquerosa de vinagre, ovos de galinha e excremento de cavalo. E, no entanto, apesar de suas falhas inevitáveis, as pesquisas da alquimia não foram totalmente em vão: elas deram ao mundo as bebidas destiladas.

Tecnicamente, não foi uma descoberta medieval. Os gregos antigos já destilavam líquido há 2 mil anos e, pouco tempo depois, os estudiosos árabes também fizeram isso com o vinho. Mas, quando esses magos amadores da Europa testemunharam pela primeira vez os experimentos, ficaram completamente maravilhados e batizaram o processo de *aqua ardens* (água ardente), pois ela inflamava em contato com uma chama aberta. E essa não era sua única característica surpreendente, pois ela também evaporava à luz do sol, tinha um efeito profundamente poderoso sobre a mente e o corpo, e impedia que os alimentos apodrecessem. Por toda a Europa, logo se espalharam boatos sobre essa recém-descoberta quinta-essência, o quinto elemento, que se juntaria à água, ao fogo, à terra e ao ar. Se essa milagrosa substância era capaz de conservar a comida, então será que também preservaria a vida?

O médico e alquimista espanhol do século XIII, Arnaldo de Vilanova, foi um dos primeiros a destilar o vinho e transformá-lo em conhaque, batizando-o imediatamente de *aqua vitae*, a "água da vida". Com um nome tão sugestivo, fica evidente por que os destilados logo foram adotados por toda a comunidade médica como uma verdadeira panaceia, especialmente quando a devastação implacável da Peste Negra na Europa revelou que boa parte da medicina disponível até então era inútil. Infelizmente, a *aqua vitae* parece não ter sido muito mais eficaz, e um terço da Europa sucumbiu a uma morte agonizante que ainda foi piorada, em alguns casos, por uma terrível dor de cabeça induzida pelo conhaque. Mas isso não significa que os destilados perderiam seu lugar no armarinho dos médicos. Ainda não.

NÃO FOI O QUE O MÉDICO RECEITOU

Ainda é um pouco cedo para um drinque de uísque, mas talvez nossos convidados aceitem um ou dois tragos mais tarde. Se for o caso, espero que não sigam os passos fatais do irlandês medieval Risderd Mag Ragnaill, que, de acordo com *Os anais de Connacht* para o ano de 1405, descobriu de forma lamentável que a "água da vida" podia ter o resultado oposto se tomada em excesso. É provável que ele tenha colocado suas mãos gananciosas em uma *aqua vitae* de uso médico, mas também é possível que ele tenha sido um dos primeiros beberrões de uísque da história. Isso porque sabemos que, ao final do século XV, a cevada do malte estava sendo destilada no que os irlandeses posteriormente chamaram de *uisce beatha* (uísque). Para ser sincero, é incrível que Mag Ragnaill tenha conseguido beber o suficiente para se matar, já que os primeiros uísques não eram envelhecidos em barris e provavelmente tinham gosto de removedor de tinta, então vamos parabenizar o rapaz pelo persistente estoicismo suicida diante de uma birita tão pouco atrativa.

Embora o uísque tenha se espalhado para o norte da Escócia (onde recebeu o nome de "*whisky*", no século XIX), outras nações também se interessaram pela destilação e, no século XVI, começaram a produzir suas próprias bebidas alcoólicas regionais. Os franceses fizeram um conhaque a partir do vinho e da cidra, os dinamarqueses criaram a *aquavita* pela mistura de grãos aromatizada com temperos, e os holandeses adicionaram bagas de zimbro aos grãos para produzir gim. Mas no século XVII, se você fosse um pirata ou um marinheiro da marinha britânica, só havia uma verdadeira bebida. Então, será que algum dos convidados está a fim de uma *cuba libre*?

YO-HO-HO, E UMA GARRAFA DE RUM!

As origens do rum não são claras, mas as raízes de sua popularidade moderna estão na indústria açucareira caribenha, onde um subproduto grudento chamado melaço foi alvo de experimentos pelos senhores das plantações. Visando monetizar a perda, eles começaram a adicionar o melaço aos resíduos do açúcar fervido, e depois empapá-lo na água reciclada usada para limpar os recipientes de fervura do açúcar, produzindo uma mistura conhecida como *wash*. Essa mistura era então deixada para fermentar na umidade tropical, enquanto cinzas de carvão e frutas cítricas eram adicionadas para equilibrar os níveis de acidez – e os sabores extras podiam derivar de animais mortos ou urina humana. Devo lembrar que esses componentes não eram ingredientes principais (não se preocupe, a *cuba libre* de hoje não é feita de texugo morto e mijo de rapazes), na verdade, eram uma forma de dissuadir escravos sedentos de tomar tudo antes que fosse engarrafado. Depois que as borbulhas paravam, o *wash* era aquecido, para que a essência do álcool evaporasse e atravessasse os tubos até um recipiente de resfriamento, onde se condensava em um forte líquido alcoólico. Isso, resumidamente, era o rum.

Em Barbados, o apelido do rum era "mata-diabo"; um indicador não muito sutil de sua potência ardente. Lá, ele era consumido em quantidades absurdas por uma multidão de imigrantes desnorteados, os quais haviam chegado ao Caribe em busca de fortuna e acabaram encontrando somente doenças e decepções. De acordo com Thomas Verney, uma testemunha desesperada, era comum ver jovens rapazes deixando as tabernas aos tropeços e desmaiando de cara na areia, onde imediatamente eram atormentados pelo exército nativo de crustáceos. No século XVII, os beberrões de Barbados podiam pegar uma quantidade enorme de caranguejos sem nem precisar sair do lugar.

Se "mata-diabo" era o apelido, o rum deve ter recebido seu nome oficial a partir de uma palavra maior, *rumbullion*, que significa "tumulto desenfreado". A verdade é que a bebida não tinha um sabor muito agradável, mas era incrivelmente barata e acreditava-se ser boa para combater doenças tropicais, de forma que a população da ilha inteira enchia a cara de rum como se fosse água mineral. O resultado foi uma inevitável onda de violência e discórdia, por isso o termo *rumbullion*. Com essa reputação, é fácil entender como a bebida acabou sendo a opção preferida de piratas tumultuadores, como Edward "Barbanegra" Teach, Henry Morgan e o demente psicopata Ned Lowe (que aparentemente se divertia forçando seus cativos a comerem partes do próprio corpo).

OLD GROGRAM

A desgraça da pirataria caribenha – a marinha real britânica – também permitiu que seus marinheiros tomassem rum, já que era mais seguro do que água e não estragava tão depressa quanto a cerveja. Obviamente, havia riscos associados, entre eles deixar homens cambaleantes soltos pelos deques dos navios de guerra abarrotados de pólvora. Então, em 1740, o vice-almirante Edward Vernon decidiu diluir o conteúdo. Esse "grogue" mais fraco foi chamado assim em homenagem ao "*Old Grogram*",* o apelido carinhoso que Vernon adquiriu por causa do material de seu fiel casaco impermeável. Quando, em 1755, comprovou-se a capacidade do ácido ascórbico de combater o escorbuto, as regulamentações navais exigiram que se adicionasse limão ao grogue e ao vinho, inspirando o apelido *limey*, dado aos britânicos pelos americanos e australianos.

De volta à terra firme, o rum não era tão popular na Europa, mas nas cidades da costa leste o americano comum provavelmente já estava tomando umas cinco doses por dia – e quando digo "comum", me refiro a qualquer um acima de 14 anos. As rigorosas leis de licenciamento fizeram com que os donos de bares logo começassem a buscar formas de contornar as regras, sendo que um dos métodos era misturar rum com outros ingredientes, como limão, mirtilo, zimbro, cravo-da-índia, canela, menta e noz-moscada. Daí, ao que parece, se originaram nossos coquetéis modernos,

* O termo "*grogram*" em inglês refere-se a um tecido grosso feito de seda, normalmente combinado com lã ou *mohair.* (N.T.)

e a bebida mais popular era o ponche de rum, servido em uma tigela com fatias de frutas cítricas.

Parece que todos na festa agora têm uma bebida na mão, então podemos nos sentar e relaxar. Mas, embora ainda seja sábado e esta seja uma ocasião especial, não queremos passar dos limites e acabar na delegacia ou no hospital...

BÊBADOS E DESORDENADOS

Sejamos complacentes com Noé. Ele construiu uma arca enorme e resgatou casais de todos os animais, livrando-os da condenação da enchente apocalíptica de Deus. E, no entanto, segundo o Velho Testamento nos conta, ele comemorou o sucesso tomando um porre de vinho local, tirando as roupas e circulando pelado em sua barraca num estupor embriagado. Para piorar, na manhã seguinte, o filho de Noé, Cam, encontrou o pai comatoso esparramado nu sobre o chão e saiu correndo para contar ao irmão. Veja bem, Noé não é o malvado da história: Cam é quem foi um filho ingrato que dedurou seu pai incrível. Essa história nos revela como até mesmo o mais devoto dos homens pode sucumbir às indignidades da bebedeira, então, que esperança há para o resto de nós?

O dramaturgo grego Eubulo declarou que três taças de vinho eram a quantia perfeita para que um cara sensato tomasse antes de cair na cama, mas cada taça depois dessa trazia resultados cada vez mais drásticos: a quarta induzia a arrogância, a quinta causava gritos excessivos, a sexta incitava disputas e a sétima resultava em brigas. Na oitava taça, os móveis eram destruídos e a polícia precisava ser chamada, a nona causava loucuras e a décima fazia com que a pessoa desmaiasse. Supostamente, a anedota recontada por Timeu de Tauromênio se qualifica como um "conto de dez taças". Ele revela como um grupo de jovens rapazes ficou tão embriagado que se convenceram de estarem velejando em um navio de guerra trirreme no meio de uma tempestade assombrosa, e que precisavam esvaziar a carga para não afundarem. Imagine a confusão das pessoas que passavam na rua ao verem cadeiras e camas sendo lançadas pelas janelas, por jovens cambaleantes e completamente inebriados.

Como já vimos, as regras para beber na sociedade anglo-saxã eram mais do que épicas e, mesmo após a chegada da fé cristã, as pessoas comuns continuaram a beber à saúde uns dos outros (um brinde conhecido como "*wassail*"). Mas não era apenas a população comum que chutava o balde, visto que os rígidos decretos canônicos dos burocratas da Igreja atestaram que também monges e padres foram vistos farreando em tabernas indecentes. Mesmo quando eram arrastados para fora, parece que alguns deles davam continuidade à festa em seus aposentos, fazendo com que o Arcebispo da Cantuária, Elfrico, do século X, resmungasse: "Os homens costumam se comportar tão absurdamente que se sentam a noite toda e bebem até o ponto da loucura na casa de Deus, desonrando-a com jogos escandalosos e conversas libidinosas". Ficar de porre em um *pub* já era ruim o suficiente, mas beber dentro de um lugar sagrado era basicamente como mostrar o dedo do meio para o Todo-Poderoso.

Um de nossos convidados pergunta se, por acaso, teríamos um gim-tônica. Felizmente, nós temos, mas é melhor termos o cuidado de prepará-lo na quantidade certa, pois o excesso de gim tende a mostrar o pior das pessoas...

A RUÍNA DA MÃE

Em 1751, o artista William Hogarth publicou seu famoso quadro *Beco do gim*, no qual retrata uma mãe derramando gim goela abaixo de seu bebê, enquanto outro bêbado perto dali mal percebe que a criança está caindo de cabeça sobre degraus de pedra. Em primeiro plano, um cadáver esquelético jaz sentado com um copo na mão e, à esquerda, um cachorro divide um osso com seu dono, ambos o roendo como animais selvagens. O que poderia ter inspirado uma visão tão terrível?

Nos anos 1680, o caso de amor da Grã-Bretanha com o conhaque havia se tornado problemático. A nação vivia em guerra com seus exportadores, os franceses e os holandeses. Por isso, para compensar com uma bebida de produção local, o governo desregulamentou completamente a produção de gim, abrindo espaço para o surgimento de diversas novas destilarias. Em 1726, os registros mostram que Londres estava apinhada com 8.659 "casas de conhaque", que serviam a uma população de apenas 700 mil londrinos; ou seja, uma loja de gim para cada 80 pessoas. E isso além das já existentes 5.975 cervejarias que vendiam cerveja e vinho.

O resultado dessa "gintoxicação" sem precedentes foi a miséria do povo, pelo que o gim ficou conhecido como a "Ruína da Mãe". Ao que se diz, apenas entre 1749 e 1751, a população de Londres despencou em mais de nove mil pessoas, como resultado direto da negligência de pais alcoolizados. Dizia-se até que, quando o gim era bebido em quantidade suficiente, o leite materno adquiria um teor alcoólico. Caminhar por Londres era literalmente sair tropeçando nos corpos de homens, mulheres e até crianças que jaziam inconscientes nas entradas das tabernas, ou mesmo nas ruas, formando grandes montes de corpos entrelaçados. Tal como viciados em heroína, as pessoas haviam caído em um ciclo vicioso de altos de loucura e baixos comatosos. Identificar a dose consumida por esse pessoal era incrivelmente fácil: a cada ano, mais de 35 mil litros eram declarados às autoridades, mas o mercado negro provavelmente também produzia essa mesma quantidade.

Responsável por esse pesadelo todo, por diversas vezes o governo tentou conter as destilarias, aumentando o custo para adquirir uma licença, mas a situação já estava fora de controle. Assim, as leis não tinham força para serem aplicadas, os padrões de comportamento já estavam arraigados e o gim tomava conta das ruas. Passados 60 anos, até o surgimento da Lei do Gim, em 1751, que atingiria com sucesso tanto os consumidores quanto os produtores, a Crise do Gim causou danos imensuráveis. E, no entanto, o pânico moral que a acompanhou não foi um ataque sobre o álcool propriamente dito. Os formadores de opinião das classes média e alta culpavam o gim, e somente o gim, por todo o desastre. Na verdade, a representação do *Beco do Gim* de Hogarth vinha acompanhada de uma irmã virtuosa chamada *Rua da Cerveja*, na qual os londrinos aparecem fortes, saudáveis e alegres. Assim como qualquer viciado iludido, os britânicos acharam um bode expiatório para um problema muito maior. Era o gim – aquele lixo estrangeiro e barato – o culpado de todo aquele caos, mas não havia nada de errado com as doses regulares da boa e velha cerveja nutritiva.

No entanto, esse pensamento viria a ser contestado no final do século XIX.

UM NOBRE EXPERIMENTO

Há um século, na América do Norte – uma nação de bebedores comprometidos – foi aprovada uma lei de total proibição da venda de bebidas alcoólicas, um dos eventos mais notáveis da história moderna. Então, como isso aconteceu? E por que essa lei deu errado? Bom, a verdade é que nenhuma regulamentação alcoólica jamais deu certo. Entre os anos 1100 a.C. e 1400 d.C., a China proibiu a produção de vinho 41 vezes, e em todas elas a lei foi revogada. Em 650 a.C., um homem chamado Shu Ching declarou que "As pessoas não ficarão sem cerveja. Proibir e manter a total abstinência é algo que está além até mesmo do poder dos sábios". O grande conquistador mongol Genghis Khan também foi pragmático: "Um soldado não deve ficar bêbado mais de uma vez por semana. Seria melhor, evidentemente, que ele não ficasse bêbado nunca, mas não devemos esperar o impossível". Genghis alcançou feitos militares tão grandiosos e matou tantas pessoas, que as florestas cresceram novamente em todos os campos abandonados alvos de seus ataques, e os níveis de CO_2 caíram em 700 milhões de toneladas. Ou seja, nem mesmo um homem capaz de reverter o aquecimento global poderia impedir que seus soldados enchessem a cara.

Assim, ao longo da história, sempre existiram moralistas desesperados apontando seus dedos acusadores na direção dos bêbados que emporcalhavam o chão das tabernas. Mas fazer algo a respeito sempre foi difícil, ou causava consequências imprevistas. Vejamos um exemplo medieval um tanto engraçado. Na Inglaterra do século X, o rei Edgar, o Pacífico, tentou restringir o número de cervejarias e padronizar o tamanho dos recipientes para bebidas. Sua ideia era criar oito entalhes em cada caneca e estipular uma lei segundo a qual cada homem só poderia beber um entalhe de cerveja em uma única sentada, antes que o recipiente fosse entregue ao cliente seguinte. Engenhosamente, os ingleses, relutantes em perder suas liberdades, mas também demonstrando sua notável obsessão pela boa educação, perceberam que, se acidentalmente bebessem mais de um entalhe, a pessoa seguinte receberia menos cerveja, o que claramente era injusto.

Dessa forma, tornou-se costume beber também o próximo entalhe, apenas para equilibrar. Mas, então, sem querer, o cara poderia acabar passando do nível mais uma vez, o que era muito fácil de acontecer se a marcação estivesse escondida por aquela cerveja espessa. E aí ele tomaria de novo e ficaria cada vez mais embriagado, o que acabaria por prejudicar sua capacidade de discernimento, e o faria ultrapassar mais entalhes e... Bem, você já deve ter entendido a ideia. Como costuma ser frequente nos casos de leis proibitivas, a ideia do rei Edgar resultou, ao contrário do que se esperava, em uma bebedeira ainda maior. Por que, então, considerando-se as falhas do passado, os proibicionistas americanos acharam que seria uma boa ideia fechar os bares?

OS IGNAROS UNIDOS DA AMÉRICA

Em 1829, o Presidente Andrew Jackson dava seu baile de inauguração na Casa Branca quando as coisas saíram um pouco do controle. Conforme as bebidas iam passando e a atmosfera ia se tornando cada vez mais barulhenta, o local se encheu de milhares de simpatizantes bêbados cujo entusiasmo político rapidamente se transformou em agito universitário. Depois de terem destruído algumas propriedades do governo, inclusive louças de luxo, os arruaceiros tiveram que ser atraídos com ponche de rum e outras bebidas até o gramado da frente, como uma horda de ratos bêbados seguindo o *Flautista de Hamelin*. O novo presidente, enquanto isso, precisou fugir por uma janela e dormir em um hotel perto dali. Nunca a observação de Donald Rumsfeld de que "a democracia é uma bagunça" pareceu tão bem colocada.

Como você pode perceber, não foi apenas a Grã-Bretanha que sucumbiu ao charme inebriante do álcool. A cultura da bebida era endêmica na América do Norte – cerveja, vinho, rum, cerveja *porter*, uísque, vinho Madeira e conhaque eram todos bebidos em excesso. No início do século XIX, os fazendeiros descobriram que seus grãos não utilizados e o excesso de milho podiam ser redirecionados para as destilarias de uísque a um lucro satisfatório. Isso significa que, em 1830, o americano comum bebia mais de 30 litros de bebida alcoólica por ano, ao passo que os mais beberrões chegavam facilmente aos 45 litros: o equivalente a uma garrafa de *Jack Daniel's* por semana. Se nem mesmo o presidente pôde escapar da quebração de pratos dos cidadãos bêbados, então claramente as coisas estavam indo mal.

Uma revolta moral era inevitável, e veio inicialmente da recém-fundada Sociedade Americana da Temperança. Esse grupo de reformistas progressivos ficou imediatamente popular ao promover o controle individual, mas essa ação gerou um bafafá interno a respeito de quanto uma pessoa poderia alegar ser razoavelmente "moderado". Assim, foram estabelecidas algumas diretrizes mais rigorosas. A mensagem da Sociedade se espalhou rapidamente pela Suécia, Dinamarca, Noruega, Alemanha e Países Baixos, onde os cristãos adeptos do pensamento formaram suas próprias organizações. O Padre Theobald Mathew, da Irlanda, surgiu como um pregador *superstar*, com cerca de sete milhões de convertidos a favor da abstenção de bebidas alcoólicas, mas o suporte pan-europeu caiu drasticamente após a falha das Revoluções de 1848. Nada como ter seu otimismo político esmagado para fazê-lo querer entornar o caneco, não é? Isso deixou apenas a Sociedade da Temperança da Igreja da Inglaterra e a Liga Irlandesa da Temperança como os mandachuvas nos anos 1870.

Mas, enquanto o caso da Europa com a abstinência estava se esvaindo, na América do Norte, o famoso "mata-diabo" caribenho agora mudava seu nome para "rum do demônio". A abstinência pessoal não era mais o suficiente para os defensores da temperança, e as organizações religiosas lutariam até o fim com o Congresso dos Estados Unidos para garantir que ninguém mais tomasse uma gota de álcool.

VAMOS ACABAR COM ESSA IMUNDÍCIE!

Em 1873, a União Feminina da Temperança Cristã foi fundada com o objetivo explícito de proibir totalmente o consumo das bebidas alcoólicas. O grupo argumentava que beber tinha um impacto prejudicial principalmente sobre as mulheres, muitas das quais não tinham condições de se sustentar, desfrutavam de poucos direitos legais e estavam em relacionamentos abusivos com alcoólatras violentos. Além disso, adotaram a visão religiosa de que o álcool era um pecado moral aos olhos de Deus, e causava danos sociais irredimíveis, da mesma forma que o tabaco, a prostituição, a pobreza urbana, o fanatismo anti-imigração e vários outros males da sociedade. Essas mulheres não eram fundamentalistas fervorosas, apenas queriam um país mais humano e melhor. Mas elas foram derrubadas por uma gangue de tubarões políticos que estavam mais dispostos a lutar sujo.

Começando pela zona rural de Ohio, a Liga Contra os Bares (*Anti-Saloon League*) ficou nacionalmente conhecida em 1895 e, para esses caras, todos os meios justificavam o fim. Como resultado do grupo, surgiu a Federação da Temperança Científica, que não sentia vergonha alguma em (des)educar o público com propagandas antialcoólicas pseudocientíficas, e seus "bandidos" não oficiais – o Ku Klux Klan – usavam violência e intimidação para eliminar a bebida do interior da região sul. Mas a Liga em si era uma organização política dedicada a atormentar os políticos com estratégias agressivas agora conhecidas como "grupo de pressão". O brilhante arquiteto dessa campanha implacável foi Wayne B. Wheeler, o principal advogado da Liga e um homem que causava afrontas em seu próprio movimento ao negociar com senadores e congressistas bebedores de uísque. A Wheeler não importava se eles bebiam, desde que pudesse induzi-los a apoiar hipocritamente a proibição nacional. Se não conseguisse, aí então ele deixava que sua máscara caísse...

Um dos pontos centrais na pressão política era o tipo de vingança retaliativa digna de uma amante rejeitada, como aquela interpretada por Glenn Close em *Atração fatal*. Se um político recusasse a Liga, ela faria mais do que apenas ferver um coelho, ela não descansaria até que a carreira política do cara tivesse sido completamente destruída. Graças ao sistema bipartidário dos Estados Unidos, o grupo de Wheeler nem sequer precisava da aprovação da maioria para deter um poder enorme; ele era o figurão do pedaço e podia desapossar essencialmente quem quisesse, e substituir por algum fantoche leal que não soubesse morder a mão daquele que o alimentava. Wheeler era descrito como um homem que podia "fazer o Senado Americano implorar".

A despeito do sucesso nas áreas rurais, onde o Ku Klux Klan não tinha problema algum para colocar fogo nos bares, a Liga e seus associados não conseguiram influenciar o comportamento nas grandes cidades. Assim, para vencer o *round* público, Purley Baker, um ministro metodista, lançou uma campanha fervorosa contra os alvos mais fáceis da América: os católicos, os judeus e os alemães; estes últimos chamados de "glutões" que bebiam feito "porcos". Essa propaganda antialemã chegou com tudo com o avanço da Primeira Guerra Mundial, e, quando o exército americano começou a ser enviado para os campos de batalha da Europa, 23 estados já haviam banido o álcool. O assalto agressivo da Liga Contra os Bares foi um tremendo sucesso. Quando os soldados retornaram vitoriosos, em

1919, descobriram que a 18ª Emenda havia banido a fabricação e o transporte de bebidas alcoólicas para fins não medicinais. A América ficaria mais seca do que o Deserto de Gobi. Ou, pelo menos, era essa a intenção.

O SONHO AMERICANO DE AL CAPONE

Seria lógico esperarmos que a proibição de bebidas alcoólicas reduziria a quantidade de seus danos na sociedade. Afinal, não foi a Crise do Gim resultado de leis de licenciamento permissivas e excesso de incentivos econômicos para a produção em massa? Bem, algumas pessoas realmente acreditavam nessa filosofia ingênua... E quero dizer, acreditavam *mesmo*. Supostamente, as cidades de Iowa estavam tão convencidas de que uma sociedade abstinente renunciaria ao crime que literalmente venderam suas cadeias, mas esses otimistas incuráveis haviam negligenciado um importante fator: os americanos amam uma birita!

Assim que a proibição entrou em vigor, destilarias secretas pipocaram por todo o país, produzindo o famoso "gim de banheira", assim chamado por ser fermentado em banheiras, ou porque o preparado com sabor de glicerina era misturado com água em grandes tonéis colocados sob uma torneira no banheiro. Os lucros gerados eram tão grandes que até mesmo figuras respeitáveis adotaram esse *hobby* ilícito, inclusive diversos policiais que passaram a década de 1920 administrando seus próprios cartéis de bebidas. A birita de produção imprópria – também conhecida como "*moonshine*" – era enviada para as cidades em carros potentes criados para fugir dos policiais (essa foi a origem dos carros de corrida modernos da Nascar), ou então eram transportadas pela maré em caixas flutuantes, saindo de uma plataforma em alto-mar no Atlântico, chamada de Linha do Rum. Outras bebidas de qualidade precisavam ser contrabandeadas pelo Canadá, México e outras costas, mas isso encarecia o produto.

Seja de onde viessem as bebidas, elas encontraram seu caminho até os bares clandestinos e festas secretas, que ficaram tão famosos nos filmes de Hollywood. Mas o *glamour* acabava por aí. O gim de banheira era terrível, por vezes até letal: 4.154 pessoas morreram por causa dele, só no ano de 1925. Mesmo quando a bebida vinha melhor, ela ainda podia causar dores de cabeça fortíssimas ou cegueira parcial. No entanto, as piores histórias certamente eram aquelas de pessoas desesperadas, que acreditavam que adicionar anticongelante à bebida e filtrá-la com uma fatia de pão podia torná-la segura. Nem preciso dizer que era uma ideia mais perigosa do que se lambuzar de sangue e mergulhar num tanque com tubarões.

Por toda a América do Norte, as pessoas sofriam com ressacas tão debilitantes que acabavam sofrendo acidentes de carro ou simplesmente adormeciam bêbadas no meio da rua. Aqueles que não bebiam, ou não tinham acesso à bebida, migraram para a cocaína, a maconha e outros narcóticos. A economia estagnou, a arrecadação fiscal desmoronou, os gastos com segurança aumentaram e o sistema jurídico chegou a ponto de romper (e imagino que aquelas cidades de Iowa tiveram que comprar suas cadeias de volta). E, o pior de tudo, o crime organizado, a extorsão, o suborno e a corrupção aumentaram e gângsteres como Al Capone tiravam proveito da situação.

A ABSTINÊNCIA É UMA FORMA DE EXCESSO

Ao tentar banir o causador dos danos, a 18ª Emenda conseguiu fazer exatamente o oposto do que esperava. A proibição foi um tiro que saiu pela culatra e não poderia ter sido pior – nem se tivesse tomado um banho de gasolina, acendido um fósforo e atirado um míssil guiado pelo calor na própria direção. Isso não teria sido surpresa para Abraham Lincoln, sendo ele próprio um bebedor moderado, que, em 1840, argumentou:

> **A proibição trará grandes danos para a causa da temperança. Ela própria é uma espécie de intemperança, pois vai além dos limites da razão na tentativa de controlar o apetite de um homem através da legislação, criando um crime a partir de coisas que não o são...**

Ele acertou na mosca. Proibir algo que obviamente parecia um direito básico motivou um protesto em forma de bebedeira entre os cidadãos ofendidos, e resultou em consequências fatais. Inevitavelmente, a proibição foi descartada em 1933, ainda que a famosa declaração do Presidente Roosevelt, "O que a América precisa agora é de uma bebida", tenha sido um tanto redundante, considerando que a nação havia acabado de passar os últimos 13 anos sob uma terrível ressaca de birita adulterada.

O que a América precisava na verdade era de um pouco de normalidade, com todos os problemas que isso traz, mas, pelo menos, esses não confeririam grandes poderes à Máfia. Afinal de contas, embora apenas 42% da população global seja de pessoas que bebem, para muitos de nós beber faz parte da vida normal. E, para os britânicos, em particular, o *pub* concentra tudo que há de bom na sociedade. Pode parecer que somos uma nação de bebedores de chá, mas se alguém tentasse proibir os *pubs*, até mesmo a monarquia sairia marchando em direção à sede do governo britânico com um *pint* de cerveja em uma mão e um taco de críquete na outra, pronta para estraçalhar algumas janelas.

Mas estou divagando. Já bebemos muito por uma noite, e um a um nossos amigos vão se despedindo. Está tarde e nossas pálpebras começam a ficar pesadas. Bêbados, olhamos para os pratos e copos sujos, e decidimos ignorá-los. Bem, pelo menos até a próxima manhã. Agora, é melhor irmos para a cama.

23h45

ESCOVANDO OS DENTES

Arrastamos nossos pés cansados pelas escadas e olhamos desejosamente para a porta do quarto. Mas, antes de nos enfiarmos confortavelmente debaixo das cobertas, uma vozinha chata nos lembra de que é preciso realizar um ritual diário crucial, um que nossos pais sempre nos obrigaram a fazer, não importa o quanto reclamássemos. É hora de escovarmos os dentes.

DENTES BRANCOS

Chegamos a um ponto em que os dentes das celebridades se tornaram blocos de alabastro estranhamente radiantes, exibidos em mandíbulas perfeitamente simétricas. Os dentes foram elevados para além de sua finalidade biológica de mastigar comida e se tornaram exibições estéticas da moda. Mas, durante praticamente toda a história da humanidade, eles foram primariamente mastigadores funcionais, sem os quais os nossos ancestrais teriam morrido de fome. E morrer de fome às vezes era uma possibilidade real, visto que o desafio não era manter aquele brilho ofuscante de mil *watts*, mas apenas os dentes mais ou menos perto da metade inferior do rosto. Os dentes são uns carinhas bem resistentes, mas, com o passar do tempo, ficam naturalmente suscetíveis a infecções bacterianas, desgastes naturais, traumas e cáries. Resumindo, eles podem cair.

Então, dada a necessidade do cuidado, não é tão surpreendente que a história da odontologia tenha começado na Idade da Pedra.

DENTADURAS NEOLÍTICAS

A dor era aguda, um zumbido feroz que irradiava pelo corpo inteiro. Ele bateu os calcanhares no chão em um protesto frustrado, bravo por ter que suportar esse tormento, mas permaneceu deitado de costas. A última coisa que queria era que a broca escapasse da mão do outro e atingisse sua língua. O dentista o olhava de cima, serrando para frente e para trás como um lenhador, com uma expressão de intensa concentração. O som da broca raspando seu molar careado reverberava até o crânio, os entalhes silenciosos acompanhando suas caretas de dor. O paciente fechou os olhos e tentou pensar em outra coisa. Tudo acabaria logo. E, em um minuto, acabou.

Há 9 mil anos, muito tempo antes que o projeto de Stonehenge tivesse sido desenhado, em um lugar chamado Mehrgarh, onde hoje é o Paquistão, possivelmente o primeiro dentista do mundo exercia sua profissão. Essa parece uma afirmação e tanto, mas as evidências são claras nos dentes de esqueletos encontrados nas ruínas da cidade neolítica. Para o olho comum, os pequenos orifícios com 0,5-3,5 milímetros de profundidade não são muito impressionantes, e provavelmente à primeira vista nós nem mesmo os perceberíamos. No entanto, para os arqueólogos, o formato uniforme é uma prova inquestionável de perfuração dental.

Mais de 5 mil anos antes de qualquer pessoa ter manuseado ferramentas de metal, esse dentista usou uma broca de arco com ponta de pedra para perfurar rapidamente o esmalte e remover cáries doloridas. Usado tipicamente para fazer colares de contas, a pedra pontiaguda teria sido presa a um eixo de madeira que, por sua vez, era laçado com um fio e preso ao que parecia ser um arco, de forma que, ao arrastá-lo para frente e para trás (como um serrote), a pedra giraria em sentido horário e anti-horário em seu próprio eixo, cavando um pequeno buraco no dente.

Mas, como sabemos que isso era uma prática odontológica terapêutica, e não um ritual religioso ou uma espécie de moda imprudente? Dos 11 dentes perfurados encontrados no local, pelo menos quatro apresentavam cáries inflamadas. Além disso, o fato de que apenas os molares posteriores – os que ficam escondidos ao lado das bochechas – foram operados provavelmente anula as chances de que isso tenha ocorrido por algum motivo estético. Afinal, se você fosse dar um *up* em seu sorriso, certamente faria as alterações na frente, não é? Considerando que as cáries causam uma dor aguda, é muito mais provável que esse procedimento tenha sido usado para aliviá-la. Curiosamente, a perfuração não era o limite do conhecimento odontológico pré-histórico. Uma equipe italiana de intelectuais recentemente comprovou que um esqueleto encontrado na Eslovênia – os restos mortais de um jovem morto há cerca de 6.500 anos – apresentava o que parece ser a primeira obturação do mundo: uma resina de cera de abelha inserida em um dente rachado. Enquanto a perfuração de Mehrgarh supostamente servia para remover uma cavidade infectada, esse procedimento aparentemente fora usado para revestir um nervo exposto.

Assim, ainda que a odontologia moderna seja uma área altamente tecnológica, com seus raios X, *lasers* e aparelhos eletrônicos, nossos tratamentos mais comuns (obturações e perfurações) datam de milhares de anos. Além disso, dentistas vivem dizendo que os doces são nosso inimigo número um, e esse também foi um problema enfrentado por nossos ancestrais pré-históricos. A revolução agrícola neolítica levou a um aumento no consumo de alimentos com amido, como pães e mingau, o que aumentou também o nível de açúcares naturais em nossas bocas, ou seja: abriu espaço para que as cáries e a erosão ácida se esbaldassem. Mas o principal destruidor da dentina antiga era a aspereza dos grãos de pedra nos pães, um lastimável resíduo da moagem do trigo em moinhos de pedra.

Talvez uma das primeiras vítimas famosas desse problema tenha sido nosso velho amigo Ötzi, o Homem de Gelo, a vítima neolítica de Tirol. Seus dentes estavam em condições lastimáveis: descoloridos, estraçalhados em alguns pontos e desgastado em outros. Ele havia perdido uma ponta de um dos molares, provavelmente ao ter comido vigorosamente um pedaço de pão com pedra. Os graves danos a um de seus dentes da frente também sugere que alguém, ou algo, o havia atingido violentamente no rosto. O fato de que ele posteriormente acabou com uma flecha nas costas indica que Ötzi talvez não fosse um desses Tom Hanks de que todo mundo gosta. Deixando de lado o fato de que ele possivelmente era um pobre azarado, sua boca representava muito bem a dentição normal na pré-história. Os dentes não são invulneráveis e, ao fim da vida, uma pessoa do Período Neolítico, mesmo aos 40 anos de idade, jamais teria um sorriso de Tom Cruise. O resultado era mais parecido com aqueles desenhos em que o personagem detona uma granada na boca: ainda haveria dentes, mas definitivamente não era nada bonito...

O PROBLEMA COM OS VERMES DO DENTE

Pedrinhas no pão e açúcares naturais podem ter sido os verdadeiros culpados, mas os bodes expiatórios que levaram a culpa eram muito mais sinistros. Com a chegada da Idade do Bronze, tanto os babilônios como os egípcios desenvolveram fortes crenças de que existiam criaturinhas monstruosas chamadas de "vermes do dente", geradas espontaneamente na boca - como aqueles fantasmas insistentes do *Pac-Man*. Foi uma teoria perpetuada pelos romanos e que chegou até o século XVIII, o que significa que os dentistas passaram milênios inventando tratamentos para criaturas que nem sequer existiam.

Dessa forma, em geral, nossos antepassados da Idade do Bronze empregavam feitiços para driblar a dor de dente: os babilônios usavam amuletos mágicos de proteção e, se os bichinhos vis aparecessem, imploravam ao grande deus Ea/Enki para destruí-los. Se isso não funcionasse, um dentista poderia afugentá-los com fumaça. Em 2250 a.C., a fumigação oral – através da queima de sementes de meimendro misturadas com cera de abelha perto da boca – havia se tornado o tratamento padrão, e, assim que o inimigo fosse exterminado, a cavidade era preenchida com mástique (resina de árvore) e mais meimendro. Ainda assim, a despeito da promessa inicial das técnicas de perfuração do Período Neolítico, os babilônios não eram adeptos de cirurgias e obturações. Suas técnicas odontológicas eram surpreendentemente rudimentares.

OS DENTES NA TERRA DO REI TUT

O complexo funerário de Saqqara compõe uma ampla paisagem artificial dedicada à morte, ainda que há muito tempo já não sirva mais como cemitério. O lugar foi a necrópole oficial da capital de Memphis na Idade do Bronze e, portanto, abriga a mais antiga das pirâmides egípcias, a pirâmide de degraus de Djoser, que ainda permanece como uma prova simbólica do poder dos reis antigos. No entanto, boa parte de Saqqara continua a ser um mistério para nós. Alguns egiptólogos otimistas acreditam que apenas 30% de seus segredos foram descobertos, e alegam, em tom de brincadeira, que se você enfiar uma pá aleatoriamente no chão provavelmente terá sorte.

No entanto, uma descoberta recente fez surgir alguma esperança no oceano de areia: uma tumba encontrada por ladrões, em 2006. Era um monumento de grande *status*, construído em pedra calcária e tijolos de barro há cerca de 4 mil anos, com interiores belissimamente decorados e um tesouro de pertences funerários guardados para o Além. Esse mausoléu não pertencia a uma princesa ou a um nobre; era o lugar de descanso final de um trio de homens não relacionados, chamados Iy Mry, Kem Msw e Sekhem Ka. Embora suas múmias estejam misteriosamente ausentes, os hieróglifos na parede esclarecem suas identidades. Esses caras eram dentistas do faraó, uma posição ocupada 600 anos antes por Hesi-Re, o primeiro dentista com nome da história e perfurador de dentes oficial do Faraó Djoser.

A despeito de seus nomes grandiosos, esses médicos do dente compartilhavam da relutância babilônica em relação às intervenções cirúrgicas. É possível que Hesi-Re e seus sucessores tenham empregado tratamentos de mastigação, enxaguantes bucais e gessos feitos de ingredientes deliciosamente aromáticos: olíbano, mirra, cebola, cominho, ocre amarelo e mel. Honestamente, isso se parece menos com medicina e mais com uma fritada bem ambiciosa. Mas nem tudo era tão apetitoso assim. Um tratamento particularmente estranho envolvia cortar ao meio o corpo quente de um rato morto e esfregá-lo no dente afetado.

Os egípcios eram um povo vaidoso que tinha um orgulho enorme de sua aparência, então é surpreendente que haja pouquíssimas evidências de qualquer tipo de tratamento cosmético para aqueles que não tinham um belo sorriso. Os únicos indícios sobre trabalhos com próteses são pontes artificiais, as quais eram presas usando fio de ouro e inseridas novamente na mandíbula da múmia. Isso indica que o procedimento era como um retoque para "finalizar" o cadáver, e não um implante normal. Era o equivalente da antiguidade aos maquiadores de defuntos que temos hoje.

Tendemos a combater a ameaça de infecções dentárias com enxaguante bucal, fio dental, pasta de dente e visitas regulares ao dentista. Para os egípcios, as coisas eram muito mais difíceis. Sabemos, por exemplo, que Mutnodjmed, a rainha consorte do Faraó Horemheb, o qual anteriormente havia servido como conselheiro militar de Tutancâmon, já havia perdido todos os dentes quando morreu, na faixa dos 40 anos, acabando por se tornar uma múmia banguela. É um tanto triste descobrir que ela não estava sozinha em seu sofrimento, pois uma recente análise científica de

3 mil múmias revelou que 18% delas sofriam com doenças dentárias graves, sendo que algumas das infecções eram letais. Assim como para os sofredores do Período Neolítico, é provável que a comida fosse a principal causa dos problemas, mesmo para os ricos e poderosos. Conforme a declaração espirituosa de P. J. O'Rourke sobre o engodo da nostalgia: "Quando você pensar nos bons e velhos tempos, pense em uma palavra: odontologia".

Não se sabe por que a cirurgia estava fora de questão no Egito. Ao que parece, havia acesso a anestésicos como o ópio para o alívio de dores agudas e, por vezes, eram abertos orifícios no osso maxilar para drenar abscessos. No entanto, a extração de dentes infeccionados – o que poderia ter salvado a vida de vários pacientes – quase nunca era praticada. Em vez disso, pessoas com dentes inflamados esperavam que a natureza seguisse seu curso, uma máxima adotada em um livro de sabedoria conhecido como *Instrução de Ankhsheshonq*: "Não há dente que apodreça e que continue no seu lugar". A pobre Mutnodjmed sabia muito bem disso, o que talvez explique por que os egípcios não tinham uma Fada do Dente: a pobrezinha ficaria quase que instantaneamente falida pela pilha de dentes escondidos debaixo de todos aqueles travesseiros...

Em comparação, os gregos eram intervencionistas entusiasmados, e foi o próprio Pai da Medicina, o bom e velho Hipócrates de Cos, quem surgiu com a ideia de um fórceps odontológico (*odontagogon*). Ele era o grande racionalista do mundo antigo: basicamente rejeitava a superstição divina, aceitando o diagnóstico empírico com base em sintomas visíveis. Corajosamente, isso o levou a buscar pistas para as enfermidades de seus pacientes experimentando os fluidos deles, como urina, suor, cera de ouvido e muco nasal. Hipócrates nem sempre estava certo quanto se tratava de ser cientificamente rigoroso, e tanto ele como Aristóteles acreditavam que os homens tivessem mais dentes do que as mulheres. Você certamente acharia que gênios como esses teriam pensado em olhar uma boca ou duas para tirar a prova, mas eles provavelmente estavam muito ocupados dissecando camelos e bebendo xixi.

SORRISOS DE OURO

Se perdêssemos um dente hoje, talvez acidentalmente batendo a cara contra uma porta de vidro, nosso dentista poderia decidir fazer uma ponte dentária. Essa ideia foi usada pela primeira vez por volta de 700 a.C. pelos etruscos, um povo agrícola do norte da Itália, que desenvolveu uma técnica para substituir e estabilizar dentes perdidos ou soltos. Usando faixas de ouro planas como aparelhos ortodônticos, qualquer dente vulnerável podia ser suportado por seus vizinhos fortes e saudáveis. O equivalente odontológico de amarrar um fracote como eu entre dois brutamontes de um time de *rugby*.

Se um dente já tivesse sido perdido, então era possível retirar um dente de um boi, perfurá-lo no centro com uma broca, prendê-lo ao suporte metálico e depois colocá-lo no lugar do outro. Talvez o mais impressionante seja o fato de que essas próteses arcaicas não eram meras tentativas estéticas de encher bocas vazias, mas que tenham funcionado como dentaduras, permitindo que seus usuários mastigassem a comida e vivessem livres da monotonia de infinitas tigelas de sopa.

Alguns séculos depois, no leste do Mediterrâneo, durante o século V a.C., os fenícios usaram fio de ouro, em vez de suportes planos, para fixar dentes soltos – como se fossem estacas de uma cerca. Um exemplo de uma mandíbula inferior dourada sobrevive no Museu Arqueológico da *American University of Beirut*. Conhecido como a Mandíbula Ford – o que soa mais como um modelo de carro dirigido por um vendedor de fotocopiadoras –, o osso mostra evidências de periodontite, uma doença sórdida que, em circunstâncias normais, teria feito os dentes caírem. Mas, nesse caso, o fio de ouro os segurou no lugar pelo resto da vida do paciente. É surpreendente que os dentistas antigos pudessem não apenas exercer a odontologia protética restaurativa, mas também preservar a concepção da natureza diante de uma oposição dela própria.

Na época em que os romanos apareceram, esmagando os etruscos e depois agrupando os gregos em seu império crescente, a odontologia cosmética já era significativamente engenhosa. Além de dentes artificiais feitos de madeira ou marfim, os revestidos de ouro se tornaram tão comuns que o sistema legal precisou intervir para garantir que eles fossem enterrados ou cremados com seus donos e não disputados por parentes interesseiros querendo lucrar com a morte da vovó.

Mas, ter dentes metálicos nem sempre era uma questão de necessidade. Na virada do século XIV, o viajante italiano Marco Polo relatou ter encontrado uma misteriosa tribo chinesa chamada Zar-Dandan (O dente de ouro, na língua persa), que havia imitado os etruscos aplicando placas de ouro sobre seus dentes; nesse caso, no entanto, por uma questão puramente estética. Isso fez com que os homens de Zar-Dandan fossem os pioneiros do sorriso metálico, muito antes de Lil Wayne ostentar seus dentes ofuscantes em clipes de *hip hop*.

Ainda nesse tema, é possível que os primeiros *vikings* tenham feito entalhes em seus dentes, talvez como uma tática para assustar os inimigos. Enquanto isso, do outro lado do mundo, os astecas e os maias da classe alta foram além: perfuravam cavidades em seus incisivos e caninos e os preenchiam com belíssimas obturações de quartzo, ouro, jade ou turquesa – o máximo em ostentação.

ESCOVAR, ENXAGUAR E CUSPIR

Bêbados, cambaleamos em direção ao banheiro e recuamos ao levar um susto com o reflexo de olhar cansado no espelho. Espero que essa não tenha sido nossa aparência a noite toda! Pegamos a escova de dentes com uma mão e o tubo da pasta com a outra. Abrimos a tampinha, fazemos uma careta de concentração e esmagamos o tubo até conseguirmos colocar uma pequena, mas suficiente quantidade de pasta mentolada sobre as cerdas da escova. Uma tarefa de uma simplicidade absurda na maior parte dos dias, mas um teste diabolicamente complicado para uma coordenação embriagada e piorada pela visão dupla das coisas.

Será que um romano faria algo semelhante? Bem, sim. O brilhante polímata Aulo Cornélio Celso recomendava a limpeza regular dos dentes, especialmente para os aristocratas que devoravam vastas quantidades de comidas refinadas, as quais – como ele acertadamente suspeitou – podiam acelerar a deterioração dos dentes. No entanto, mesmo que os sorrisos excessivamente brancos fossem supervalorizados na alta sociedade romana, os ricos não estavam dispostos a abrir mão de seus jantares luxuosos. Os caras realmente queriam chupar cana e assobiar ao mesmo tempo. Então, como um aristocrata fazia para manter um sorriso legal? A resposta, talvez nada surpreendente, era a escovação regular. Mas eles não faziam isso sozinhos – um escravo pegava um ramo macio, aplicava nele um pouco de pó de polimento e o esfregava suavemente nos dentes e na gengiva de seu senhor.

O tipo de pasta de dente variava, mas a suposta pervertida Messalina, esposa do Imperador Cláudio, optou por embranquecer seu sorriso com pó de chifre de veado, o qual diziam ser um afrodisíaco poderoso – ou seja, o chifre poderia acabar deixando alguém chifrudo por aí... E, assim como nós, os romanos tinham sua versão de enxaguantes bucais para refrescar o hálito; mas, eles não eram mentolados, nem muito bons. Sim, para o nosso horror, eles gargarejavam com urina humana não diluída, preferencialmente aquela superforte enviada de Portugal, onde se dizia que a urina continha mais amônia. Considerando isso, é surpreendente que Messalina tenha conseguido arranjar algum amante...

No sul da Ásia, os escritos sagrados de Vedas também distribuíam alguns conselhos odontológicos. O bambambã da medicina ayurvédica era Susruta, comumente conhecido como um sábio do século VI a.C., mas é possível que ele também tenha sido um agregado de diversos médicos anônimos. Enfim, sua recomendação ortodôntica consistia em usar um ramo desgastado de casca de árvore aromática como escova de dentes (*dantakashtha*), e que a escovação regular incluísse uma pasta feita de mel, pó e óleo. Além dessa aparentemente deliciosa receita, a pessoa podia melhorar seu hálito mascando folhas de bétele, que poderiam ter um efeito estimulante e também seriam afrodisíacas – o que talvez explique sua presença no *Kama Sutra*.

Atualmente o bétele ainda é muito popular no sul e no sudeste da Ásia, particularmente quando combinado com noz de areca, conhecida na Índia como *paan*. Entretanto, seu uso contínuo confere aos dentes a tonalidade macabra de um vermelho escuro, além de ser uma provável causa do câncer de boca. Ainda assim, a despeito das advertências, nada disso parece ter prejudicado a popularidade da folha no Vietnã, na Índia e no Paquistão.

E NA CHINA...

Escovar os dentes com gravetos e trapos era comum em várias partes do mundo, mas as primeiras pessoas a inventarem uma escova para esse fim específico foram os chineses. Eles prenderam pelos de porco em um osso durante a Dinastia de Tang, no período medieval, época em que os anglo-saxões e os *vikings* estavam disputando o controle da Inglaterra – embora seja possível que tenha sido ainda antes disso.

A filosofia médica chinesa era um pouco diferente dos Quatro Humores gregos e das superstições babilônicas, embora eles também acreditassem nos terríveis vermes do dente (há 3.500 anos, o símbolo chinês para a cárie era um bichinho nojento posando triunfantemente em cima de um dente derrotado, como se fosse um montanhista no topo do Monte Everest). De qualquer forma, a Medicina Tradicional Chinesa (MTC) foi fundada com base nos escritos místicos, atribuídos ao lendário Imperador Amarelo, Huang Ti, e ao Imperador dos Cinco Grãos, Shen Nung, quem supostamente governou entre 4.500 e 5.000 anos atrás. Foram eles que definiram inicialmente as Cinco Fases (*Wu Xing*) – Terra, Madeira, Metal, Fogo e Água – as interações dos elementos vitais do cosmos (os quais não devem ser confundidos com *Earth, Wind & Fire*, a banda americana de *soul* que escreveu o "funkástico" *Boogie Wonderland*!).

Os dois imperadores também desenvolveram a constante cosmológica de *yin-yang*, um sistema recursivo de regeneração de opostos misturados, segundo o qual não poderia existir o homem sem a mulher, o escuro sem o claro ou o bom sem o mau. Assim, resumindo, a MTC pregava o equilíbrio harmônico do corpo, e qualquer interferência nesse sistema causaria doenças.

De fato, por conta dessa percepção holística do corpo, a odontologia chinesa não envolvia contato direto com os dentes, preferindo tratamentos alternativos, como acupuntura, massagem e remédios fitoterápicos. Se nada disso funcionasse, o dentista podia se aventurar mais perto da boca através da preparação de pílulas medicinais feitas de alho, raiz-forte, leite humano e salitre; mas, em vez de fazer uso oral delas, ele as introduzia no nariz do paciente. Se isso também falhasse, ou se um daqueles bichinhos ordinários fosse encontrado, eles não eram moralmente contra colocar uma pílula de arsênico perto do dente afetado. Isso era particularmente perigoso, visto que a ingestão de arsênico pode ser fatal. De repente, nosso pavor moderno em relação aos dentistas está parecendo um tanto infantil, não é?

O SANTO PATRONO DA DOR DE DENTE

De volta ao Ocidente e ao Oriente Médio medieval, sabemos que sua odontologia não foi capaz de progredir além do ritmo de sua adolescência na Antiguidade. Assim como os *Rolling Stones*, ficou presa a uma nostalgia eterna, tocando sempre os mesmos *hits*: Vermes do Dente, os Quatro

Humores e Sangria. Embora a higiene oral seja extremamente importante na fé islâmica, e o Profeta Maomé tenha usado o graveto (*miswak*) de uma árvore *Salvatora Persica* para escovar os dentes, até mesmo o gênio Ibn Sina, do século XI, adotou o hábito romano de fumigação oral para tratar a dor. No entanto, é provável que a aversão religiosa ao sangue tenha feito com que muitos cirurgiões árabes empregassem as práticas chinesas de matar o dente aos poucos usando arsênico, em vez de arrancá-lo de uma vez.

Na Europa ocidental, foi a sabedoria antiga romana, filtrada pela doutrina católica, quem fez com que a maioria dos dentistas seguissem diversas tradições para lidar com a deterioração dos dentes. Esses procedimentos incluíam triturar, ferver, despolpar e lambuzar uma série de ingredientes estranhos, como: salamandras, lagartos, sapos, ervas, excremento de corvo e, até mesmo, humano.

Se as poções e os cataplasmas não ajudassem, as pessoas poderiam dar uma passada no flebotomista do bairro para uma rápida sessão de drenagem. Ou, se elas realmente não gostassem de sangue, tinham a opção de ir ao santuário dedicado a Santa Apolônia, uma mártir cristã que teve os dentes quebrados e arrancados antes de ser queimada viva. Uma oração para ela podia trazer um pouco de misericórdia divina. No entanto, se eu fosse essa santa, teria respondido a eles: "Você acha que *isso* é dor de dente?".

Esperar pela intervenção divina era uma alternativa otimista, e certamente muitos cristãos devotos podiam apontar exemplos de milagres para reforçar sua fé. Mas os sofredores mais pragmáticos encontraram alívio em longo prazo no terror de curto prazo da cirurgia, embora os dentistas medievais não tivessem credenciais particularmente inspiradoras...

BARBEIROS E BARBÁRIE

A multidão ruidosa se aglomerava ao redor do palco, rindo e gritando com o que viam. Um palhaço vestido de arlequim fazia malabarismo com maçãs enquanto um homem com um alicate na mão dizia: "Quem entre vocês tem dor de dente?". Seu dedo apontava para os rostos curiosos da fileira da frente. O público murmurou nervosamente, mas ninguém se adiantou. O homem perguntou de novo, dessa vez mais alto, então, uma voz surgiu do meio do povo: "Eu tenho. Pode me ajudar?". O homem sorriu, chamou o paciente para o palco e o deitou de costas. O palhaço malabarista largou suas maçãs e subiu no peito do paciente, pressionando-o contra o chão. Agora, a multidão avançava para olhar, segurando a respiração conforme o alicate se aproximava da boca do homem. Por fim, um dente podre amarelado foi arrancado de sua boca. As pessoas suspiraram ofegantes, em choque, mas, no entanto... Não houve sangue. Em vez disso, o paciente acenou animadamente: "Estou curado! É um milagre!". A multidão explodiu em comemorações, e muitos outros sofredores começaram a formar fila, já contando suas moedas, ansiosos por aquela cirurgia indolor...

Essa provavelmente era uma cena comum nas cidades da Europa medieval. O homem no palco era um dos muitos charlatões arrancadores de dentes que se declaravam especialistas em odontologia. E, se quisessem tirar vantagem mesmo, eles podiam até se declarar "almas bondosas", mas os alemães que sofreram em suas mãos não foram enganados por toda aquela autopromoção exagerada, e os batizaram de quebra-dentes (*zahnbrechers*).

Na verdade, a reputação desses saltimbancos era mais do que notória. Eles formavam uma classe de fraudadores para os quais nenhum insulto era bom o bastante. E, no entanto, a agonia de um dente podre, o carisma do arrancador de dentes e das encenações de seu assistente palhaço, ou "o Bobo" seduzia os otimistas ingênuos. Além disso, assim como nos *shows* de mágica de Las Vegas, um ator se escondia no meio da multidão, esperando pelo momento de simular uma extração indolor, e assim ganhar a confiança do público. Assim, quando os dentes reais começavam a ser arrancados e o sangue espirrava nas primeiras fileiras, os gritos de empolgação do público provavelmente já estariam abafando os gritos dos sofredores. Ou não.

Enquanto escovamos nossos dentes, com aquela espuma mentolada escorrendo pelo queixo, podemos descobrir um doloroso abscesso na mandíbula, ou um dente solto. Embora um pouco nervosos com a situação, provavelmente ligaremos para o dentista, confiantes naqueles certificados pendurados na parede, como uma evidência de que não seremos mutilados. Mas, na Era Medieval, se as pessoas rejeitassem o arrancador de dentes, sua outra opção seria visitar um local com janelas e paredes decoradas com baldes transbordando sangue humano, e uma prateleira com alguns instrumentos assustadores. Esses acessórios serviam para tranquilizar o paciente, mostrando a ele como o dentista era experiente – hoje veríamos isso como a casa de um psicopata exibindo seus troféus.

E, menos encorajador ainda, é provável que o cara que se preparava para enfiar uma pinça na boca do paciente também era seu cabelereiro, pois, em se tratando de buscar experiência odontológica, havia algumas opções... Mas todas elas eram aterrorizantes.

O pior de tudo é que realmente havia barbeiros comuns – essencialmente, aparadores de franjas – que tinham como atividade complementar a extração de dentes. E havia também os cirurgiões-barbeiros mais bem-treinados, cujo conhecimento médico básico lhes permitia conduzir operações mais simples. Essas duas classes rivais eram olhadas com desprezo pelos médicos formados, os quais basicamente evitavam as cirurgias por completo e se interessavam muito mais pela teoria. Em diversos momentos ao longo dos séculos, os governos estabeleceram limites entre esses níveis de profissionais. No entanto, somente a medicina era oficialmente regulamentada, o que significa que um cabelereiro de faca na mão tinha o direito legal de pressionar os pacientes odontológicos contra o chão.

Assim, é um tanto óbvio por que as pessoas eram recomendadas a manterem seus dentes e gengivas saudáveis, e que todos os esforços fossem feitos para evitar uma cirurgia.

OS DENTES DA RAINHA

Então, quais eram as principais dicas para uma boca medieval saudável? É hora de mais uma lista!

1. **Usar palitos de madeira ou de penas – um tipo de fio dental primitivo.**
2. **Escovar os dentes regularmente com gravetos (semelhante ao *miswak*) ou com paninhos.**
3. **Aplicar uma pasta abrasiva ou sépia em pó para eliminar as manchas nos dentes.**
4. **Fazer bochechos regularmente com um enxaguante bucal ácido – normalmente vinho, vinagre ou até mesmo sulfato de alumínio.**
5. **Deixar o hálito fresco com menta, cravo-da-índia, canela, sálvia, alecrim, almíscar ou água-de-rosas.**

Há poucos motivos para acharmos que as bocas medievais eram asquerosas aos olhos ou ao nariz. Você pode até não se sentir compelido a beijá-las, mas poucos sorrisos o teriam horrorizado ou o fariam prender a respiração por nojo. No entanto, à medida que mais açúcar era importado do Novo Mundo e do Oriente exótico, as sobremesas elaboradas – que essencialmente eram grandes esculturas comestíveis – começaram a dominar as mesas de jantar mais abastadas, o que gerou uma crise de problemas dentários entre os aristocratas. A rainha Elizabeth I da Inglaterra, amante dessas iguarias adocicadas, previsivelmente sofreu com uma terrível e incessante dor de dente. Porém, não o suficiente para fazer com que se entregasse às garras de um dentista. Somente em 1578 ela permitiu que um de seus dentes fosse arrancado, depois que o Bispo de Londres corajosamente se ofereceu para fazê-lo antes, como um porquinho-da-índia humano, e provar que não era tão ruim assim.

Ao fim da vida, Elizabeth lutava contra uma dor de dente constante, e tinha pouco mais do que um conjunto escurecido de dentes esparsos, o que a fazia perambular pelo palácio com os dedos na boca e paninhos enfiados nas bochechas para expandir sua mandíbula encovada. Mas a ilustre rainha da Inglaterra não era a única monarca europeia que precisava de um bom fio dental. Do outro lado do Canal, meio século depois, o bafo do rei Luís XIV era tão esmagador que sua amante, madame de Montespan, era forçada a tomar banho de perfume para suportar ficar ao seu lado sem vomitar.

UM DOCE SORRISO

Quando Luís morreu, no início do século XVIII, uma nova tendência de dentes fortes e saudáveis começou a surgir entre os abastados novidadeiros, afinal, ter uma boca sadia também contribuía para a clareza da fala. A Grã-Bretanha dessa época testemunhou a emergência da *Received Pronunciation* – aquele estilo afetado da pronúncia inglesa que você ouve muito na *Estrela da morte* porque, aparentemente, Darth Vader recruta seus soldados exclusivamente da região de Hertfordshire. Assim, os dentes agora também eram úteis para uma fala mais elegante, mas, naquele momento, com mais açúcar do que nunca na dieta das pessoas, manter um sorriso saudável estava ficando cada vez mais difícil.

Em nosso banheiro moderno, com a torneira soltando um leve jato de água, tomamos cuidado para não escovarmos os dentes com muita força, caso contrário, poderemos destruir nossas gengivas. Essa lição foi aprendida da pior maneira pelos aristocratas do século XVIII, que se empolgaram com seu programa rigoroso de cuidado com os dentes, e tiveram mais prejuízos do que benefícios. Por exemplo, o lorde Chesterfield (aquele cujos conselhos relacionados ao banheiro nós já conhecemos) se arrependeu de sua escovação enérgica durante a juventude, reclamando para seu filho sobre o uso de "palitos, ferros etc., os quais os destruíram totalmente [seus dentes]. Então agora não tenho mais seis ou sete deles...". De fato, a busca por um sorriso branco fez com que as pessoas esfolassem os dentes com pós-abrasivos, inclusive giz, sal, soda e cinzas; enquanto os cirurgiões-barbeiros aplicavam ácido nítrico ao esmalte, sem saber que estavam dissolvendo a única barreira natural contra a deterioração.

Mas a odontologia mal aplicada não era o único problema. Após a ascensão global do Império Britânico, o açúcar deixou de ser exclusividade dos monarcas e dos figurões de peruca. O produto estava ficando cada vez mais comum na mesa do povo, e aqueles gravetos e paninhos rudimentares de outrora já não serviam para lidar com a ofensiva sacarosa. Para complicar ainda mais, a obsessão dos médicos com vômitos terapêuticos, que com frequência aumentavam a acidez estomacal, arruinaram os dentes já afetados com o melhor agente corrosivo da natureza. Estava ficando claro que a odontologia precisava se livrar das algemas do amadorismo daqueles cirurgiões-barbeiros para reagir a essa ameaça crescente. O que a profissão do século XVIII precisava era de um herói – não do tipo que salva o mundo usando uma cueca de *lycra* por cima do uniforme – mas com treinamento médico de melhor qualidade.

O PAI DA ODONTOLOGIA

Pierre Fauchard aprendeu seu ofício na marinha francesa, consertando todo tipo de mandíbula estraçalhada e dentes precários. Mas foi de volta a Paris que ele adquiriu o apelido de "O Pai da Odontologia". Seu primeiro grande feito foi usar o microscópio para desbancar aquele mito dos vermes do dente, o suficiente para transformá-lo em um revolucionário, apagando 5 mil anos de crenças fervorosas. Mas seu radicalismo não parou por aí. Se você já usou aparelho ortodôntico, então deve agradecer a Pierre Fauchard. Porém, se você, assim como eu, também odiava ser chamado de "sorriso metálico", não sei se "agradecer" seria a palavra correta...

Na verdade, vários dos tratamentos que esperamos receber nos consultórios odontológicos modernos derivam da mente curiosa desse homem. Você precisou arrumar os dentes quando criança? Foi ideia de Fauchard. Já fez obturações de amálgama? Ele de novo. Conhece alguém que usa dentadura? É, também foi o ilustre francês quem se valeu das técnicas arcaicas de prótese dentária para criar novos dentes a partir do marfim e fixá-los na mandíbula com fio de ouro. Ele também projetou um fórceps mais adequado (conhecido como "pelicano"), uma broca mais precisa (depois de ter estudado o empenho habilidoso dos relojoeiros) e optou por colocar seus pacientes sentados em cadeiras de braços dando fim à prática de pressionar as pessoas contra o chão enquanto o cirurgião-barbeiro subia nelas feito um torturador.

De muitas formas, Fauchard foi um cientista brilhante que perseguiu incansavelmente todos os charlatões e vigaristas que encontrava, censurando-os com sua genialidade e publicando relatos daquelas práticas incompetentes para que o mundo todo soubesse. Mesmo assim, todas as suas inovações não o impediram de exaltar a urina humana como um enxaguante bucal higiênico e inigualável, nem de persistir na crença medieval da sangria terapêutica. Mas, afinal, ninguém é perfeito.

OS DENTES DE WATERLOO

Fauchard também se aventurou com o transplante dentário, que vinha sendo objeto de experimentações odontológicas há 200 anos, uma prática do século XVIII normalmente atribuída ao cirurgião inglês contemporâneo John Hunter. Embora algumas pessoas se opusessem ao transplante por questões morais e também pelo fato de que o procedimento podia disseminar a sífilis, o único grande obstáculo para os dentistas era onde encontrar quantidades suficientes de doadores. Em alguns casos, crianças pobres eram subornadas a renunciarem aos seus dentes para que eles fossem implantados na boca de algum almofadinha cheio da grana, mas a fonte mais provável eram os cadáveres. Criminosos executados, vítimas de doenças e até mesmo soldados encontrados em campos de batalha tiveram seus dentes reciclados. Consequentemente, a prática acabou ganhando o apelido de "Dentes de Waterloo", em homenagem à batalha de 1815.

Então, graças à criatividade ortodôntica, o século XVIII testemunhou o retorno do sorriso cheio de dentes. Esse fato ficou bem personificado por um autorretrato de 1787 feito por Marie-Louise-Elisabeth Vigée Le Brun, que acabou com séculos de convenção ao se representar com um belo sorriso – digno do sorrisão do gato de Cheshire. O mundo da arte podia até aceitar a nudez frontal, mas dentes visíveis em uma pintura não era nada menos do que um total escândalo, conforme observado por um jornalista: "É uma afetação... artistas, conhecedores e pessoas de bom gosto são unânimes na condenação".

AS DENTADURAS DO PRESIDENTE

George Washington e Paul Revere foram dois heróis revolucionários da América do Norte, ambos famosos por seu envolvimento na Guerra da Independência (1775-1783), mas ambos também estavam relacionados a algo um pouco menos ilustre: a odontologia. Revere, um prateiro de mão cheia e filho de um imigrante francês, seguiu os passos de Fauchard ao desenvolver seus próprios tratamentos dentários e recomendar uma pasta de dentes feita de manteiga, açúcar, migalhas de pão e pólvora (só podemos torcer para que nenhum de seus clientes tenha sido fumante). Considerando que as pessoas estavam literalmente esfregando açúcar e explosivos fortes nos dentes, talvez seja compreensível por que havia um lucrativo mercado de dentaduras naquela época. E o curioso é que Revere também era um fornecedor. Precisamos aplaudir o pragmatismo oportunista do cara...

E Washington? Será que ele era um dentista amador, alternando suas horas entre batalhas revolucionárias e remoções de tártaro? Não, muito pelo contrário. Tendo perdido todos os dentes, exceto um, supostamente ao quebrar castanhas do Pará, Washington foi forçado a usar uma dentadura malfeita por um dentista da Filadélfia. Essa prótese era composta de marfim animal, dentes humanos, ouro e chumbo. Embora lhe desse a oportunidade de mastigar e falar (o que, de certo modo, era fundamental para alguém encarregado do destino da nação), ela também causava um desconforto enorme, forçando o primeiro presidente dos Estados Unidos a recorrer ao alívio do láudano, um ópio semelhante à heroína. É preciso admitir que nossa perspectiva sobre o herói revolucionário muda um pouco quando o imaginamos sofrendo debilitado com uma dor de dente ou chapado com drogas sofisticadas. Dado que ele havia começado a perder os dentes aos 20 anos, talvez seja ainda mais impressionante o fato de que Washington não tenha sucumbido a um destino mais comum.

UM ALÍVIO PARA A DOR

É claro, se passássemos por alguma cirurgia ortodôntica, poderíamos facilmente recorrer a um alívio farmacológico para a dor. No entanto, a história da anestesia dental é estranha, pois levou mais tempo para chegar do que deveria, condenando muitos pobres pacientes a pouco mais do que um trago de gim e uma careta lacrimejante. Afinal, foi somente durante o século XVIII que se iniciaram os experimentos com gases narcóticos, então você poderia esperar que a história do alívio para a dor tivesse começado aí. Mas, por algum motivo, ela não se encaixa nessa lógica.

Durante a vida de Washington, o óxido nitroso – ou gás do riso, como é chamado às vezes – já havia sido descoberto pelo químico inglês Joseph Priestley, que rapidamente o chamou de ar nitroso deflogisticado. Logo depois, a pesquisa de Priestley foi retomada pelo jovem Humphrey Davy, um *superstar* em ascensão na ciência britânica e que, com prazer, se dispôs a inalar uma grande quantidade do gás. E quando digo grande, quero dizer grande *mesmo*: ele criou uma câmara de respiração complexa para que pudesse inalar a substância, e ainda dava festas com o gás do riso para seus amigos boêmios, como o perdido pelas drogas, Samuel Taylor Coleridge e o mais sóbrio, Rober Southey, quem posteriormente escreveu: "Tenho certeza que o ar no céu deve ser este maravilhoso gás de deleite".

Claramente, Priestley e Davy haviam descoberto um anestésico poderoso que deveria ter imediatamente ido para as mãos dos dentistas de todo o país, mas eles fracassaram completamente em promover o produto para esses fins, muito embora Davy tenha feito experimentos como uma cura para a dor de dente. Em vez disso, o jovem cheirador de gás assumiu o cargo de professor de química, enquanto Priestley seguiu o caminho menos prestigioso de cair duro. Assim, a despeito de seu óbvio potencial médico, o gás nitroso tornou-se uma novidade divertida para apresentações teatrais itinerantes e aulas de ciência, onde o público vibrava enquanto voluntários corriam alegremente pelo ambiente, tropeçando nas coisas e descrevendo suas viagens adoidadas.

Naturalmente, as autoridades não ficaram tão felizes com essa comoção, e o gás do riso – que por pouco poderia ter acabado com a agonia cirúrgica – acabou adquirindo uma reputação duvidosa como causador de agitação pública. Na verdade, mesmo quando alguém finalmente percebia suas propriedades anestésicas, as coisas não saíam conforme o planejado. O dentista americano Horace Wells assistiu a uma apresentação pública da substância em 1844, e ficou fascinado com a possibilidade de operar seus pacientes sem lhes causar dor. Porém, apesar dos primeiros testes bem-sucedidos, sua demonstração pública inaugural foi um desastre absoluto. O gás foi administrado incorretamente e o paciente saltou da cadeira, gritando de dor. Assim, a possível cura milagrosa adquiriu, de novo, uma péssima reputação e não foi usada na odontologia pelos 20 anos seguintes. Felizmente, em 1846, foi introduzido um novo anestésico cirúrgico chamado éter, seguido logo depois pela cocaína e pelo clorofórmio – para o grande alívio de pacientes em todo lugar.

ODONTOLOGIA "FAÇA VOCÊ MESMO"

Ao olharmos ao redor em nosso banheiro, vemos que há um pequeno estoque de produtos para os dentes: pasta, escova de dentes, fio dental e enxaguante bucal – e, embora nem todos eles sejam necessariamente modernos, sua popularidade é uma tendência relativamente recente. A escova em nossas mãos pode ter sido originada de uma tecnologia medieval chinesa, mas não estava disponível para a rainha Elizabeth, nem para o baforento Luís XIV. Por quê? Parece que a tecnologia simplesmente não pegou, e há apenas alguns exemplos registrados de europeus que a tenham usado entre os séculos XVI e XVIII. A escova de dentes moderna provavelmente deve mais a um certo William Addis, que redescobriu a ideia em 1780, enquanto cumpria pena em uma cadeia de Londres por ter incitado um motim. A história segue assim: depois de ficar compreensivelmente decepcionado com o poder de limpeza dos paninhos, Addis fez alguns furinhos em um osso de porco que havia restado do jantar e fixou neles algumas cerdas de vassoura. Ou seja, meros mil anos depois que os chineses inventaram a escova de dentes, Addis inventou a escova de dentes. É claro, ele soube promovê-la com muito mais talento, e a empresa que fundou ainda fabrica produtos de higiene até hoje.

Certo, então acho que é hora de parar de escovar os dentes, principalmente porque já estamos com pasta espalhada pelo rosto todo. Subitamente, nos lembramos de que deveríamos ter passado fio dental antes. Mas, não há problema, podemos passar agora. Então pegamos um pedaço do fio dental e o enrolamos em nosso dedo. Isso, é claro, traz outra questão: se Addis ficou com o título de herói da escova, quem recebe o crédito pelo fio dental? Bem, novamente, nossos ancestrais provavelmente tenham cutucado suas gengivas durante milhares de anos. Mas, se é para ser específico sobre quem popularizou o quê, então a fama deve ficar com o dentista americano doutor Levi Spear Parmly, que, em 1815, se empolgou com os benefícios do fio dental de seda para o cuidado preventivo dos dentes.

O doutor Parmly foi longe, exercendo sua profissão na Grã-Bretanha, no Canadá e na França, e tinha uma visão progressista da higiene oral como uma questão de manutenção regular, e não como uma intervenção drástica. Ele também ganha alguns pontos extras conosco por ter feito trabalho voluntário com crianças – que cara, hein! Seu irmão, o doutor Eleazer Parmly teve a honra de ser o dentista pessoal do presidente John Quincy Adams, mas a relação entre eles não termina aí. Na verdade, havia cinco irmãos Parmly no total, dos quais quatro eram dentistas (aposto que o outro deve ter odiado reuniões familiares e as anedotas intermináveis sobre tártaro). Os 80% dos Parmlys que se importavam com a higiene oral teriam ficado contentes em testemunhar a crescente disponibilidade de produtos de higiene bucal conforme o século XIX se aproximava.

Não apenas os dentistas agora exerciam sua profissão em consultórios equipados, com as cadeiras reclináveis inventadas em 1790, mas nos anos 1850, os pacientes também já tinham acesso a melhores instrumentos para limpar os dentes em casa. As escovas já estavam amplamente disponíveis por toda a Europa, América do Norte e extremo Oriente e, na década de 1870, os produtos tradicionais de fuligem de carvão, sépia em pó, sal e giz estavam sendo substituídos por jarros de dentifrício produzidos em massa, contendo entre seus ingredientes a inovação do sabonete, o que significa que agora você podia realmente lavar a boca. Mas a despeito das melhorias antibacterianas na pasta de dentes, a questão do mau hálito estava prestes a piorar, graças a uma sagaz campanha de marketing que lançou uma supermarca global de origem um tanto obscura.

HÁLITO FRESCO

Depois de escovar os dentes e passar o fio dental, é hora de fazer um bochecho com aquele preparado esquisito que chamamos de enxaguante bucal para refrescar nosso hálito e tentar acabar com qualquer bactéria que ainda esteja escondida em nossa boca. Embora os romanos estivessem mais do que contentes em beber urina portuguesa, e as ervas aromáticas fossem comuns na Era Medieval, foi no século XIX que surgiu o enxaguante bucal de nossos ancestrais. O *Listerine*, batizado em homenagem a Joseph Lister, o cirurgião escocês que descobriu as propriedades mata-germes do composto químico fenol, inicialmente teve seu uso limitado para tratar infecções orais ou para limpar tábuas de assoalho.

Mas, na década de 1920, a publicidade deu um golpe de mestre, fazendo com que o fenol explodisse em vendas quase que da noite para o dia, usando um marketing voltado para a ansiedade social semelhante àquele que havia lançado o *Odorono*. Situações como a de Luís XIV, com seu hálito semelhante ao odor de um animal morto e que forçava sua amante a se ensopar de perfumes adocicados, não mais aconteceriam; o culpado não conseguiria mais escapar ileso e as vítimas não seriam mais condenadas ao sofrimento. O *Listerine* estava lá para acabar com a recém-batizada crise de halitose e garantir que ninguém tivesse desculpa para exalar um hálito pútrido. As vendas foram um sucesso, e os lucros da empresa chegaram a 7.000% em apenas sete anos.

A despeito do aumento surpreendente na popularidade do enxaguante bucal, foi provavelmente nos anos 1940 que ele teve o maior impacto, quando o plástico substituiu a seda no fio dental e as partes animais na escova de dentes. Não apenas o *nylon* era mais forte, mais barato e mais higiênico, mas ele também facilitava a produção em massa. Outra revolução disseminada foi a inclusão do fluoreto no tratamento de água, uma descoberta nascida de pesquisas incansáveis iniciadas em 1909 pelo jovem dentista americano doutor Frederick McKay e, o mais sênior, doutor G. V. Black. Eles reuniram dados que mostravam que 90% das crianças de Colorado Springs sofriam com manchas marrons nos dentes, mas, curiosamente, as "Manchas marrons do Colorado", como foram chamadas, inexplicavelmente impediam o início da sua deterioração. McKay ficou confuso, mas sugeriu que os residentes trocassem a fonte de água – uma ideia com um sucesso considerável.

Ele então viajou para Bauxite, no Arkansas, para investigar se a mina de alumínio local estava causando manchas semelhantes nos dentes das crianças. Lá, teve contato com o químico chefe da empresa de alumínio, que ficou surpreso em constatar os altos níveis de fluoreto na água. O caso estava solucionado! Exceto pelo fato de que, em 1931, o mistério inicial de McKay e Black de que a fluorose impedia a deterioração dos dentes ainda estava pipocando na mente do doutor H. Trendley Dean, um pesquisador de odontologia do Instituto Nacional de Saúde. Foi Dean quem fez a relação de que pequenas doses de fluoreto inibiam as cáries sem manchar os dentes e, em 1945, a cidade de Grand Rapids, no Michigan, tornou-se a primeira do mundo a incluir fluoreto em seu abastecimento de água. Em 11 anos, as 30 mil crianças do município em idade escolar apresentaram uma redução de 60% nas cáries.

No entanto, não foram apenas as melhorias tecnológicas que geraram essa explosão da higiene bucal; foi também a mudança cultural nos hábitos diários. Há muito já se sabia que soldados saudáveis precisavam ter dentes saudáveis, e, durante a Segunda Guerra Mundial, o exército americano instituiu uma nova política de exigir que suas tropas escovassem os dentes todos os dias, com resultados incrivelmente encorajadores. Poucos anos após o fim da guerra, dentistas do mundo todo começaram a promover os benefícios da escovação duas vezes por dia e do uso regular do fio dental. Embora lorde Chesterfield houvesse seguido esse conselho e destruído seus dentes, as escovas de plástico mais macias agora representavam danos mínimos para a perda dos dentes decorrente da escovação.

Hoje, com a odontologia avançada e uma infinidade de produtos de higiene oral à disposição, temos poucas desculpas para deixar que nossos dentes apodreçam. Agora, claramente já terminamos nossas tarefas no banheiro, fazemos um último bochecho com um pouco de água fria, limpamos a boca na toalha e caminhamos embriagados até o quarto.

23h53

INDO PARA A CAMA

Agora estamos com os dentes limpos, a barriga cheia e o fluxo sanguíneo pulsando com o excesso de vinho. Apesar do desejo inevitável de fazer um lanchinho antes de deitar, provavelmente seja melhor encerrar o dia, afinal, somos governados pela necessidade biológica imperativa de dormir durante um terço de nossa existência. Assim, arrancamos nossas roupas de festa, colocamos um pijama confortável e seguimos para a cama.

A cama é um personagem dominante em nossas vidas e, se chegarmos à velhice, teremos passado cerca de 250 mil horas roncando em meio aos nossos travesseiros. Muitos de nós nascemos em leitos de hospitais. Depois, quando crianças teimosas, resistimos o máximo que podemos em ir para a cama. Quando adolescentes chatos, nos recusamos a deixá-la antes do meio-dia. Já um pouco mais velhos, nos esforçamos para levar outras pessoas para nossa cama, até, por fim, encontrarmos "aquele alguém" e a transformamos no leito matrimonial. No fim da vida, muitos de nós acabamos – ah, que ironia – em uma cama de hospital, cercados por máquinas que fazem "bipe", onde finalmente entraremos em um sono eterno.

Há vários tipos de cama – ou aquilo a que se dá o nome de cama –, e cada uma serve a um fim sociológico. Há aquelas aconchegantes com dossel nos hotéis elegantes; sacos de dormir em barracas de acampamento, um sofá velho na sala de um amigo; berços em recém-pintados quartos de bebê, beliches compactos em submarinos abarrotados; colchões já cedendo nos quartos de casal; e até mesmo caixas de papelão dobradas em becos encardidos.

Apesar dessa variedade, a presença das camas é quase universal na vida humana. Enfim, praticamente todos nós começamos e terminamos o dia deitados, e tem sido assim há dezenas de milhares de anos.

A CAMA DE PEDRA DA IDADE DA PEDRA

Há 77 mil anos, onde agora é a província de KwaZulu-Natal, na África do Sul, humanos como você e eu se abrigavam nas cavernas de Sibudu, escondidas no interior das montanhas de arenito. Esses *Homo sapiens* eram uns tipos sofisticados – foram seus descendentes que saíram da África para colonizar a Europa, causaram a extinção dos neandertais e conquistaram nosso planeta – e, entre suas tecnologias inovadoras, estavam a cola e a agulha de costura; itens indispensáveis para a criação de coisas úteis. Quando, todas as manhãs, arrumamos nossa cama, tudo o que fazemos é esticar os lençóis, mas, para esse povo essa atividade era provavelmente uma questão de costurá-la à mão a partir de uma pilha de folhas e juncos.

Nas escavações dessas cavernas, os arqueólogos descobriram vestígios de colchões de um dedo de espessura feitos de flora. Com eles, também foram encontrados pedaços de ferramentas de pedra, ossos carbonizados e gordura de animal, o que sugere que nossos ancestrais também gostavam de fazer uma boquinha no meio da noite. Muitos de nós sabemos que não há nada mais gostoso do que levar um lanchinho clandestino para a cama, mas essa também é uma prática perigosa, já que as migalhas são a perdição para qualquer sono minimamente decente, e esperam até às três da manhã para começarem a pinicar seu corpo. Mas, em comparação com restos de biscoitos, nossos antepassados pré-históricos tinham um inimigo muito pior para enfrentar: as cavernas úmidas também abrigavam legiões de bichinhos rastejantes, que certamente eram atraídos pelos restos de carne podre nos ossos que sobravam das refeições. Então, como eles lidavam com o constante incômodo de moscas, besouros e mosquitos?

Evidências indicam que havia dois sistemas de prevenção complementares: primeiramente, a escolha de materiais. Os colchões eram revestidos com folhas de *Cryptocarya woodii*, uma árvore que produz uma substância química que atua como repelente natural para os insetos, o que pode ter minimizado os danos letais da malária. Em segundo lugar, quando o colchão ficava um pouco nojento, fosse pelo excremento dos insetos ou pela gordura de animal, ele era queimado e um novo colchão era simplesmente jogado sobre as cinzas. As duas técnicas combinadas aparentemente funcionavam como uma solução de longo prazo, visto que os arqueólogos descobriram pelo menos 15 camadas individuais de cinzas orgânicas no mesmo sistema de cavernas, datando entre 77 e 38 mil anos atrás. Assim, durante dezenas de milhares de anos, as camas estiveram em uso constante, mas – assim como nossos próprios colchões, estrados e lençóis – elas tinham seu período de vida útil.

As ruínas de Skara Brae, aquele pitoresco vilarejo neolítico de Orkney, revelam que a ausência de ferramentas de metal não impediu que as pessoas enchessem suas casas de móveis como prateleiras, armários, cômodas, assentos e, é claro, camas. Isso ainda na Idade da Pedra e, na Alemanha (por exemplo, no sítio arqueológico neolítico de Wüttenburg), a madeira estava começando a ser talhada em espécies de objetos para a casa. Mas, os habitantes de Skara Brae, no entanto, vivia em uma terra sem árvores. Assim, em uma encantadora demonstração de *Os Flintstones*, todas as coisas deles eram feitas basicamente de pedra, embora não houvesse nenhum dinossauro de estimação correndo pela sala.

Nas suas primeiras encarnações, as camas parecem ter sido construídas diretamente nas paredes, e, posteriormente, colocadas diretamente chão, com laterais elevadas, semelhante a berços. Havia também dois tamanhos diferentes, possivelmente em conjuntos "dele e dela"; e também pareciam um tanto desconfortáveis – imagine a tortura para tentar tirar um cochilo sobre um bloco de pedra gelada. Nesse caso, é certo que as pessoas tenham recorrido a colchões de palha e couro de animal, que garantiam mais conforto. Já houve uma hipótese de que algumas camas tivessem até uma cortininha para manter a privacidade, embora talvez isso diga mais sobre os costumes sociais do arqueólogo eduardiano que escavou o lugar do que sobre as pessoas que viveram ali.

COCHILANDO COM OS FARAÓS

Hoje, no entanto, não estamos dormindo sobre blocos de pedra. Em breve, cochilaremos em uma cama elevada sobre quatro pés – muito úteis para esconder monstros e/ou adúlteros quando crianças/cônjuges inesperados entram no quarto. Com isso, podemos concluir que os pés são a parte mais moderna das camas... Mas, na verdade, eles não são *tão* modernos assim. Talvez inevitavelmente, o primeiro indício de uma cama com quatro pés tenha vindo, de novo, dos egípcios. Você provavelmente não aguenta mais ouvir falar neles, mas, aguente firme... O livro está quase no fim!

Diferente do povo socialmente igualitário de Skara Brae, o império do Egito se baseava em estritas divisões hierárquicas entre as classes, e o lugar de uma pessoa na sociedade influenciava também a forma como ela dormia. A elite tirava seus cochilos em uma cama individual, com seu peso suportado por uma malha entrelaçada com tiras de couro ou junco fortemente encordoadas na estrutura. Os quatro pés suspendiam o ocupante acima do chão, literal e simbolicamente elevando-o acima dos pobres, que dormiam em colchões baixos. Assim, esses pés se tornaram dignos de ornamentações elegantes, para enfatizar sua distinção. E, vamos combinar, se você tivesse condições, não teria os pés de sua cama entalhados na forma de patas de leão?

Os egípcios não eram apenas esnobes. Eles também eram extremamente supersticiosos e, tal como crianças deitadas sozinhas no escuro, se sentiam apavorados pensando no que poderia estar escondido nas sombras. A prática aceita para espantar os fantasmas era inscrever desenhos dos deuses protetores na cabeceira, para espantar os sinistros visitantes mortos-vivos, cobrindo a cama de propriedades mágicas, embora infelizmente não com a habilidade de teletransporte como no filme *Se minha cama voasse*, da Disney. Uma segunda forma de proteção, com um pragmatismo um pouco mais concebível, era contra o vampirismo noturno dos mosquitos da malária. Os egípcios não sabiam como a doença era transmitida, mas não gostavam muito de serem picados durante o sono, então os mais abastados decidiram colocar cortinas de rede ao redor de suas camas. Herodoto nos conta que os pobres dormiam debaixo de suas redes de pescar, o que sem dúvida conferia à cama um aroma um tanto desagradável.

Nossas camas, é claro, têm cobertas macias para nos manter quentinhos e, embora o couro de animal e os juncos possam ter funcionado para o povo da Idade da Pedra, os egípcios se pareciam mais com a gente. Os ricos podiam comprar linho de excelente qualidade e, para eles, os lençóis devem ter sido suficientes para o ano todo, já que seus luxuosos quartos por vezes tinham paredes mais espessas, para estabilizar as temperaturas extremas nos invernos congelantes e nos verões escaldantes do Saara. Mas, embora isso nos pareça perfeitamente familiar, havia alguns desvios curiosos em relação aos nossos costumes.

Costumamos dormir horizontalmente, mas é possível que as camas egípcias tenham sido deliberadamente arqueadas no centro, ou até mesmo inclinadas suavemente para baixo, fazendo necessário que houvesse um suporte para os pés na parte debaixo, a fim de impedir que a pessoa escorregasse. No entanto, o mais estranho de tudo era que os dorminhocos mais endinheirados não optavam por travesseiros e almofadas confortáveis, tão adorados pelas classes mais pobres. Em vez disso, eles preferiam descansos de cabeça curvados feitos de marfim, alabastro ou madeira, em geral montados em uma coluna ornamentada. Eles cumpriam bem o propósito de manter a cabeça no lugar – possivelmente para proteger aqueles penteados elaborados do terror da manhã seguinte –, mas só podemos imaginar que qualquer virada brusca no meio da noite podia resultar em um nariz quebrado ou uma orelha esmagada. É claro, eles podem até ter usado almofadas para amortecer o pescoço, mas não temos certeza. Até onde as evidências nos mostram, a elite egípcia preferia ter dores de cabeça permanentes.

AS CAMAS BAIXAS

Os camponeses egípcios, por outro lado, residiam em pequenas casinhas de tijolos de barro, com apenas quatro cômodos e pouquíssimos móveis. Desses cômodos, um certamente teria sido o quarto das mulheres, enquanto os homens dividiam uma plataforma de barro ou junco coberta com tecido acolchoado, e que também servia como sofá e área para comer durante o dia. Isso parece razoavelmente confortável, como aquelas cabaninhas que você fazia quando criança com as almofadas do sofá, mas certamente exigia alguma tolerância em relação aos hábitos noturnos dos companheiros de quarto. E é fácil imaginarmos alguém que sofria de sinusite sendo banido para fora da casa com um colchão de juncos de papiro, onde suas fungadas e roncos irritantes perturbariam apenas os pássaros.

É quase impossível não aplicarmos uma regra universal de que dormir mais perto do chão sempre foi um sinal de pobreza ou de *status* servil. Na China, isso também pode ter sido verdade. As classes mais abastadas adotaram camas elevadas há cerca de 3 mil anos, enquanto os pobres eram relegados ao chão, comendo, descansando e dormindo sobre uma plataforma de argila chamada de *kang*, a qual era aquecida com borralho de fogo durante o dia. Isso nos lembra do conto de fadas da *Cinderela*, cruelmente forçada a dormir diante do fogão da cozinha enquanto suas irmãs postiças e malvadas se deitavam em camas limpas e planejavam seus vestidos elegantes para o baile. Infelizmente, suspeito que poucas dessas camponesas da China tenham acabado com um belo príncipe, mas, depois, as coisas melhoraram com o desenvolvimento de um sistema subterrâneo sofisticado, chamado de *huodi*, o qual mantinha o chão permanentemente aquecido e livre daquelas cinzas imundas.

Os japoneses, por outro lado, eram diferentes. Em sua cultura, todos dormiam no chão, independente da classe social. Mas isso não quer dizer que não houvesse diferenças entre as camas dos pobres e dos ricos, já que o povo dormia em colchões de palha grosseiros, enquanto a elite se deitava no *tatami* dobrável e elástico, feito de caniço. Estes ganharam popularidade há cerca de oitocentos anos, quando foram ajustados à dimensão de uma pessoa, se transformando no precursor medieval do colchonete de acampar moderno – exceto pela ocasional vaca que costuma aparecer assustando todo mundo na barraca. O velho *tatami* (com cerca de 180× 90 centímetros) ainda hoje é uma unidade de medida padrão no Japão, embora esses colchonetes tenham se expandido para o tamanho de carpetes no século XV.

No entanto, ele não era de todo confortável e, embora os aristocratas pudessem os envolver em elegantes cobertas de seda para mantê-los aquecidos, não posso deixar de imaginar que havia muitas pessoas importantes mancando por aí e reclamando de dor nas costas – algo ausente nos filmes de samurai. Igualmente estranho aos olhos ocidentais eram os tradicionais travesseiros japoneses (*makura*), normalmente cilíndricos e estofados com trigo-sarraceno, envolvidos em papel e colocados sobre uma caixa de madeira envernizada. Como no caso dos egípcios, ele servia mais para suportar o pescoço e proteger os penteados do que para acomodar a cabeça em uma posição confortável. Também havia outras versões, como o modelo de bambu entrelaçado ou os travesseiros de porcelana, que podiam ser aquecidos ou resfriados com água fervente ou gelada.

Mas a expansão mercantil do século XVII trouxe uma maior oferta de algodão, o que possibilitou o desenvolvimento do *futon*, o famoso colchão japonês. Devo admitir que, em minha terrivelmente errada visão ocidental, eu pensava que ele fosse um pequeno sofá-cama de madeira. Na verdade, o *futon* japonês não usava nenhuma árvore em sua fabricação. Em vez disso, era simplesmente um conjunto de cama composto por dois elementos: um colchão fino chamado *shikibuton* (colocado sobre o *tatami*) e um edredom chamado *kakebuton*. Várias outras cobertas surgiram com o passar do tempo, como o *yogi*, semelhante ao cobertor com mangas, uma espécie de edredom que podia ser vestido nas noites mais frias de inverno.

DORMINDO EM MOVIMENTO

Amanhã cedo, com sorte, e dependendo da gravidade de nossa ressaca, teremos disposição para arrumar a cama. Mas imagine se, em vez de afofar os travesseiros e esticar os lençóis, nossas tarefas envolvessem agarrar os travesseiros, dobrar as cobertas, levantar os colchões de lã e amontoá-los todos no canto de uma barraca de tecido, fazendo a cama sumir por completo. É assim que algumas pessoas do povo Kyrgyz costumam viver hoje. Embora tenham alguns poucos móveis e se vistam com roupas consideravelmente modernas, em geral, esses nômades tradicionais dormem em camas que são pouco mais do que cobertores acolchoados (*tushuks*) estofados com pelo de animal e atirados sobre colchonetes de juncos, feltro ou lã trançada. Considerando que a cama realmente precisa ser *feita* todo dia, fico curioso para saber se os adolescentes Kyrgyz são tão preguiçosos quanto eu era nessa idade, mas imagino que não. Para esse povo, tudo em suas vidas, inclusive as barracas, pode ser dobrado e carregado no lombo de seus cavalos, burros e camelos, e tem sido assim desde as famosas tribos citas, do século VIII a.C.

Na Era Medieval, os grandes nômades túrquicos, inclusive os hunos, os magiares, os turcos seljúcidas e os mongóis, avançaram pela Eurásia a uma velocidade devastadora, varrendo para fora de seu caminho impérios grandiosos como se fossem criancinhas chatas penduradas em suas pernas. Alguns desses saqueadores, como os seljúcidas, se instalaram em um local e assimilaram as influências persas, mas mantiveram os principais elementos de sua identidade. Mesmo quando foram expulsos do poder pelos turcos otomanos, o ilustre sultão otomano Mehmed II ainda deu continuidade à tradição nômade ao decorar seu luxuoso Palácio de Topkapi. Ele pode não ter sido capaz de dobrar o edifício à noite e jogá-lo sobre o lombo do cavalo, mas também não encheu seus cômodos de móveis. Não havia mesas, cadeiras e camas, e ele insistia em dormir no esquema tradicional de travesseiros e colchões espalhados pelo chão, em vez de tirar seus cochilos a uma altura elevada (embora possamos presumir que esses colchões e travesseiros eram megaconfortáveis). Na verdade, é um tanto irônico que, até o impacto da influência imperial anglo-francesa, no século XIX, os milhões de habitantes que viveram no Império Otomano tiveram pouquíssimo interesse em adquirir móveis, muito embora "otomana" atualmente refira-se a uma espécie de banquinho acolchoado.

Conforme a chegada da Idade Moderna, os japoneses, de forma semelhante aos coreanos, permaneceram dormindo no chão até o fim do século XX, e só recentemente a sociedade comum adotou as camas ocidentais, que antes chegaram conquistando os grandes hotéis. No entanto, não há qualquer sinal de que os costumes antigos tenham desaparecido por completo, e as pessoas continuam a preferir os *futons* e os *tushuks*, em vez de estrados e cabeceiras. Mas, esta noite, dormiremos o sono dos justos sobre uma cama elevada. Então, como esse costume dominou o Ocidente?

O ANTIGO SOFÁ-CAMA

A plebe egípcia dormia em colchões no chão, enquanto a elite se deitava em camas elevadas e em posições rígidas, tal como um paciente entrando em uma máquina de ressonância magnética. Para os gregos, então, a solução perfeita foi combinar o melhor de ambos. Talvez porque eles não davam a mínima para seus penteados, o descanso de cabeça sólido foi totalmente eliminado, bem como o suporte para os pés, na parte debaixo da cama. Esses itens foram substituídos por travesseiros confortáveis (*proskefaleion*) e uma cabeceira flexível (*anaklintron*) para sustentação. O resultado foi um *kline* estilo sofá, que originou a palavra inglesa "*recline*" (reclinar).

Tal novidade voltada para o conforto permitia que os gregos se mexessem e se virassem tanto quanto quisessem durante a noite, mas também possibilitava o uso do *kline* durante o dia, especialmente para fazer refeições e socializar na companhia exclusiva de outros homens. A cabeceira era, portanto, escolhida a partir de um móvel de dormir formal, com seu próprio cômodo específico, imitando a funcionalidade dupla da plataforma dos camponeses egípcios. Mas, em vez de vários caras amontoados no mesmo lugar, como se estivessem deitados em uma jangada acolchoada, agora a combinação de sala de jantar e dormitório estava disponível para uso individual, embora os *klines* pudessem também ser compartilhados durante os banquetes, se necessário. Mesmo aqueles que tinham uma renda mais modesta podiam estofar um colchão com ervas, palha ou lã, jogá-lo sobre um estrado simples de madeira e envolvê-lo com lençóis de linho grosseiro ou couro. E, quando a noite caía, e a temperatura também, os cansados atenienses podiam se enrolar em um grosso edredom de lã chamado *stromata* e cair em um sono profundo – certamente sonhando com equações pitagóricas e a glória olímpica.

Esse esquema parece perfeitamente agradável, mas os persas sofisticados, que eram os especialistas em cama da Antiguidade, ridicularizavam um pragmatismo tão feio. Apenas os mais abastados tinham o privilégio de adquirir os tecidos do célebre tecelão cipriota Helicon de Salamina, mas a maioria das pessoas, mesmo que comparativamente ricos, precisavam se virar com roupas de cama mais toscas. Enquanto os soldados espartanos acampavam com seus companheiros e se deitavam sobre cardos para ficarem mais durões, os servos e escravos de Atenas tinham acesso a apenas um nível básico de conforto, deitando-se sobre colchões de juncos ou fardos de palha. Estes, às vezes, recebiam estrados baratos da altura do calcanhar, o que os elevava um pouco acima do *status* dos cachorros... Ou quase.

No entanto, a despeito das semelhanças relativas entre os ricos e os pobres, essa moderação não durou muito tempo no Mediterrâneo. Os romanos emprestaram muita coisa dos gregos, basicamente ao tê-los esmagado em batalha e escravizado os mais espertos. Assim, adaptaram o sofá reclinável para seu próprio fim, rebatizando-o de *lectus discubitorious*. Embora no início da austera república romana o *kline* grego tenha evoluído pouco, no período do glorioso império, no século I d.C., todo o esplendor persa começou a se espalhar para o Mediterrâneo através do Egito controlado pelos romanos. As sedas chinesas, em roxo e dourado, eram o máximo em elegância para as roupas de cama da aristocracia, e não era apenas o tecido que simbolizava o luxo. Eles também ostentavam cabeceiras de madeira elegantemente entalhadas, adornadas com marfim, prata, ouro e outros metais preciosos, orgulhando-se de dormir em aposentos próprios e salas de jantar.

Quanto mais rica a pessoa, mais pomposo era seu sofá-cama. O degenerado imperador adolescente Heliogábalo – que também foi o inventor da almofada de pum – tinha tanto seus sofás de jantar como suas camas particulares esculpidos em pura prata, o que, embora fosse um assunto interessante para as conversas durante o jantar, não foi uma distração suficiente para impedir que seus guardas o assassinassem quando ele tinha apenas 18 anos. A ironia aí é que, em um tom realmente dramático, Heliogábalo supostamente já havia criado uma torre de suicídio encrustada de joias, na qual ele planejava se enforcar com uma corda de seda ou se apunhalar com lâminas de ouro, caso as coisas dessem errado. Ah, os bons planos...

NA CAMA COM OS ROMANOS

Podemos supor que a malfadada cama do imperador, conhecida como *lectus cubicularis*, seguia a moda romana de se elevar acima do chão, tão alto que, para subir nela, era preciso um banquinho. Além disso, possivelmente exigia também um mosquiteiro de tecido para proteger seu respeitável ocupante da poeira, pássaros errantes, pernilongos ou o que pudesse incomodá-lo durante a noite. Essas camas particulares existiam em tamanho de solteiro ou casal, e eram extremamente confortáveis tanto para dormir como para o "rala e rola" – embora haja controvérsias quanto a se os recém-casados consumiam o matrimônio nesse tipo de móvel ou em uma cama cerimonial, chamada *lectus genialis*.

Essa cama também era conhecida como *lectus adversus*, pois era colocada no átrio sem teto da casa, de frente para a estátua sagrada do deus Jano, que guardava a porta da frente. Muitos estudiosos sugerem que esse era apenas um sofá simbólico, no qual os noivos podiam receber os convidados em sua nova casa, mas alguns classicistas de mente fértil imaginam se aquele não seria o local de pegação inaugural dos recém-casados diante de seus convidados. Por mais estranho que isso pareça, pelo menos pode ter sido mais confortável do que perder a virgindade no banco de trás de um carro velho.

O problema principal para os classicistas é o fato de que os quartos romanos eram difíceis de serem identificados, e, como não restaram muitas camas, não temos como saber ao certo como a população comum dormia. Mas podemos supor que os colchões de palha mais simples, nascidos daqueles que acomodavam os servos gregos, também faziam parte do mundo romano. Toda essa glória e pompa indica que havia tanta pobreza na capital do antigo império quanto na Londres dickensiana.

A GRANDE CAMA

Enquanto subimos em nossa cama elevada, tomando cuidado para não tropeçar ou bater a canela, é fácil nos esquecermos de que, no passado, ter algo assim era extremamente raro para a maioria das pessoas. Se nos voltarmos para a forma de dormir dos saxões, descobriremos que as pessoas não dormiam sozinhas, muito menos em pares. O famoso poema *Beowulf* sugere que os grandes salões do hidromel dos chefes e reis continham vários bancos que serviam a fins diversos e eram dispostos contra as paredes internas, nos quais os guerreiros bêbados podiam dormir a noite toda. Mas o poema também descreve uma criatura monstruosa que assaltava o salão e dilacerava esses guerreiros, membro por membro. Por esse motivo, a veracidade da história é um *pouquinho* duvidosa.

Durante a Idade Média, a norma era dormir em grupo. Os servos de castelos e casas de aristocratas dormiam em sacos de palha, descansando suas cabeças em toras, e agrupando-se bem juntinhos nos grandes salões cavernosos, para se manterem aquecidos. Na verdade, era tão comum dividir uma cama com pessoas aleatórias que até mesmo os guias turísticos traduziam frases úteis para censurar os roncadores, ladrões de cobertor e sonhadores agitados que tagarelavam durante o sono. Levando isso em conta, o livro de frases não deve ter sido muito útil no escuro, já que não era possível encontrá-lo, lê-lo ou sequer identificar qual dos seus companheiros de sono era o alvo das reclamações pronunciadas em um inglês tosco.

É claro, nem todos eram forçados a aturar pés sujos de estranhos ou chutes por baixo das cobertas. É possível que alguns servos de confiança tenham tido a honra de dormir nos aposentos de seus senhores (*solar*), aninhados em uma pequena cama de rodinhas, como um cão de guarda. Além disso, os donos da casa desfrutavam de um conforto muito superior, pois eles – e talvez apenas eles – teriam uma cama de madeira feita à mão.

Curiosamente, a "grande cama" medieval é bem conhecida de ilustrações em manuscritos e pinturas, normalmente representando monarcas e santos em um repouso triunfante; mas tais imagens com frequência os mostram em posição ereta, como se a cama tivesse sido inclinada para frente. Isso pode ser apenas uma tradição artística, já que pintar alguém deitado podia fazê-lo parecer um defunto, mas há, na verdade, uma explicação mais física para o fato. Embora algumas camas medievais já tivessem adotado o estrado de madeira, muitas ainda eram feitas de cordas para suportar o colchão. Inevitavelmente, elas cediam bastante, arqueando-se no centro, como uma rede, o que obrigava o ocupante a dormir com a cabeça mais elevada. Consequentemente, era preciso apertar essas cordas com frequência, o que possivelmente inspirou a adorável frase que os anglófonos costumam dizer às crianças antes de dormir, "*Sleep tight*" (literalmente "durma apertado", mas que essencialmente quer dizer durma bem).

No entanto, mesmo com o estrado de madeira, as camas medievais da elite tinham travesseiros cilíndricos, que eram colocados debaixo dos travesseiros comuns, deixando a pessoa mais elevada – então, talvez, aquela fosse apenas a posição esperada no sono da elite. De qualquer forma, a incapacidade de se deitar em posição totalmente plana exigiu o desenvolvimento de cabeceiras maiores para garantir que os travesseiros comuns e cilíndricos, alguns dos quais eram aromatizados com ervas e temperos, não escorregassem para trás.

Embora as camas simples de estrado de corda normalmente tivessem colchões de palha, chamados *paillasse,* cobertos por *matelas* de linho e uma colcha costurada à mão, a *courtpointe*, os mais ostentadores podiam desfrutar do *coquette* de penas. Isso exigia que os servos afofassem e alisassem as roupas de cama com um bastão especialmente criado para isso, chamado *baton de lit.* Se você for um daqueles tipos que gosta de tudo muito arrumadinho, agora deve estar pensando: "Oh, que boa ideia", mas não se atreva a pedir isso quando estiver em um hotel parisiense, pois *baton de lit* hoje é um eufemismo francês para as partes íntimas dos homens.

Fazer a cama parecia ser trabalhoso naquela época, mas cuidar dos aposentos de um aristocrata era uma grande honra, e pode ter sido uma das funções do grande escritor inglês Geoffrey Chaucer, quando, em 1367, ele foi o *valet de chambre* do rei Eduardo III. Para sua sorte, o autor de *Os Contos da Cantuária* não era o pobre coitado responsável por tirar as penas dos gansos enraivecidos, e ele ainda se aproveitava da coragem do infeliz usando as extras como caneta. Na verdade, o rei Eduardo não teria aceitado meras penas de ganso. Roupas de cama de classe exigiam que elas fossem roubadas de gansos muito mais reais – mas igualmente assustadores.

Embora as camas possam ter parecido móveis permanentes nos aposentos antigos, os lordes medievais passavam muitos meses do ano fora de suas residências principais, o que significa que todas as suas queridas posses, inclusive as camas e a tapeçaria, normalmente eram levadas com eles. As camas de alto *status* eram criadas para serem desmontadas, carregadas e remontadas usando correntes, como aqueles móveis modulares – embora acho que nenhum rei jamais tenha se frustrado com a situação enlouquecedora de perder um parafuso. Em certo momento, as grandes camas acabaram ficando maiores como símbolo de *status* e, consequentemente, mais difíceis de desmontar.

No século XIII, os elegantes trabalhos de marcenaria incluíam também grandes cabeceiras, as quais evoluíram até ficarem parcialmente projetadas e, depois, se transformaram em coberturas completas, verdadeiros tetos de madeira chamados dosséis. Eles eram suportados por quatro postes que se projetavam dos cantos da cama e de onde caíam cortinas de sedas e pele, criando uma espécie de casulo para proteger os ocupantes dos olhares intrometidos dos servos, ou para mantê-los aquecidos. Durante a Renascença, na Itália, os dosséis e os postes foram substituídos por camas sem suportes colocadas debaixo de mosquiteiros de tecido, que caíam do teto por um sistema de cabos e polias. É verdade que isso parece mais um palco de teatro, mas provavelmente era essa a intenção, já que entrar e sair da cama todos os dias devia envolver uma dança coreografada entre os servos e os aristocratas sonolentos, para garantir que ninguém se enroscasse acidentalmente naquele monte de tecidos caros.

CAMAS DE ESTADO PARA OS CHEFES DE ESTADO

Camas tão majestosas não precisavam ser apenas locais de cochilo particulares, mas também podiam ser um lugar de poder real. Na França medieval, até a violenta decapitação do rei Luís XVI, nos anos 1790, o monarca às vezes se sentava diante do parlamento em seu chamado *lit de justice* (cama da justiça), um trono confortável feito com cinco almofadas cuidadosamente posicionadas e coberto por um dossel elaborado conhecido como *baldaquin*. O conjunto visava enaltecer a magnificência cerimonial do monarca, e certamente também devia ser bem agradável para seu traseiro real... Por que não?

Além de sua cadeira montada, o rei Sol, Luís XIV, transformou seu luxuoso Palácio de Versalhes em um santuário dedicado à sua própria glória, cujo ponto central era o quarto. Tendo testemunhado rivalidades políticas terríveis entre os aristocratas durante sua juventude, Luís encontrou um jeito de controlar esses egos perturbados dando a eles tarefas rituais insignificantes, porém prestigiosas. Todas as manhãs, ele acordava com homens extraordinariamente poderosos em seu quarto, mas que não estavam lá para assassiná-lo. Em vez disso, um deles abria as cortinas de sua cama, o outro se inclinava para limpar o suor de seu corpo e um terceiro lhe ofertava uma camisa previamente aquecida.

Esse primeiro (ou *petit*) *levée* consistia em uma experiência um tanto íntima entre o monarca, seus médicos e os cortesãos mais prestigiosos, que haviam pagado pelo direito de acesso. Em seguida, no entanto, o rei escapava para um segundo aposento, onde uma centena de nobres de nível inferior o assistia enquanto ele começava o dia sendo barbeado e escolhendo uma roupa. À noite, o processo inverso de ir para a cama, chamado de *coucher*, também acontecia. Embora isso pareça enlouquecedor (e, de fato, Luís e seus descendentes por vezes desfrutavam de algumas horas de caça antes de enfrentar a estranheza voyeurística da cerimônia matinal), o *levée* era notavelmente eficaz. Os nobres gastavam toda a sua energia disputando entre si para ver quem entregaria as meias ao rei, deixando de lado suas velhas ideias de insurreição. Uma versão um pouco mais modesta do ritual, chamada *toilette*, pouco tempo depois foi adotada na corte real britânica.

Mas não era preciso ser um membro da família real para desfrutar de um pouco de teatro no quarto. Hoje, se estivermos nos recuperando no hospital, nos sentiremos à vontade com apenas alguns poucos amigos ao lado da cama. No entanto, em Versalhes, as moças recebiam um bando de bajuladores para celebrar grandes momentos da vida, fosse a morte trágica de um marido ou o maravilhoso nascimento de um filho. Ou seja, uma cama era mais do que apenas um lugar para dormir e fazer sexo.

A CAMA COMPARTILHADA

O jovem não podia acreditar em sua sorte. Ele havia viajado muitos quilômetros para cortejar sua amada e fora recebido na casa da família da moça como um pretendente digno. Mas agora estava escuro e a hora de dormir se aproximava. Houve um momento de estranhamento quando ele percebeu que não haveria lugar para dormir, mas a resposta de seu futuro sogro não foi o que ele esperava: "Você pode dormir na cama dela". Empolgado com a possibilidade de algum contato íntimo com sua prometida, o jovem se despiu e estava prestes a subir na cama da moça, quando o pai dela entrou segurando um saco. "Vista isto", disse ele. O pretendente fez como lhe foi dito, e só então percebeu que acabara de vestir uma camisa-de-força. Quando a moça entrou no quarto vestindo exatamente o mesmo, ambos riram da situação ridícula e difícil em que se encontravam. Eles não podiam fazer nenhuma safadeza, mas pelo menos estariam um de frente para o outro. De repente, uma tábua de madeira foi colocada entre os dois e toda a esperança de um romance foi por água abaixo. Eles podiam estar dividindo uma cama, mas era tudo o que eles fariam naquela noite.

Esse costume, chamado de *bundling* (literalmente, "agrupamento"), era comum no século XVII na Grã-Bretanha e na América, quando os casais enamorados podiam ficar separados a noite toda, apesar de estarem dividindo o mesmo colchão. Um estudo recente sugere que 40% das noivas do século XVIII na Inglaterra já estavam grávidas no dia do casamento, portanto, o *bundling* supostamente fora criado para combater esse tipo de escândalo. Conseguir se livrar daquela camisa-de-força e ultrapassar a tábua era uma tarefa tão exaustiva que teria frustrado até mesmo Harry Houdini, então podemos supor que muitos casais provavelmente tenham admitido a derrota.

Dividir a cama era uma solução comum para a falta de espaço, e as famílias rurais menos influentes da Irlanda com frequência se apinhavam sobre uma única cama – uma prática com o nome adorável de *pigging* (isto é, ficar como porquinhos amontoados). Essa prática perdurou até o século XX. Com tantas pessoas aglomeradas em espaços pequenos, inevitavelmente foi preciso criar uma etiqueta, pela qual meninos e meninas ficassem em lados opostos da cama, e as crianças menores perto dos pais, no centro, criando uma espécie de efeito de boneca russa, e possivelmente inspirando a canção infantil: "*There were ten in the bed, and the little one said: 'Roll over'*".* O que é bizarro, no entanto, é que não eram apenas membros da família que se aninhavam nas cobertas. Ficaríamos horrorizados se, ao chegar a um hotel, descobríssemos que há outras pessoas dormindo em nosso quarto, mas a prática de alugar a cama da família era especialmente comum na América colonial do século XVII, tendo começado como uma tradição holandesa chamada *queesting*. Hóspedes visitantes, ou até mesmo estranhos pagantes, por vezes se enfiavam por baixo das cobertas junto com a mãe, o pai e as crianças, na esperança de compartilhar o calor comunal. É justo afirmar que, se esse costume tivesse sobrevivido até hoje, muitos editores de jornais de direita provavelmente explodiriam com a intensidade dessa afronta moral.

QUENTINHO E GOSTOSO

O rei Davi de Israel, o inesperado assassino de Golias, estava velho e enfermo. Mesmo com muitas cobertas, ele não conseguia se aquecer durante a noite. Então, seus conselheiros buscaram uma solução inusitada: levaram ao velho patriarca uma belíssima virgem para dividir sua cama. O autor bíblico de Reis 4:1 se esforça ao máximo para dar a entender que Davi não seduziu a jovem garota, mas isso é uma pena para os piadistas, ainda mais considerando que o nome dela era Abishag ("*shag*", uma gíria inglesa para "fazer sexo"). Imagine só os tabloides.

Quando nos aconchegamos em uma noite muito fria, podemos ligar o cobertor elétrico, especialmente se não tivermos companhia. Mas, como o rei Davi mostrou, essa ideia não é tão moderna e houve várias tentativas de aquecer a cama, algumas mais perigosas do que outras. Pense no rei Carlos II de Navarra, cuja saída do mundo dos mortais foi resultado de um acidente grotesco: ao que parece, seus lençóis eram aquecidos com brasas, o que fez com que ele se esvaísse em chamas, como um pudim flambado.

Esse rei era bastante detestado – tanto que ganhou o epíteto de Carlos, o Mau – então alguns moralistas declararam que sua morte havia sido a justiça cruel de Deus. Mesmo assim, eu me surpreenderia se os outros monarcas da Europa, ao saberem da notícia, não tivessem ido para a cama

* "Havia dez na cama, e o pequeninho disse: 'Role para lá'". (N.T.)

um pouco ansiosos naquela noite, com medo de se transformar em uma tocha humana. Afinal, a maioria deles usava a mesma tecnologia: uma panela de cobre ou de prata aquecida e cheia de brasa. Uma opção um pouco menos eficaz, mas mais segura, era espalhar pedras quentes pelos cobertores; um tempo depois, as pessoas mais pobres preferiram usar um aquecedor de barriga cheio de água feito de cerâmica grosseira, o que permaneceu popular até o século XX. Evidentemente, a água não era o único líquido que se podia usar. O primeiro-ministro vitoriano da Grã-Bretanha, William Gladstone, transformou sua cama em uma terma de chá. Honestamente, nós, os britânicos, somos realmente fãs de nossos próprios estereótipos, não somos?

DORMINDO SOZINHO

Embora compartilhar a cama fosse mais uma questão de necessidade, no século XVII, a classe média em ascensão começou a desfrutar dos confortos de uma cama de casal feita apenas para duas pessoas. Mas, no caso do famoso Samuel Pepys, essa intimidade gerou algumas situações embaraçosas. Certa vez, sua esposa gritou com ele durante três noites seguidas, depois de o ter flagrado acariciando a empregada e, depois disso, o acordou no meio da noite para ameaçá-lo com uma pinça de lareira. Talvez Pepys não tenha pensado que sua traição poderia voltar para assombrá-lo, mas agora ele precisava colher o que havia plantado.

A mudança para uma cama menos disputada não estava apenas ligada a um maior poder aquisitivo. Particularmente na Grã-Bretanha e na América do Norte, as casas recém-construídas do século XVIII contavam com uma nova arquitetura de circulação, na qual os quartos eram separados uns dos outros, saindo a partir de um átrio central ou subindo por uma escada. Assim, o acesso ao quarto principal não mais exigia que a pessoa atravessasse todos os outros cômodos da casa. Esse aumento do espaço pessoal teve um efeito indireto nos costumes sociais, com uma repentina obsessão pela privacidade invadindo a consciência das pessoas e fazendo com que artistas vitorianos censurassem representações de quartos em seus trabalhos, por medo de ofender o público.

Mas outro desenvolvimento interessante foi o retorno, após dois milênios, da cama individual. Em uma era na qual a tuberculose e a cólera assombravam a população, surgiu também uma justificativa higiênica para que cada pessoa tivesse seus próprios lençóis. Além disso, as mentes férteis acreditavam que as crianças podiam ficar debilitadas por compartilhar uma cama com adultos, pois os velhotes podiam roubar sua vitalidade juvenil – como uma espécie de parasita da alma. Nem todos concordavam com essa noção um tanto paranoica, e John Harvey Kellogg, o famoso dietista, ridicularizou a ideia em seu livro "*O guia das mulheres sobre saúde e doenças*".* Ainda assim, Kellogg se preocupava com o compartilhamento da cama entre irmãos e irmãs pequenos, por conta do que ele via como o inevitável problema do "sono promíscuo", ou o que poderíamos chamar de incesto – definitivamente o que basta para nos fazer perder o apetite e deixar o cereal de lado. Mas sejamos justos com o homem, pois ele também era contra bebês dormirem na mesma cama dos pais pelo risco de asfixia acidental, o que hoje sabemos por relatórios de legistas e doações aos santuários medievais ter sido uma tragédia comum nos séculos que se seguiram.

No entanto, não eram apenas as crianças que supostamente corriam perigo. Havia também uma discussão fervorosa sobre se as pessoas casadas deveriam dormir na mesma cama. Alguns achavam que se deitar ao lado de seu parceiro e vê-lo roncar e soltar gases acabava com o romance, enquanto outros eram da opinião de que duas pessoas inevitavelmente se incomodariam se a outra estivesse muito quente, muito fria, muito estressada, muito agitada, e assim por diante. Os moralistas, como sempre, se preocupavam com o fato de a proximidade induzir tentações sexuais impróprias, e os médicos achavam que não era muito higiênico entrar em contato com os fluidos corporais de outra pessoa. Como o estudioso alemão Bernhardt Christolph Faust resumiu em seu *Catecismo da saúde*: "É portanto recomendável que cada criança e cada adulto se deitem sozinhos para desfrutar de um sono tranquilo". Consequentemente, os casais com frequência acabaram ocupando camas de solteiro em um mesmo quarto, ou até quartos separados, pelo bem de sua saúde.

---

* Não há referências a esse livro em português. O título original é "*The ladies' guide in health and disease*". (N.T.)

ACORDADO A NOITE TODA?

Pepys pode até ter ficado acordado a noite toda tentando sair daquela enrascada com sua esposa, mas a noção de atividade noturna não lhe era necessariamente estranha. De acordo com uma interessante teoria, durante quase toda a história medieval até o século XVIII, as pessoas não dormiam a noite toda, mas, em vez disso, tinham um "primeiro sono" de cerca de quatro horas, então se levantavam e davam um tempo, talvez cozinhando, limpando, rezando, ou em atividades picantes com o parceiro... Ou, quem sabe, se envolvendo numa série de crimes à meia-noite. Depois disso, elas voltavam para a cama para a próxima sessão de sono, chamada de "sono da manhã". Os franceses chamaram esse período intermediário de *dorveille*, uma palavra composta que combina os elementos de *dormir* (dormir) e *reveiller* (acordar), o que faz parecer que o país inteiro era sonâmbulo, uma espécie de apocalipse zumbi com tema francês. Para nós, isso é tudo muito estranho, mas, na verdade, acompanha bem nosso relógio biológico, que aparentemente divide oito horas de sono em duas fases de quatro horas. Talvez um dia os cientistas recomendem isso para todos nós.

OS BICHINHOS DA CAMA

Quando nos deitamos, nossos lençóis estão limpos e macios, mas, mesmo que estivessem um pouco sujos, bastaria que os enfiássemos na máquina de lavar e toda aquela sujeira seria levada embora pelo cano. Mas, como nossos antepassados se saíam sem esse luxo moderno? Bem, na verdade, não muito bem. Mosquitos, piolhos e outros parasitas eram coabitantes indesejados de muitas camas, como já vimos na Idade da Pedra e no Antigo Egito.

Durante a Idade Média, as coisas não eram diferentes, embora se diga que alguns monges particularmente devotos levavam pulgas para seus lençóis intencionalmente, para que pudessem sofrer como Cristo. Esses eram alguns esforços um tanto extremos para sabotar o próprio sono, porém, mais comuns eram as tentativas de se livrar dos monstrinhos. Enquanto os monges cartusianos alegavam ter resolvido a infestação ao adotar uma dieta vegetariana, supondo que o sangue de um comedor de alface fosse menos agradável para os insetos, a maioria das pessoas da Era Medieval recorria a diversas outras opções para defender suas camas dos invasores. Entre elas, decorar o quarto com ramos de samambaia ou amieiro, tecidos grosseiros, velas acesas, fatias de pão imersas em terebintina, tigelas de leite com bile de lebre, trapos embebidos em mel ou sumo de cebola, ou mesmo casacos de pele de lobo colocados sobre a cama.

Embora seja engraçado imaginar que cada noite fosse o equivalente a uma guerra medieval com tantas armadilhas preparadas, é pouco provável que todas essas táticas tenham sido usadas em conjunto e, de qualquer forma, é muito fácil questionarmos a sua efetividade. Dito isso, outro costume era tentar sufocar as pulgas em um baú fechado e, embora isso pareça um absurdo ridículo, em teoria até que não era uma má ideia, já que até as pulgas precisam respirar. Era tão comum encontrar insetos na cama que as pessoas começaram a ficar indiferentes a isso, sendo que Samuel Pepys escreveu em seu diário: "Encontrar nossa cama é bom, mas desagradável; o que nos deixou feliz" – uma estranha contradição para os nossos padrões.

Os italianos começaram a contornar o problema adotando estrados de ferro, os quais proporcionavam um abrigo menos atrativo para piolhos, mas os teimosos e sérios britânicos se agarraram com unhas e dentes aos seus estrados de madeira. Em 1819, uma publicação chamada *O guia da jovem mulher para virtude, economia e felicidade** sugeriu, de forma um tanto desconcertante, que todos os objetos de madeira infestados fossem fervidos em um caldeirão de metal cheio de solução de vitríolo para matar os insetos. Isso inevitavelmente nos remete a algumas imagens mentais extraordinárias de uma jovem tentando carregar os móveis do seu quarto e lutando para enfiá-los numa panela, mas, na prática, podemos presumir que as mulheres mais inteligentes tenham optado por aplicar o vitríolo líquido nos móveis, em vez de tentar enfiar uma cama inteira num recipiente, como se fosse molhar um biscoito numa xícara de chá.

Infelizmente, nem mesmo isso funcionava sempre. A majestosa cama da *Mansion House* de Londres, com suas exóticas cortinas de linho adamascado bordado em ouro, precisou ser queimada em 1824, após uma

* Não há referências a esse livro em português. O título original é "*The young woman's guide to virtue, economy and happiness*". (N.T.)

inspeção ter revelado que "ela abrigava todo tipo de vermes". Mesmo os teimosos britânicos tiveram que admitir que a desgraça era iminente. Em meados do século XIX, a combinação dupla de estrados de metal e lençóis de algodão produzidos em massa – os quais podiam ser limpos em água fervente – finalmente acabou com o longo reinado dos bichinhos da cama.

NÃO SE ESQUEÇA DE VIRAR O COLCHÃO

Com tantas camas individuais no mercado durante o século XIX, era de se esperar que o processo fosse simplificado, mas isso seria uma falta de consideração com a obstinação heroica da Grã-Bretanha vitoriana. Em vez disso, fazer a cama tornou-se uma árdua prova de resistência para as empregadas, que diariamente podiam receber ordens de uma senhora metódica para tirar tudo de todas as camas da casa, garantindo que tudo ficasse bem arejado. Vale notar que as camas da época eram muito mais complexas do que as nossas, pois contava com edredom, várias fronhas, quatro cobertores, três lençóis, um lençol de baixo, o colchão de penas e um colchão de pelo de cavalo que ficava sobre as molas.

Consequentemente, uma casa de um tamanho decente teria apenas cinco ou seis camas dessas, mas roupas o suficiente para abastecer um hotel moderno durante uma semana. Quanto aos colchões complicados, esperava-se que as empregadas os levassem até as janelas e os deixassem virados. Ao final do século XIX, os colchões mais caros eram feitos de mola com bobinas de metal, embora ainda pudessem ser estofados com diversos tipos de materiais, desde penas de ganso na parte de cima até palha na parte de baixo, passando por diversas outras opções, como pelo de cavalo, algas marinhas, lascas de madeira e folhas. Curiosamente, a despeito do conforto inigualável, as camas de penas eram objeto de grande suspeita por parte de alguns médicos eruditos, como Kellogg e Bernhardt Christolph Faust, que orientaram que as crianças nunca deveriam dormir sobre elas.

Dado o enorme esforço físico para arrumar uma cama vitoriana, é curioso por que as pessoas tiveram que esperar até a década de 1970 para que colchas mais simples chegassem da Suécia e transformassem aquela tarefa diária em algo que leva pouco mais de um minuto, em vez de meia hora. Mas, por outro lado, há milhões de adolescentes para os quais estender uma colcha é um fardo tão exaustivo que definitivamente desrespeita seus direitos humanos.

Nós, claramente, só arrumaremos nossa cama pela manhã. Por ora, vamos apenas fechar os olhos... Ah, mas espere! Não nos lembramos de ajustar o alarme! Droga, onde está aquele relógio quando você precisa dele?

23h59

AJUSTANDO O ALARME

Antes de nos deixarmos levar por um sono profundo, precisamos ajustar o alarme para a manhã seguinte; caso contrário, acabaremos dormindo até meio-dia.

Ao chegarmos a esta parte final do livro, concluímos um ciclo e chegamos ao ponto de onde começamos. No início, nos perguntamos como a sociedade media o tempo, mas agora voltaremos nossa atenção para como o indivíduo dividia seu dia, começando, é claro, pelo início da manhã. Luzes artificiais, grossas cortinas e dispositivos tecnológicos nos permitem alternar os limites entre o dia e a noite, de forma que não precisamos mais ir para a cama quando o sol se põe, nem acordar quando ele nasce. No entanto, o despertador não é tão moderno quanto podemos imaginar, pois há milênios as pessoas lutam com seus alarmes. Então, quantos anos têm esse ritual matinal?

CAUSA PARA O ALARME

A Academia era um refúgio isolado e afastado do centro da antiga Atenas. Suas oliveiras e muros transformaram os jardins previamente públicos em um casulo particular. Longe do burburinho da vida urbana, era um local excelente para uma introspecção silenciosa ou para debates fervorosos. Antes, o local havia sido um ginásio, repleto de jovens suados e com seus genitais oscilantes, mas agora abrigava uma das maiores instituições educacionais da história: a famosa escola fundada pelo filósofo Platão. Você deve achar que um cara com esse tipo de reputação respeitável teria alunos fazendo fila na sua porta, tal como fãs histéricas acampando do lado de fora do hotel de uma *boyband*, mas Platão parece ter sofrido com um probleminha de frequência. Aparentemente, seus alunos tinham dificuldade para sair da cama e chegar a tempo às suas aulas.

Eu disse "aparentemente" porque as origens dessa anedota são pouco confiáveis, mas é possível que, em 427 a.C., o ilustre pensador, talvez injuriado com seus pupilos preguiçosos, possa ter criado um antídoto engenhoso para resolver o problema; uma invenção que podemos chamar de "o primeiro despertador do mundo". O mecanismo é completamente desconhecido para nós, e a história toda se baseia em apenas quatro palavras relatadas por Ateneu: "Platão criou um despertador". Tempos depois, vários estudiosos e engenheiros tentaram imaginar como seria o tal objeto, e uma das sugestões é que tenha sido formado por três recipientes empilhados, um sobre o outro. A pessoa deveria encher de água o recipiente de cima, e ela seria lentamente drenada por um funil estreito na parte de baixo. Após um determinado número de horas, o gotejamento gradual podia, por fim, encher o recipiente do meio até a borda, forçando o ar a sair por uma abertura estreita e produzindo um ruído semelhante a um assobio. Depois que isso acontecesse, talvez a água fosse drenada para o terceiro recipiente, pronta para ser manualmente colocada de volta no recipiente superior.

Pode parecer um aparato um tanto rudimentar e desajeitado, mas, seja qual fosse o sistema real, seu conceito parecia ser o de um controlador de tempo totalmente automatizado com função de despertador. Então, quando finalmente encontramos nosso alarme e começamos a mexer nos botões para acertá-lo, estamos apenas repetindo o que pode ter sido um ritual noturno para Platão.

E, se ele quisesse acordar mais cedo, tudo o que precisaria fazer era reduzir a quantidade de água no recipiente para que o apito soasse antes. Simples! Aparentemente, o pupilo de Platão, Aristóteles, modificou o *design* para substituir o apito por esferas de cobre ainda mais barulhentas que, no momento certo, caíam em um prato de metal, fazendo um barulho ensurdecedor.

Evidentemente, depender de uma máquina é bastante prático, mas ter outra pessoa para nos acordar também não é má ideia. Hoje é comum que um recepcionista de hotel nos pergunte se queremos ser acordados pela manhã. Por vezes, o serviço é automatizado e recebemos uma ligação nos cumprimentando com uma assustadora voz robótica que se repete pacientemente, enquanto tentamos entender o que está acontecendo: "Quem é? O que você quer? Ai, meu Deus, o hotel está pegando fogo? Eu estou pegando fogo? Não, não, tudo bem. Não estou... Quem é?". Essa hospitalidade pode nos parecer moderna, mas o princípio era igualmente comum nas cidades movimentadas da Grã-Bretanha no século XIX, onde *knocker-uppers* (acordadores) eram pagos para percorrer as ruas batendo nas portas com um bastão, até que as pessoas confirmassem que estavam acordadas.

Esses alarmes humanos por vezes eram profissionais autônomos e conheciam as preferências de seus clientes, os quais podiam escrever com giz seu horário de despertar na porta ou na janela de sua casa. Mas naquelas fileiras de casinhas industriais, construídas próximas a grandes fábricas, os acordadores eram funcionários da empresa encarregados de acordar os operários às três da manhã. Então não havia como enganá-los, e ignorar as batidas na porta resultava em uma multa do chefe. Comicamente, até os acordadores precisavam ser acordados a tempo para cumprir seus turnos, então eles eram arrancados da cama pelos brilhantemente intitulados "*knocker-uppers' knocker-uppers*" (acordadores de acordadores). Isso prova que mesmo a rica língua inglesa tem seus momentos ocasionais de controle de qualidade duvidoso.

No entanto, nos anos 1870, os primeiros relógios mecânicos de corda com função de alarme predefinido foram disponibilizados para as massas, colocando a responsabilidade nas mãos do próprio dorminhoco. Como surgiu esse inteligente aparelho? Bem, para começar, precisamos voltar mais uma vez para a Antiguidade e dar uma olhada na evolução daquele objeto automatizado de controle do tempo.

PINGA, PINGA, PINGA

O artefato de gotejamento de Platão foi (se é que existiu) um *clepsydra*, isto é, um relógio de água. E, embora ele supostamente tenha incluído a funcionalidade do ruído como uma novidade, a ideia de medir o tempo com água provavelmente surgiu no Antigo Egito. Durante o reinado do Faraó Amenófis I, aproximadamente em 1500 a.C., um sacerdote empreendedor decidiu comparar a duração do dia e da noite usando um relógio de água ao longo de um curso de 24 horas. De alguma forma, no solstício de verão, ele deduziu que havia 18 horas de luz do dia e apenas seis de escuridão, mas, no solstício de inverno, foi surpreendido com o oposto. Não sou nenhum cientista, mas 18 horas de escuridão no inverno parece coisa das regiões árticas e, obviamente, ele estava no caloroso Egito. Supostamente, o sacerdote adulterou seus cálculos usando as horas sazonais de inverno de cerca de 40 minutos. Ou foi isso, ou então ele estava muito bêbado.

Talvez o relógio de água mais famoso da Grécia Antiga ainda possa ser visto hoje na Ágora romana de Atenas, onde há uma estrutura de oito lados conhecida como A Torre dos Ventos, possivelmente construída no século II a.C. Essa elegante construção, repleta de esculturas meteorológicas ornamentadas, foi uma espécie de canivete suíço da ciência clássica e deu origem ao incrível trio tecnológico do relógio de sol, cata-vento e relógio de água – embora lamentavelmente não tivesse o palito de dentes. O relógio de água era o brinquedo favorito dos gregos antigos, que animadamente os usavam para controlar a duração dos discursos em julgamentos, como uma espécie de cronômetro. O aparelho também podia medir horas iguais de 60 minutos, ainda que os gregos não precisassem necessariamente disso.

Um relógio preciso era de pouco uso se ficasse desajustado na presença da luz do sol. Dessa forma, os engenheiros da antiguidade precisaram criar métodos para fazer com que o relógio de água refletisse a variabilidade do período solar. Por mais estranho que pareça, o desafio era torná-lo menos preciso. A forma mais simples de conseguir isso era alterando a velocidade com que o líquido saía pelo orifício no recipiente superior, criando assim horas mais longas ou mais curtas, a depender da velocidade. Outro método provável era pendurar um tampão em forma de cone (imagine um tampão de banheira) em uma espécie de gangorra. No verão, a gangorra era inclinada para baixo, a fim de que o tampão reduzisse a saída de água, e no inverno era inclinada para cima, para que o tampão abrisse o orifício e a água saísse mais depressa.

Talvez, por conta da tendência da água de evaporar no glorioso sol egeu, os relógios que usavam líquido não eram a única opção. As ampulhetas contendo grãos de areia podiam ser igualmente úteis como controladores de discurso, embora precisassem ser invertidas a cada hora, o que significa que, tal qual crianças travessas querendo brincar com a gaveta de facas, você não podia tirar os olhos delas por muito tempo. Mas quando o Império Romano caiu, em 476, a Europa passou por um período meio complicado – muitas vezes chamado injustamente de Idade das Trevas – e parte dessa tecnologia sofisticada foi perdida no meio da bagunça. Isso significa que, conforme a Europa tentava se reerguer, outras culturas progrediam tecnologicamente.

UM RELÓGIO REAL

Era o início do século IX e, sentado em seu trono em Aachen, o ilustre Carlos Magno acreditava ser o político inigualável daquela era. Como o Sacro Imperador Romano, governando boa parte da França e da Alemanha, ele dedicava grandes esforços para estabelecer relações diplomáticas distantes, com uma brilhante campanha de relações públicas que enfatizava sua majestosa conquista. Quatro anos antes, ele havia mandado presentes para o homem que acreditava ser o "rei da Pérsia", talvez na esperança de firmar uma aliança com Abbasid contra a dinastia omíada no sul da Espanha. Quando enviava seus presentes, Carlos Magno esperava uma respeitosa resposta de submissão, até mesmo do papa. Então, quando os emissários chegaram com um monte de presentes trazidos da "Pérsia", ele deve ter ficado empolgadíssimo para ver quais tesouros lhe haviam sido enviados pelo mais novo membro de seu fã-clube. Mas sua alegria provavelmente duraria pouco...

O sultão Harun al-Rashid, quinto califa dos árabes Abbasid, lhe enviara presentes surpreendentes: sedas, candelabros, perfumes e até mesmo um elefante vivo. Ele havia gasto uma fortuna e era uma bela de uma apresentação, mas o maior presente de todos foi um enorme relógio de água, elegantemente construído em bronze. Ao que parece, os artesãos islâmicos haviam tomado o despertador de Aristóteles e feito uma revolução total com ele. A cada hora, pequenas esferas caíam e se chocavam contra um címbalo, além de um cavaleiro belissimamente esculpido que saía por uma das 12 portinhas, como um sofisticado jogo de "acerte a marmota". Não se tratava apenas de um relógio funcional para cronometrar os discursos; aquela tecnologia era uma obra de arte.

Para o arrogante Carlos Magno, receber aquilo deve ter sido como comprar um vale-livro de Natal para a namorada e receber um *jet ski* em troca. As histórias francas tentaram fazer a situação parecer melhor para o seu lado, sendo que o monge Notget, o Gago, escreveu:

> **Àquela visão, Haroun, o mais bravo herdeiro de seu nome, entendeu a força superior de Carlos... E, com isso, proferiu sua glorificação: "... Como posso recompensá-lo a altura pelas honras que me concedeu?"**

Mas, a despeito da propaganda, os fascinantes presentes do sultão acabaram com as pretensões de grandeza do Sacro Imperador Romano. Carlos Magno tentou impressionar o patrono fundador da célebre biblioteca Casa da Sabedoria de Bagdá com o equivalente medieval de passar na frente à sua casa com um *Honda Civic* seminovo, e acabar se deparando com um *Lamborghini* novinho em folha estacionado na entrada.

Com aquele fantástico relógio de água, o mundo islâmico estava quilômetros à frente em sofisticação tecnológica. Como que querendo provar alguma coisa, uns 70 anos após o constrangimento de Carlos Magno, outro governante heroico medieval, Alfredo, o Grande, da Inglaterra, inventou sua própria alternativa à ampulheta. Ele o chamou de relógio de vela, o qual queimava com uma constância estável de forma que era possível ver a hora do dia avançando conforme a cera derretia. Não é que fosse má ideia, já que incluir velas ao arsenal temporal de água, areia e luz do sol mostrava certa ingenuidade pragmática, mas era um pouco... Digamos, monótono. Estou sendo muito duro? Bem, talvez, mas veja o que os chineses estavam fazendo naquela mesma época.

O TEMPO ORIENTAL

Quais são as nossas possibilidades hoje para sabermos que horas são? As opções são um tanto limitadas: perguntar a alguém, consultar um relógio ou olhar para o sol e fazer uma careta como um *Crocodilo Dundee*. Basicamente, quando tentamos descobrir as horas, usamos nossa visão ou usamos nossa audição. Mas e o olfato? Dois séculos depois da morte do rei Alfredo, durante a Dinastia de Song na China medieval, o relógio de vela ganhou uma atualização um tanto aromática com a invenção do relógio de incenso. Nele, os palitinhos ou pós de incenso eram cuidadosamente ajustados para queimar por períodos de tempo padronizados, dentro de incensórios belissimamente ornamentados. Depois de queimarem até o fim, pequenos sinos pesados caíam do suporte sobre um prato de metal, produzindo um toque harmônico – semelhante ao suposto despertador de Aristóteles. O esquema era eficaz, e usava diferentes incensos para cada hora do dia, o que fazia com que as pessoas soubessem a hora só pelo cheiro de um ambiente. Os relógios de incenso ficaram populares nas casas e nos templos, e se disseminaram por todo o Japão, mas nunca chegaram a dar certo fora da Ásia. Isso é estranho, pois a China medieval era significativamente mais avançada, e o Ocidente devia ter aproveitado as ideias deles.

Afinal de contas, não apenas os inventores chineses melhoraram a precisão dos relógios de água ao usar mercúrio (que não evapora nem congela), mas também misturaram complexidade mecânica com feitos de engenharia em escala gigantesca. O exemplo perfeito dessa fusão foi o relógio de água gigante, ou mecanismo cósmico, criado em 1088 pelo polímata Su Song. Ele tinha cerca de dez metros de altura e três andares abarrotados de diagramas de tempo, dispositivos astronômicos para controlar o movimento das estrelas e manequins automatizados que anunciavam a hora ao bater em grandes sinos. Extraordinariamente, todas as peças operavam de forma independente por uma roda hidráulica ininterrupta, que era erguida no interior da base da torre. Esse foi o primeiro relógio da história a funcionar sozinho.

O aparelho levou anos para ser construído, mas tragicamente só operou por menos de meio século, pois foi destruído por invasores que o roubaram, desmontaram, transportaram e tentaram montá-lo de novo – até se darem conta de que não tinham ideia do que estavam fazendo. Infelizmente, Su Song escondeu algumas partes de seus desenhos esquemáticos na ânsia de preservar o segredo do projeto, então, quando ele bateu as botas, ninguém mais foi capaz de recriar a torre. E não estou me referindo só à Idade Média, não. O alto padrão da engenhosidade medieval chinesa fez com que nem mesmo uma equipe de pesquisadores modernos fosse capaz de solucionar o enigma quando foram encarregados de reconstruir uma réplica em tamanho reduzido para o Museu Nacional de Ciências Naturais de Taichung.

TIQUE-TAQUE

O mecanismo cósmico era o verdadeiro "relógio" (*clock* em inglês). Tecnicamente falando, qualquer dispositivo temporal é um horológio (*horologe*), que, vamos admitir, parece algo saído dos livros do Harry Potter. Mas, originalmente, a palavra "*clock*" só foi usada para um dispositivo de medição de horas que apitasse, roubando seu nome da palavra latina para sino (*clocca*). Foi durante o século XIV que essa evolução linguística aconteceu, e não é coincidência que tenha sido na mesma época em que os relógios mecânicos se disseminaram na Europa, afastando a responsabilidade do controle do tempo da mera orquestração da rotina religiosa. Então, como os horológios modernos se comparam com seus inovadores precursores medievais, e quando foi que eles começaram a migrar das torres da cidade para as nossas salas?

Os primeiros modelos de relógio não eram exatamente precisos, e isso para dizer o mínimo. Embora fossem relativamente simples, sua mecânica era extremamente complexa de descrever, então, aí vai: os relógios medievais eram operados pela gravidade, mas não pense que isso é algum tipo de ficção científica superincrível. Quando digo "operado pela gravidade", quero dizer um grande peso pendurado na extremidade de uma corda. Basicamente isso. O dispositivo usava algo chamado "escape de âncora", que era uma haste longa e fina com dois pequenos blocos (paletes) presos a ela para capturá-la; um à esquerda da haste e outro à direita. A haste da âncora também atuava como um eixo para uma barra cruzada horizontal (*foliot*) com um peso pendurado em ambas as extremidades.

Pressionada contra a haste havia uma roda de escape dentada – imagine a coroa de um rei com várias pontas triangulares – que ficava na extremidade de um virabrequim ao redor do qual uma corda era firmemente enrolada, presa a uma grande pedra pesada. Então, graças à gravidade, o peso morto podia descer pela corda, fazendo-a desenrolar e, assim, girar o virabrequim horizontal. Isso fazia com que a roda de escape girasse uma pequena distância, até que um de seus dentes fosse pego por um dos blocos de captura (palete) na haste de âncora, fazendo-o parar. A energia dessa colisão fazia com que a haste da âncora girasse em seu próprio eixo, balançando a barra cruzada com peso (*foliot*), como se fosse um varal balançando com o vento (por acaso, "*foliot*" deriva do francês "*follet*", que significa alguém que dança como um lunático, o que, para mim, se encaixa perfeitamente bem à ideia).

Esse movimento de balanço soltava por um instante o bloco de captura e permitia que a roda de escape girasse mais uma vez, mas, graças aos pesos nas extremidades da barra cruzada, o balanço era corrigido para o outro lado, fazendo-o fechar o bloco outra vez. O processo inteiro se repetia sem parar, criando o som de tique-taque da roda dentada sendo presa, até que a corda fosse completamente enrolada e algum infeliz engenheiro tivesse que subir todas aquelas escadas para desenrolá-la novamente. Ufa! Certo, vamos dar um tempo para nos recuperarmos... Afinal, é quase meia-noite e nosso cérebro está um pouquinho lesado pelo álcool. Está se sentindo melhor? Certo, vamos continuar.

Apesar de serem uma incrível conquista tecnológica e um símbolo de proeza cultural da cidade, esses relógios davam um trabalho absurdo para serem instalados. Os sinos podiam pesar algo em torno de quatro toneladas, enquanto o relógio era fundido em metal resistente e precisava de barras cruzadas que pesavam quase o mesmo peso de um carro moderno. Naturalmente, colocar um desses monstrengos em uma torre de 15 metros de altura era uma tarefa árdua que levava anos de cooperação entre ferreiros, cordoeiros, carpinteiros, pedreiros, canteiros, fabricantes de sinos e os próprios horólogos. E, mesmo assim, depois de instalado, o negócio infernal sempre acabava quebrando e precisando ser consertado ou trocado. No entanto, no século XIV, as melhorias ao relógio mecânico permitiram que as horas numéricas também soassem, de forma que quatro horas da tarde eram representadas por quatro batidas do sino, em vez daquele toque único que informava um horário estipulado.

Mas o relógio como conhecemos ainda era um projeto em andamento e os relógios medievais seriam totalmente irreconhecíveis aos nossos olhos. Antes do século XIV, o ponteiro permanecia fixo e eram as horas que passavam girando ao redor dele. Além disso, esses relógios eram simplesmente imprecisos demais para terem um ponteiro de minutos. O que as pessoas precisavam era de um sistema mais estável para garantir uma batida regular e constante como... Bem, um relógio. O avanço inicial veio das molas em espiral, que auxiliaram na redução do tamanho e permitiram que a rainha Elizabeth I da Inglaterra ganhasse um relógio de pulso decorado no Natal. Mas as molas em espiral não eram a solução milagrosa do problema. Em vez disso, o grande agente modificador da história da horologia foi o pêndulo.

O BALANÇO DO PÊNDULO

A história aconteceu em algum momento perto de 1581, quando um jovem estudante de medicina estava na missa da abobadada catedral romanesca de Pisa e sua imaginação começou a divagar. A catedral é uma belíssima construção com uma fileira de colunas de granito que brotam do chão, das quais é impossível desviar o olhar. Essas colunas se transformam em arcos circulares de mármore branco e preto e continuam até o teto daquela fascinante cúpula dourada. Talvez essa maravilha em direção ao céu tenha roubado a atenção do jovem, ou talvez tenha ficado apenas entediado com os sussurros do padre, mas o fato é que ele olhou para cima e se viu encantado por algo incrivelmente cativante. Pendurada no teto da nave, uma lâmpada de óleo balançava suavemente, derramando pouco a pouco o desodorante divino sobre a congregação (conforme recomendado por Tomás de Aquino). O rapaz ficou encantado com aquele ritmo metronômico e se viu medindo o tempo de trajetória da lâmpada com seu próprio pulso.

Mas o que havia de tão fascinante nessa simples lâmpada balançando sobre aquelas cabeças absortas? Bem, foi a misteriosa energia antinatural que a movia, sendo que a lógica dizia que ela deveria permanecer parada, puxada para baixo pelo seu próprio peso. Ele estava certo em ter prestado atenção, pois havia acabado de se deparar com o fascinante efeito de pêndulo da natureza. Então, quem era esse rapaz curioso e distraído? Para a maioria das pessoas naquela catedral, ele era apenas outro estudante sonhando acordado durante a missa, mas embora a história não se lembre dos outros avoados, ela foi um pouco mais gentil com esse jovem prodígio chamado Galileu Galilei.

Partindo desse simples ponto, a pesquisa de Galileu sobre o pêndulo continuou por vários anos, e foi ele quem descobriu a lei nada intuitiva de que dois pêndulos de mesmo comprimento balançam no mesmo ritmo, mesmo que um deles seja empurrado com muito mais força do que o outro por um arco maior. É claro, esse foi apenas um dos muitos importantes feitos intelectuais do famoso italiano, que também acabou se tornando um ótimo astrônomo, mas não devemos deixar todos os créditos só para Galileu. Afinal de contas, o século XVII foi uma era de grandes questões científicas e, entre seus colegas na Europa continental – muitos dos quais lançavam ideias uns para os outros como se fossem bolas de vôlei – estavam os gênios René Descartes, Blaise Pascal e Marin Mersenne, aliás, todos aptos a integrar uma equipe de jogo de adivinhações, desde que não houvesse muitas questões sobre esportes.

Mas a lista de talentos também não acaba aí. Apenas 25 anos depois da morte de Galileu, a Sociedade Real da Inglaterra reuniu uma lista de gênios notáveis, incluindo os *Beatles* da filosofia experimental: Isaac Newton, Christopher Wren, Robert Hooke e Robert Boyle. Com todos esses cientistas em cena, o avanço da horologia era inevitável. Embora Galileu tenha mexido com relógios quando mais velho, ele nunca chegou a construir um por conta própria, pois estava muito ocupado chamando o papa de idiota e preparando o terreno para sua fama no melhor estilo *Bohemian Rhapsody*. Por isso, em 1657, foi o cientista holandês Christiaan Huygens o primeiro a incluir um pêndulo em um relógio, usando-o para substituir a barra cruzada (*foliot*) dos relógios medievais. Mas, a despeito da melhoria, o modelo de Huygens ainda perdia cerca de 60 segundos ao longo de um dia. Certamente os titãs da ciência do século XVII podiam fazer melhor do que isso, não?

Sim, eles podiam. Na verdade, o grande avanço já tinha ocorrido em 1644, quando o teólogo francês Marin Mersenne (sejamos justos, chamá-lo apenas de "teólogo" seria como chamar Michelangelo de "decorador de interiores") havia percebido que um pêndulo de 99,3 centímetros balançava durante um segundo exato. Porém, apesar dessa descoberta, o pêndulo dos segundos ainda não havia sido incorporado no relógio de Huygens de 1657, já que precisava ser aliado a outro componente. Lembra-se do escape de âncora com haste no relógio medieval? Bem, coloque um pêndulo nesse mecanismo e ele precisará completar um arco de cerca de 80 graus para funcionar. Mas, colocar um pêndulo de 99,3 centímetros em um relógio grande o suficiente para fazer esse arco era tão prático quanto tentar dançar *cancan* dentro de um guarda-roupa fechado.

Em vez disso, o cientista inglês Robert Hooke – que era o George Harrison da Sociedade Real, isto é, o cara extremamente talentoso de que todo mundo se esquece – inventou um novo escape de âncora.

Essencialmente, se tratava de uma garra de metal suspensa sobre a roda de escape dentada que reduzia o tal arco do pêndulo para apenas quatro graus. Assim, em vez de se balançar loucamente por aqueles 80 graus, o pêndulo agora fazia um percurso tranquilo da esquerda para a direita, como um dançarino tímido em uma pista de dança. Esse novo par de componentes trabalhando em conjunto possibilitou o surgimento do relógio que vemos agora na parede de nossa casa – com o ponteiro de minuto perseguindo o ocioso ponteiro das horas. Eles podiam ser extremamente precisos e, o mais importante, as pessoas podiam finalmente tê-los em casa, em vez de precisar arrastá-los pela escadaria das torres da cidade.

O primeiro a fazer um desses relógios domésticos foi o artesão inglês William Clement, nos anos 1670. Ele instalou o longo pêndulo e o grande mostrador em uma caixa alta de madeira e bronze, dando início a uma loucura por esses modelos *vintage* que até hoje são procurados em lojas de antiguidades. Na verdade, você pode até ter herdado um desses relógios de pêndulo de algum parente, ou ter rematado um em um leilão. Mas, enquanto nós os vemos como belíssimas relíquias de outrora, há 350 anos eles eram uma tecnologia inovadora. Embora fossem objetos caros, as pessoas podiam passear satisfeitas pela cidade exibindo seus relógios de bolso criados especialmente para caber naquele colete *hipster* usado durante o reinado de Carlos II. E, quando a pessoa se cansasse de passear, ela podia simplesmente voltar para sua casa equipada e encontrar seu elegante relógio de pêndulo, contando silenciosamente os segundos com uma paciência de Jó.

O tempo não mais era controlado pela Igreja ou por associações medievais, ele havia escapado das garras restritivas da chamada diária para as orações ou das grandes proclamações das torres do relógio. Depois de milhares de anos, o tempo finalmente pertencia às pessoas para que elas o usassem como bem entendessem. Tudo o que elas precisavam fazer era dar corda com certa frequência e, em determinado momento, até essa tarefa desapareceria. Afinal, nosso despertador usa eletricidade, mas enquanto podemos pensar que esse é um luxo do século XXI, é melhor nos perguntarmos: os relógios elétricos são mesmo tão modernos? Esqueça seu avô, será que seu tataravô teria sido capaz de reconhecer um relógio elétrico? Surpreendentemente, a resposta é: provavelmente, sim.

A HORA "ATUAL"?

Estamos em nossa cama, no escuro, mexendo desajeitadamente no despertador, uma pequena caixinha de plástico com um mostrador digital que costuma ficar em nosso criado-mudo. Se resolvêssemos quebrá-lo ao meio – e, sejamos honestos, muitos de nós bate no negócio com força o suficiente para isso todas as manhãs – não encontraríamos um pequeno pêndulo dentro dele, mas provavelmente um cristal. Foi a descoberta, em 1929, da ressonância de alta frequência do quartzo em um circuito eletrônico – uma oscilação natural que emite pulsos rítmicos incrivelmente consistentes – que o fez conquistar o mundo como a tecnologia para relógios de mercados em massa. Mas levou quase 40 anos para que os cristais de quartzo fossem usados em bens de consumo, o que significa que nos 150 anos antes da década de 1970, havia vários outros rivais disputando a categoria de relógio elétrico.

Os primeiros competidores datam de 1815, época em que Napoleão e Wellington brigavam nos campos de batalha de Waterloo. O relógio eletrostático, construído pelo físico italiano Professor Giuseppi Zamboni, usava duas baterias de cargas opostas paradas em cada lado do pêndulo, e dependiam da carga eletrostática para fazê-lo balançar. Embora isso pareça o tipo de experimento fundamental que fazíamos na escola durante as aulas de física, essas baterias na verdade tinham uma carga tão alta que supostamente o relógio podia funcionar durante 50 anos até que elas acabassem. Esse parecia ser um bom começo.

Mas, apesar da eficiência desse protótipo, os relógios eletrostáticos não foram comercializados em massa: em vez disso, o grande sucesso de público no século XIX foram os relógios eletromagnéticos, os quais, como o nome sugere, usavam imãs eletrificados para repelir e atrair o pêndulo. Entre os anos 1840 e a Primeira Guerra Mundial, é possível que as pessoas tenham tido um desses relógios, caso fossem ricos o suficiente, embora os relógios mecânicos ainda fossem muito mais comuns. Na década de 1930, quando muitas casas começaram a receber energia elétrica, os relógios eletromagnéticos foram substituídos pelo relógio elétrico síncrono, que dependia de que oscilações naturais de 50-60 hertz ocorressem na corrente alternada fornecida nas tomadas.

Isso acabou com o pêndulo de uma vez por todas, dizendo adeus a quase trezentos anos de constância crucial e dando as boas-vindas às crianças que ficavam enfiando objetos metálicos nas tomadas (meu irmão fez isso na França quando criança e literalmente foi lançado pelo quarto!). Hoje, é possível que nosso alarme ainda funcione na corrente alternada, mas, desde os anos 1970, tem sido muito mais comum que os relógios de mesa e de pulso usem a tecnologia dos cristais de quartzo. Inicialmente, esses relógios eram o que havia de mais avançado no mercado, e adquirir um relógio de LED era o máximo da ostentação. Mas, agora, você pode encontrar um relógio básico de quartzo por menos do que o preço de um sanduíche. Já os vi até mesmo sendo dados de brinde em caixas de cereal.

Independentemente da forma como os relógios são alimentados, a maioria deles continua com a tradição de ter ponteiros de minuto e de hora circulando pelo mostrador, sendo que o modelo de William Clement permaneceu bastante comum na década de 1970. Mas, desde então, os mostradores digitais se tornaram mais corriqueiros. Felizmente, somos poupados da confusão de ter os cálculos internos projetados na tela e, em vez de ruídos digitais ininteligíveis, alguma espécie de conversão matemática inteligente transforma as sequências em números binários, os quais se transformam em horas, minutos e segundos no mostrador – sempre nos alertando que estamos atrasados para o trabalho.

Mas, esta noite, o despertador é nosso aliado, e não nosso inimigo, e finalmente conseguimos apertar o botão certo. Suspiramos com alívio por termos conseguido ajustar o alarme para amanhã, e voltamos a sentir aquele cansaço gostoso ao qual nossos músculos logo se rendem. Foi um longo e agradável sábado em nossa casa do século XXI. Algumas das coisas que fizemos hoje eram impensáveis na época de nossos bisavós, e a qualidade reconfortante de nossas roupas, comidas, instalações sanitárias e recursos higiênicos modernos implica que nossa existência é cercada por grandes confortos e o mínimo de perigo.

E, no entanto, se hoje tivéssemos a companhia de nossos antepassados da Idade da Pedra, os homens das cavernas, eles teriam reconhecido quase todos os nossos rituais diários. Afinal, também se lavavam com água, comiam grãos e animais, limpavam a bunda, vestiam roupas, brincavam com seus animais de estimação, se comunicavam com amigos, ficavam bêbados, comiam juntos, cutucavam a comida dos dentes, sabiam dizer as horas e dormiam em camas.

Desde o surgimento de nossa espécie, 107 bilhões de pessoas já lidavam com problemas cotidianos, e a chegada de cada nova geração vinha acompanhada de um novo processo de avaliação, descartando ou mantendo as práticas antigas. Mas, no centro da dinâmica cultural constante, eles eram humanos como você e eu, dando tudo de si para melhorar suas condições e travando batalhas com as dificuldades de viver. A história não se repete, mas as pessoas, sim.

E, amanhã, nós também nos repetiremos. Mas, agora, é hora de dizer: "Boa noite, durma bem e até amanhã".

AGRADECIMENTOS

Agradecer a todas as pessoas que ajudaram a concretizar este livro exigiria a criação de um novo capítulo, então, peço desculpas se simplifiquei demais.

Eu não seria nada sem a minha querida família. Em especial, meu brilhante irmão, que nunca esfrega sua inteligência superior na minha cara (o que é bem legal da parte dele), e minha mãe e pai, que são os pais mais amorosos e incentivadores que eu poderia desejar. Sem dúvida foi deles que adquiri minha paixão e curiosidade sobre o que motiva as outras pessoas.

Também sou abençoado por ter muitos amigos leais, generosos, espertos e divertidos. Alguns deles, conheço desde que tinha cinco anos, outros, conheci apenas nos últimos anos, mas todos tornam minha vida infinitamente melhor. Provavelmente, devo a eles muitas bebidas como forma de me desculpar por todas as vezes que comecei uma conversa com "Você sabia...?".

Devo agradecer, também, a Richard Bradley e Bill Locke da *Lion Television* por terem me dado uma carreira na televisão, muito embora eu apareça no escritório com os cabelos azuis e uma camiseta de *heavy metal* adornada com caveiras satânicas. Da mesma forma, sou extremamente grato aos gênios da comédia da série *Horrible histories*: Caroline Norris, Giles Pilbrow e Dominic Brigstocke, que não apenas confiaram em meu conhecimento histórico quando eu arruinava suas piadas com meus fatos preciosos, mas também foram tão generosos com seu tempo enquanto eu fazia meus atrapalhados experimentos com a misteriosa arte da comédia escrita.

Quanto a este livro, eu jamais teria conseguido sem meu incrível agente, Donald Winchester. Antes de ele concordar em me contratar, nós nos encontramos em uma cafeteria e eu passei 90 minutos apresentando uma ideia que, em apenas cinco minutos, ele já sabia ser basicamente impossível de publicar. Qualquer outro agente teria me mandado dar o fora dali. Em sua enorme bondade, Donald esperou até que eu parasse de falar e, então, me perguntou se eu tinha alguma outra ideia. Felizmente, eu tinha. Desde então tem sido um prazer imenso trabalhar com ele.

Minha editora na Orion, Bea Hemming, é extraordinariamente inteligente e foi quem teve a ideia de fazer esta história se passar ao longo de um dia moderno. Tenho uma dívida eterna com ela por ter me oferecido a chance de me tornar um escritor – algo em que sempre pensei, mas nunca soube como conseguir –, além de me ensinar pacientemente que o segredo para uma boa escrita é a edição. Aparentemente, você não precisa gastar todo o seu vocabulário numa única frase. Quem poderia imaginar? A caneta vermelha de Bea sempre foi a mais gentil.

Obviamente, é preciso um exército inteiro para publicar um livro, e a Orion conta com uma força-tarefa e tanto. Embora eu quisesse agradecer a todos os envolvidos, deixo o meu "muito obrigado" para a sempre divertida Holly Harley, as gurus do marketing Claire Brett, Marissa Hussey e Hannah Atkinson, e a rainha da publicidade, Kate Wright-Morris. Minha copidesque, Kay Macmullan, quem fez um trabalho incrível de deixar minha pontuação adequada para os olhos humanos, detectando diversas frases inacabadas que não faziam sentido algum. Depois que minhas palavras foram corrigidas, foi emocionante vê-las sendo preparadas para o mundo por Helen Ewing, e fiquei completamente maravilhado com a brilhante capa criada por Steve Marking e Harry Haysom. Também não posso deixar de agradecer a Paul Hussey, o general-de-brigada que manteve toda a operação em perfeito andamento.

Como escrevi este livro sem um assistente de pesquisa, agradeço também aos especialistas do *#twitterstorians* que bondosamente concordaram em ler meu manuscrito e sugeriram melhorias/indicaram erros gritantes. Não apenas eles são estudiosos respeitados, mas também são amáveis, espirituosos e comprometidos. Se você tiver uma conta do Twitter, siga: doutor Peter Frankopan, doutor John Gallagher, Amber Butchart, doutora Fern Riddell, doutora Kate Wiles, doutora Sophie Hay, doutora Sara Owen, doutor Matthew Pope, doutora Rebekah Higgitt, doutora Vanessa Heggie, doutor Chris Naunton, doutora Gillian Kenny e doutora Sara Perry.

O Twitter não apenas me apresentou a esses incríveis historiadores, mas também me manteve são durante as 16 horas por dia em que eu me sentava sozinho no escritório. Se você já me tuitou ou respondeu a algum dos meus jogos de palavras fantásticos, saiba que provavelmente me impediu de fazer uma cabana no meio dos meus livros e me hibernar. Sério, a ideia passou pela minha cabeça pelo menos uma vez por mês. Obrigado, Twitter!

Por fim, preciso homenagear minha linda esposa. Embora estejamos juntos há dez anos, foi apenas durante este processo de escrita que ficamos noivos, compramos uma casa e nos casamos. Não sou a pessoa mais fácil de conviver, nem nos meus melhores dias, e também tenho meus altos e baixos. No entanto, apesar de minhas falhas – e do fato de que ela teve que me dividir durante dois anos com um *notebook* superaquecido e uma enorme biblioteca –, sua paciência, apoio e amor foram imensuráveis. Sou muito agradecido por tê-la ao meu lado. Obrigado, Kate.

BIBLIOGRAFIA SELECIONADA

Antes de finalmente terminar este livro, quero homenagear as centenas de brilhantes historiadores cujas pesquisas li durante a preparação para escrever tudo isto. A história é uma disciplina colaborativa, um amplo edifício de conhecimento em constante mudança, e é construída por infinitos esquadrões de estudiosos incansáveis que dão duro em suas áreas de especialização para compartilhar, sem um pingo de egoísmo, suas descobertas com o resto de nós. Somente graças à curiosidade sobre-humana, diligência e talento dessas pessoas é que fui remotamente capaz de escrever este livro. Bem, isso e uma quantidade copiosa de bolachas de chocolate.

Isaac Newton certa vez disse estar "de pé sobre o ombro de gigantes" – uma imagem que sugere um gênio confiante observando o mundo imperiosamente de cima de um poleiro. Eu, na verdade, detesto altura, então subi só até a canela dos gigantes e bisbilhotei suas conversas, tentando absorver o máximo de conhecimento possível. Este livro, portanto, não foi pretendido como uma história definitiva da vida cotidiana, mas como um cardápio de degustação com alguns deliciosos bocados históricos que reuni durante uma década de curiosidade profissional. Se você quiser ir mais afundo nos detalhes, incluí uma lista de outros livros fantásticos, dignos de uma leitura atenta. Para a bibliografia completa, acesse meu site: <www.gregjenner.com>.

TEMPO

Aveni, Anthony F. *Empires of time: calendars, clocks, and cultures.* New York: Basic Books, 1989

Barnett, Jo Ellen. *Time's pendulum: the quest to capture time – from sundials to atomic clocks.* New York: Perseus Books, 1998

Bruton, Eric. *The history of clocks and watches.* Black Cat, 1989
Ekrich, A. Roger. *At night's close: time in times past.* Phoenix, 2006
Holford-Strevens, Leofranc. *the history of time: a very short introduction.* Oxford: Oxford University Press, 2005
Prerau, David S. *Seize the daylight: the curious and contentious story of daylight saving time.* New York: Thunder's Mouth Press, 2005

BANHEIRO

Carter, W. Hodding. *Flushed: how the plumber saved civilization.* New York: Atria, 2007
Everleigh, David J. *Privies and water closets.* Oxford: Shire Publications, 2008
Horan, Julie L. *Sitting pretty: an uninhibited history of the toilet.* London: Robson, 1998
Smyth, Richard. *Bum fodder: an absorbing history of toilet paper.* London: Souvenir Press, 2012
Wright, Lawrence. *Clean and decent: the fascinating history of the bathroom and the water closet.* Penguin, 2000

COMIDA

Alcock, Joan P. *Food in the ancient world.* Santa Barbara, CA: Greenwood Press, 2006
Davidson, Alan. *Oxford companion to food.* Oxford: Oxford University Press, 1999
Flandrin, Jean-Louis e Montanari, Massimo (eds.) *Food: a culinary history.* New York: Columbia University Press, 2013
Jones, Martin. *Feast: why humans share food.* Oxford: Oxford University Press, 2008
Kiple, Kenneth F. e Ornelas, Kriemhild Conee (eds.). *The Cambridge world history of food* (2 vols.). Cambridge University Press, 2000
Rubel, William. *Bread: a global history.* London: Reaktion, 2011
Standage, Tom. *An edible history of humanity.* London: Atlantic Books, 2008

BANHO

Ashenburg, Katherine. *Clean: an unsanitized history of washing*. London: Profile, 2011
Bonneville, Francoise de. *The book of the bath*. New York: Rizzoli International, 1998
Everleigh, David J. *Bogs, baths & basins*. London: Sutton Publishing, 2002
Smith, Virginia. *Clean: a history of personal hygiene and purity*. Oxford: Oxford University Press, 2008

ANIMAIS DE ESTIMAÇÃO

Bondeson, Jan. *Amazing dogs: a cabinet of canine curiosities*. Stroud, UK: Amberley, 2013
Caras, Roger A. *A perfect harmony: the intertwining lives of animals throughout history*. West Lafayette, IN: Purdue University Press, 2001
Herzog, Hal. *Some we love, some we hate, some we eat: why it's so hard to think straight about animals*. Harper Perennial, 2011
Kalof, Linda. *Looking at animals in human history*. London: Reaktion, 2007
MacDonogh, Katherine. *Reigning cats and dogs: a history of pets at court since the renaissance*. London, Fourth Estate, 1999
Serpell, James. *In the company of animals: a study of human-animal relationships*. Cambridge: Cambridge University Press, 1996
Walker-Meikle, Kathleen. *Medieval pets*. Wookbridge: Boydell Press, 2014

COMUNICAÇÃO

Campbell-Smith, Duncan. *masters of the post: the authorized history of the royal mail*. Penguin, 2012
Fischer, Claude S. *America calling: a social history of the telephone to 1940*. University of California Press, 1994
Kovarik, Bill. *Revolutions in communication: media history from Gutenberg to the digital age*. Continuum, 2011
Pettegree, Andrew. *The invention of news: how the world came to know about itself*. Yale University Press, 2014

Standage, Tom. *The victorian internet: the remarkable story of the telegraph and the nineteenth century's on-line pioneers*. Bloomsbury, 2014
Standage, Tom. *Writing on the wall: social media – the first 2000 years*. Bloomsbury, 2013

VESTUÁRIO

Pastoureau, Michel. *The devil's cloth: a history of stripes*. Columbia University Press, 2001
Riello, Georgio. *Cotton: the fabric that made the modern world*. Cambridge University Press, 2013
Slade, Toby. *Japanese fashion: a cultural history*. New York: Berg Publishers, 2009
Steele, Valerie (ed.) *The Berg companion to fashion*. New York: Berg Publishers, 2010

ETIQUETA NO JANTAR

Chang, K. C. (ed.) *Food in chinese culture: anthropological and historical perspectives*. Yale University Press, 1977
Faas, Patrick. *Around the roman table: food and feasting in Ancient Rome*. Chicago University Press, 2009
Paston-Williams, Sara. *The art of dining: a history of cooking & eating*. National Trust Books, 2012
Spang, Rebecca L. *The invention of the restaurant: paris and modern gastronomic culture*. Harvard University Press, 2001
Visser, Margaret. *The rituals of dinner: the origins, evolution, eccentricities and meaning of table manners*. Penguin, 1992
Wilson, Bee. *Consider the fork: a history of how we cook and eat*. Penguin, 2013

BEBIDA ALCOÓLICA

Brown, Peter. *Man walks into a pub: a sociable history of beer*. London: Pan Books, 2011
Burns, Eric. *The spirits of america: a social history of alcohol*. Philadelphia: Temple University Press, 2004
Curtis, Wayne. *And a bottle of rum: a history of the new world in ten cocktails*. New York: Three Rivers Press, 2007
Gately, Iain. *Drink: A cultural history of alcohol*. New York: Gotham Books, 2009
Haydon, Peter. *An inebriated history of britain*. Stroud, EN: The History Press, 2005
Johnson, Hugh. *The story of wine*. Mitchell Beazley, 2004
McGovern, Patrick E. *Uncorking the past: the quest for wine, beer, and other alcoholic beverages*. University of California Press, 2011
McNi, Maggie. *Champagne – classic wine collection*. London: Faber and Faber, 2000
Standage, Tom. *A history of the world in six glasses*. London: Atlantic Books, 2007

HIGIENE BUCAL

Halioua, Bruno e Ziskind, Bernard. *Medicine in the days of the pharaohs*. Harvard University Press, 2005
King, Roger. *The making of the dentiste*, c. 1650–1760. Ashgate, 1998
Porter, Roy. *The greatest benefit to mankind: a medical history of humanity from antiquity to the present*. New York: Fontana, 1999
Wynbrandt, James. *The excruciating history of dentistry*. New York: St Martin's Press, 2000

CAMA

Bryson, Bill. *At home: a short history of private life*. New York: Black Swan, 2011
Carlano, Annie e Sumburg, Bobbie. *Sleeping Around: The bed from antiquity to now*. University of Washington Press, 2006

Mortimer, Ian. *The time traveller's guide to medieval england*. New York: Vintage, 2009
Worsley, Lucy. *If walls could talk*. London: Faber and Faber, 2012

GERAL

Anthony, David W. *the horse, the wheel, and language: how bronze age eurasian riders shaped the modern world*. Princeton University Press, 2010
Beard, Mary. *Pompeii: The life of a roman town*. Profile, 2009
Benn, Charles D. *China's golden age: everyday life in the tang dynasty*. Oxford University Press, 2004
Bertman, Stephen. *Handbook to life in ancient mesopotamia*. Facts On File, 2003
Carcopino, Jerome. *daily life in ancient rome: the people and the city at the height of empire*. Penguin, 1991
Cunliffe, Barry. *The Oxford illustrated history of prehistoric Europe*. Oxford Paperbacks, 2001
Fagan, Brian. *Cro-Magnon: how the ice age gave birth to the first modern humans*. Bloomsbury, 2010
Fara, Patricia. *Science: A 4000 Year History*. Oxford University Press, 2010
Garland, Robert. *Daily life of the ancient greeks*. Indianapolis, CA: Hackett, 2008
Hodder, Ian. *The leopard's tale: revealing the mysteries of catalhoyuk*. New York: Thames and Hudson, 2011
Lucie-Smith, Edward. *Furniture: a concise history*. New York: Thames and Hudson, 1979
McKeown, J.C. *A cabinet of roman curiosities*. OUP USA, 2010
Miles, Richard. *Ancient worlds*. Cambridge University Press, 2008
Mithen, Steven. *The prehistory of the mind: a search for the origins of art, religion and science*. London: Phoenix, 1998
Possehl, Gregory L. *The indus civilisation: a contemporary perspective*. AltaMira Press, 2010
Rudgley, Richard. *The lost civilisations of the stone age: a journey back to our cultural origins*. Century, 1998
Shelmerdine, Cynthia W. *The cambridge companion to the aegean bronze age*. Cambridge University Press, 2008
Strouhal, Eugen. *Life of the ancient egyptians*. Liverpool University Press, 1997

ÍNDICE

1ª edição Maio 2015
papel de miolo Offset 75 g/m²
papel de capa Ningbo Star 250 g/m²
tipografia Minion Pro e ITC Officina Serif
gráfica Arvato Bertelsmann